PROFESSION BOURREAU

www.nueebleue.com

JEAN-LAURENT VONAU

PROFESSION BOURREAU

STRUTHOF et SCHIRMECK
*Les gardiens de camp
et les « médecins de la mort »
face à leurs juges*

La Nuée Bleue

DU MÊME AUTEUR
CHEZ LE MÊME ÉDITEUR

Le procès de Bordeaux : l'affaire d'Oradour-sur-Glane, 2003
L'épuration en Alsace : la face cachée de la Libération, 2005
Tambov, ouvrage collectif, 2010
Le Gauleiter Wagner : le bourreau de l'Alsace, 2011
Lettres de Malgré-Nous, ouvrage collectif, 2012

Le présent ouvrage constitue le deuxième tome d'une enquête dont le premier a été consacré au Gauleiter Wagner. Le titre, la maquette de couverture et l'ensemble de l'illustration sont le résultat des choix exclusifs de l'éditeur.
En couverture : deux gardiens du camp de Schirmeck (Archives Les Saisons d'Alsace/Fonds Granier). En quatrième de couverture : camp de sûreté de Schirmeck (Coll. Mémorial de l'Alsace-Moselle/Fonds Riedweg) et porte d'entrée du camp de concentration du Struthof (droits réservés).

© Éditions La Nuée Bleue/DNA, Strasbourg 2013.
Tous droits de reproduction réservés, texte et images.
ISBN 978-2-7165-0812-4

À Héloïse

PRÉAMBULE

Justice et vérité historique

Le procès du Gauleiter Wagner n'avait pas tenu ses promesses[1]. En réalité, il n'aurait pas dû se tenir à Strasbourg mais à Nuremberg. Pour avoir fait partie des grands dignitaires du parti national socialiste, pour avoir même largement outrepassé les décisions d'Hitler, pour avoir bafoué le droit international et les droits de l'homme, le responsable de l'administration nazie en Alsace relevait du tribunal militaire international de Nuremberg[2]. Le retentissement de son procès aurait alors porté à la connaissance du monde entier les agissements criminels opérés envers l'Alsace et ses habitants. Mais dans ce cas, il aurait fallu attribuer des effets juridiques à l'armistice de 1940, ce qu'on ne voulait pas reconnaître, car dans ce cas la poursuite de la guerre par de Gaulle, la France Libre, la Résistance, auraient eu du mal à se justifier... La thèse officielle continuait donc à considérer comme illégale la signature d'un cessez-le-feu par le gouvernement du maréchal Pétain, en écartait les conséquences et de ce fait affirmait comme par le passé, que les trois départements de l'Est n'étaient que des territoires occupés, et non annexés. Le Gauleiter Wagner n'était donc qu'un occupant qui, certes avait abusé de ses droits, mais sans mettre en œuvre vis-à-vis de la population alsacienne le processus de l'annexion de fait[3]. La minimisation de l'action criminelle de Wagner justifiait la compétence du tribunal militaire permanent. Sa culpabilité reposait donc sur sa responsabilité personnelle et non sur le système d'État déployé pour conditionner les habitants de la rive gauche du Rhin, pour les regermaniser et finalement tenter de les nazifier.

À l'issue du procès Wagner, en mai 1946, la déception était profonde[4]. Les vraies questions que l'on se posait, n'avaient même pas été abordées. On y avait à peine effleuré le problème de l'annexion de fait[5] et presque entièrement escamoté celui de l'incorporation de force. En plaçant dans le box des accusés, pêle-mêle, des fonctionnaires du parti rattachés à la Gauleitung et le personnel judiciaire du tribunal spécial, le Sondergericht, en y ajoutant même un Kreisleiter (responsable d'arrondissement) auteur d'un quadruple assassinat commis sur des aviateurs anglais, on mélangeait les responsabilités, on brouillait la clairvoyance de la Justice et on empêchait en réalité le déroulement d'un grand procès, qui aurait permis de décortiquer les mécanismes criminels ayant animé la conduite des affaires politiques entre juin 1940 et novembre 1944. On aurait ainsi pu mesurer le degré de gravité des fautes commises par chacun. Mais en dix jours d'audience à peine pour juger neuf accusés, on ne pouvait atteindre cet objectif.

Juridiquement l'opération fut promptement menée[6]. La haine presque viscérale que l'on vouait alors aux nazis, et aux Allemands en général, apporta les peines de mort souhaitées pour le chef et ses sbires qui servirent de boucs émissaires. Les magistrats du Sondergericht par contre, s'en tirèrent à bon compte, malgré les condamnations à mort qu'ils avaient prononcées entre 1942 et 1944, suivies d'exécutions dont ils portaient l'entière responsabilité[7]. Quant à l'ancien Kreisleiter de Thann et de Lörrach, il vit son jugement cassé pour incompétence du tribunal militaire de Strasbourg et, grâce à ses avocats qui firent traîner la procédure pour gagner du temps, il finit par sauver sa tête...

L'exécution de Robert Wagner, de son second Herrmann Röhn, de son chef de cabinet Walter Gädeke et du chef du personnel de la Gauleitung Adolphe Schüppel, au petit matin du 14 août 1946, ne changea rien sur le fond : l'Alsace n'avait pas obtenu sa réhabilitation. Elle se réveillait insatisfaite, frustrée et surtout honteuse de ce qui lui était arrivée. Elle n'avait pas d'explications à fournir[8]. Tout le monde se considérait comme « gaulliste » et se disait « résistant ». Il est vrai que les autres, les anciens opportunistes, les profiteurs de guerre de toutes sortes, les faibles, les lampistes, connaissaient alors les affres de l'épuration[9]. Ce n'était donc pas le moment de témoigner au grand jour de son expérience vécue durant la guerre, d'étaler en pleine lumière des situations que seuls ceux qui ont vécu en Alsace durant la guerre pouvaient comprendre et étaient à même de juger. La honte et le mutisme finirent ainsi par s'imposer et ce pour une longue période[10]. On espérait pourtant que le jour viendrait où grâce à un événement exceptionnel le déblocage de la mémoire collective pourrait s'opérer et entamer ainsi un travail de réflexion en profondeur.

Les procédures intentées pour l'épuration furent à ce titre décevantes. Elles aboutirent à des jugements souvent controversés des chambres civiques comme des cours de justice[11]. Les cas souvent complexes de ceux qui éprouvèrent quelques sympathies vis-à-vis des Allemands en 1940 mais qui, peu à peu, prirent leur distance avec la puissance annexionniste nazie pour finir dans la Résistance et le maquis, ne permirent pas à la sérénité de la Justice de s'exprimer. Les critiques fusèrent de tout côté. Le législateur de l'époque, qui autorisait aux juridictions d'exception de prononcer une condamnation tout en relevant l'intéressé de la peine, voire en lui attribuant une excuse absolutoire pour hauts faits rendus au pays, ne facilitait pas la chose[12]. Il contribua ainsi à ridiculiser cette justice que tout le monde se mit alors à dénigrer. Dès lors ces procès, dont les sentences par ailleurs s'adoucissaient au fur et à mesure que le temps passait, ne pouvaient plus remplir leur fonction. Il fallait se rendre à l'évidence, l'Alsace n'avait pas bénéficié d'un grand procès dévoilant à l'ensemble de la nation et au-delà des frontières, le sort qui fut le sien durant la Seconde Guerre mondiale. Les lois d'amnistie entre 1947 et 1953 mirent un terme à ces poursuites.

Restaient les crimes de guerre qui n'avaient pas encore été jugés et dont la responsabilité incombait principalement à des ressortissants allemands. Pouvaient-ils se transformer en procès des séquelles de l'annexion ? Cette annexion avait notamment conduit à l'installation de deux camps de concentration en Alsace, un d'extermination (Struthof), l'autre de sûreté (Schirmeck), les seuls que les nazis implantèrent sur le territoire français. Ces affaires judiciaires allaient-elles permettre de dévier sur l'incorporation de force ?[13] Le procès de Bordeaux, se rapportant au massacre d'Oradour-sur-Glane, aurait dû connaître un tel glissement[14]. N'avait-on pas commis un crime de guerre atroce, tuant 642 personnes, au moyen d'un autre crime de guerre tout aussi abject, l'incorporation de force de jeunes Alsaciens mineurs au moment des faits dans la Waffen SS[15] ? Lorsqu'en automne 1952, on sut sur les bords du Rhin qu'un procès allait avoir lieu impliquant des Malgré-Nous, on espérait qu'enfin on expliquerait au monde entier le sort réservé à l'Alsace par les nazis. Malheureusement, lors du procès tenu en janvier-février 1953, il n'en fut rien. Nussy-Saint-Saëns, le président du tribunal militaire de Bordeaux, mit toute son énergie pour éviter que l'on examine le sort des Malgré-Nous. Il multiplia les maladresses qui furent ressenties en Alsace comme des provocations[16]. Aussi un vent de colère souffla sur la province, comme rarement elle en avait connu de semblable. La sentence inacceptable mit la province en rébellion ouverte. La grève administrative illimitée décrétée par les maires, appuyée par l'ensemble des parlementaires, à une exception près[17], fit l'effet d'une bombe. En quelques jours, l'opinion publique alsacienne avait basculé[18]. Un immense fossé s'était creusé entre l'Alsace et le reste de la France, que l'amnistie votée en toute hâte, ne put entièrement effacer. Il subsista de toute évidence une opposition farouche avec le Limousin, qui, en 2012 encore, a connu des soubresauts[19]. Le procès d'Oradour n'a donc pas réglé la question.

À Schirmeck, l'horreur ordinaire de la répression nazie

Les procès des gardiens des camps alsaciens du Struthof et de Schirmeck, ainsi que ceux des médecins y ayant sévi, allaient-ils combler ce vide ? Pouvait-on compter sur l'instruction des plaintes émergeant des déportés pour dénoncer le système criminel mis en place en Alsace par les nazis et révéler ainsi la dictature particulière que cette région annexée avait subie ? En s'intéressant aux structures de répression nazies, on caressait l'idée qu'à travers la déposition des témoins, toute la lumière serait faite sur le mécanisme criminel auquel on avait eu recours. On s'accrocha à cette lueur d'espoir. On voulut que l'instruction fût exemplaire, c'est-à-dire aussi complète

Karl Buck, le terrible commandant du camp de sûreté de Schirmeck, en 1946, lors du procès du Gauleiter Wagner.

que possible, ce qui exigeait une durée respectable. Désormais la justice ne travaillait plus dans la précipitation. Elle se donnait du temps, du temps nécessaire à accumuler toutes les preuves tangibles, à entendre le plus de témoins possibles. Presque chaque déposition révéla de nouvelles atrocités commises, qu'il fallait vérifier. On rechercha l'identité des victimes. Quant aux présumés auteurs des méfaits, il fallait les démasquer parmi la grande masse des prisonniers de guerre. La France en détenait 940 000, la Grande-Bretagne, les États-Unis et l'URSS plus de 3 millions chacun[20] qui furent progressivement renvoyés chez eux. Tous les Allemands prisonniers des Français furent libérés en 1948 ; ceux détenus en URSS ne furent relâchés qu'en 1955. À partir de 1949, il fallait obligatoirement coopérer avec la police des deux États allemands pour se saisir des ressortissants allemands tant à l'Est qu'à l'Ouest. Heureusement que les principaux acteurs de ces crimes furent pris dès la fin de la guerre car le chancelier Adenauer pour la RFA comme Walter Ulbricht pour la RDA refusèrent ensuite de les extrader[21].

Les nazis avaient ouvert deux camps en Alsace : Vorbrück-Schirmeck dès juillet 1940 et Natzweiler-Struthof à partir de mai 1941. Le premier en date fut considéré comme un camp spécial. Les autorités nazies hésitèrent sur sa dénomination. Finalement le terme de « camp de sûreté » prévalut (Sicherungslager) bien qu'on pratiqua envers les Alsaciens internés une véritable « rééducation », voulant de force en faire des Allemands et des nazis. Il servit aussi de lieu de transit avant les expulsions en vieille France, le transfert dans un camp de concentration ou la transplantation dans les provinces du Reich en Prusse orientale, en Pologne ou chez les Sudètes. En 1942, le camp s'ouvrit également aux Mosellans, aux femmes et aux hommes réfractaires au travail forcé au bénéfice du Reich. Il reçut ainsi un important contingent de Polonais et de Russes. Dès 1943, il y eut également quelques Allemands opposants au régime hitlérien. Cette catégorie augmenta en 1944 où l'on constatait également l'arrivée de Français issus de la Résistance, de maquisards des Vosges, de prisonniers de guerre, aviateurs américains abattus ou Anglais parachutés du corps spécial du SAS.

Dès son ouverture, le Gauleiter Wagner confia l'établissement au SS-Hauptsturmführer Karl Buck, le commandant à la jambe de bois, qui avait servi dès 1933 dans différents camps du Wurtemberg et du pays de Bade. Il resta en poste jusqu'à la libération du camp en 1944. Grand blond aux yeux bleus, nazi fanatique, il estimait qu'il accomplissait une « mission supérieure » en punissant les récalcitrants à l'annexion de fait. Organisateur méticuleux, il imposa au camp une discipline de fer, décrétant son propre règlement. Il exigeait ainsi que les déplacements à l'intérieur de l'enceinte, individuellement ou collectivement, devaient s'effectuer au pas de gymnastique. Lorsqu'il estimait que les internés ne couraient pas assez vite, il n'hésitait pas à les poursuivre avec sa Traction Citroën noire. Tout arrivant devait se présenter à lui dans un allemand parfait. Malheur à celui qui bredouillait, ou qui récidivait, il subissait de sa part un passage à tabac d'une brutalité inouïe. Fourbe et sadique, il incarnait à lui seul la terreur de ce camp et de ses commandos extérieurs. D'ailleurs il était craint et haï autant des internés que des gardiens ou membres de la Gestapo.

Son second, Robert Wunsch, SS-Hauptscharführer puis Untersturmführer, n'était pas très estimé du commandant Buck. Aussi ses brutalités avaient souvent pour origine la nécessité de vouloir plaire à son chef. Originaire de Haguenau, expulsé par l'État français en 1919, il avait même des connaissances parmi les internés alsaciens. Après l'évacuation du camp en pays de Bade, il reçut la responsabilité de celui de Rotenfels où il sut se montrer plus humain. Il était imprévisible et il lui est arrivé d'arrêter net l'action de certains tortionnaires qu'il n'aimait guère, comme le lieutenant Karl Nussberger.

Ce dernier était le chef des policiers de la Schutzpolizei (police de sûreté) qui assuraient la garde du camp. Il commandait les pelotons d'exécution et désignait les hommes qui devaient en faire partie. Mais le sport favori du lieutenant Nussberger fut la chasse aux évadés et le repérage des tentatives d'évasion. Il avait un flair particulier pour débusquer ceux qui tentaient une évasion et leur infligeait de dures sanctions. Quant aux évadés repris, il leur réservait une exécution sommaire souvent infligée de manière cruelle.

Ce trio fut complété par une série de policiers tortionnaires, simples exécutants. La plupart d'entre eux se trouvaient à Vorbrück-Schirmeck par mesure disciplinaire, faisant preuve d'une moralité douteuse. Ces gardiens n'hésitaient pas à extorquer des fonds, à voler des effets personnels appartenant aux internés ou à détourner des colis postaux. Rares furent ceux qui agissaient par conviction idéologique, c'étaient le sadisme, l'ivresse de puissance du «petit chef», un caractère fruste, brutal, bestial même par moments, qui les poussaient vers un comportement criminel. Il en était ainsi du surveillant-chef (Wachtmeister) Emil Neuschwangen, surnommé par les déportés «Stuka» pour ses réactions rapides et ses crises subites de brutalité. Il s'en prenait le plus souvent aux aviateurs alliés. Il fut l'instigateur des exécutions perpétrées à Gaggenau. Une autre figure fut le surveillant-chef (Wachtmeister) Siegmund Weber, dit «Giggele» (le Borgne, en alsacien), chargé d'infliger aux internés les punitions corporelles, la bastonnade au nerf de bœuf ou à la courroie de ventilateur, la pendaison par les poignets retournés, une de ses « spécialités ». Le maître-chien Walter Müller, dénommé « Hundemüller », disposait d'un chien spécialement dressé pour pister les évadés, qu'il lançait volontiers sur les internés qui ne lui convenaient pas.

L'entrée au camp des femmes – dont l'effectif était de 300 à 350 personnes – demanda le recrutement d'un personnel féminin de gardiennage et la construction de nouveaux bâtiments. Comme il n'y avait pas de personnel féminin dans la Schutzpolizei, on organisa un recrutement local en faisant appel à des volontaires acquises à la cause nationale-socialiste. Il y eut ainsi les sœurs Lehmann, originaires de Schirmeck, dont l'une fut surveillante-chef, surnommée « la Hyène » à cause de sa fausseté, de sa brutalité, de son indifférence face à la misère subie par ses compatriotes. Elles étaient pro-nazies, mais sans savoir ce que recouvrait exactement cette idéologie. Certaines étaient vulgaires et sans aucune conviction politique, d'autres par contre paraissaient humaines, manifestant de la compassion, mais dans l'ensemble dotées d'une moralité douteuse.

Le régime de la faim était omniprésent. Dans cet enfer, aux nombreux commandos extérieurs où le travail était harassant, on perdait quinze à vingt kilos en trois semaines. Les exécutions eurent rarement lieu au camp même, mais ses abords boisés étaient jugés comme propices à faire disparaître discrètement des personnes. Et puis il y eut la route conduisant à partir de 1941 au camp de Natzweiler-Struthof que les internés de Vorbrück-Schirmeck avaient péniblement construit et qui devint le lieu des exécutions de tous ceux et celles que Buck voulait ne plus voir. Les internés auditionnés comme témoins lors de l'instruction des procès furent unanimes : en juillet 1941 la discipline était « féroce » ; durant l'été 1942, elle se relâcha quelque peu ; à l'automne 1942 elle redevint insupportable, en raison de la répression des récalcitrants à l'incorporation de force ; le débauchage de certains gardiens pour le front fit qu'au cours de l'été 1943 on perçut à nouveau un assouplissement ; on pouvait même affirmer qu'à l'automne 1943 elle était devenue presque supportable ; mais vers la fin de l'hiver 1943 et jusqu'à la fin de l'été 1944, la discipline imposée fut à nouveau très stricte,

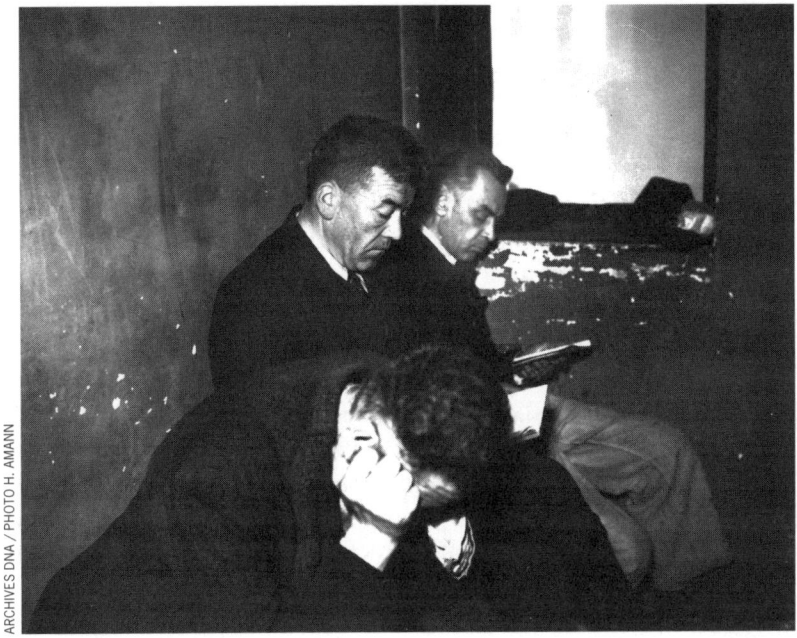

L'attente de la déposition en justice. Trois témoins détenus attendent leur tour lors du procès du Gauleiter Wagner dont, au fond, Karl Buck.

broyant toute velléité de résistance parmi les internés ; enfin le relâchement intervint en septembre 1944 lorsque l'atmosphère à l'intérieur du camp prit un air de débâcle.

Suite au bombardement de la gare de Schirmeck, le 19 novembre 1944, le commandant Buck prit peur et ordonna l'évacuation qui avait été planifiée préalablement. Ainsi, dans la nuit du 22 au 23 novembre 1944, le dernier convoi d'évacuation, constitué de camions de la Wehrmacht, expédia les prisonniers en pays de Bade. On laissa sur place, enfermées, sans explication, les trois cents femmes détenues ainsi que tout le matériel. Restèrent également les habits civils des internés, les bijoux, les objets de valeur. Par contre une partie des archives, le numéraire, certains objets précieux, notamment les montres-bracelets, furent emportés de l'autre côté du Rhin. Le 23 novembre, une unité de la Wehrmacht en déroute prit temporairement possession des lieux avant d'être chassée par l'arrivée des troupes américaines le 25 novembre. Des témoins affirmèrent, que dans l'euphorie de la libération, le camp fut pillé. Les soldats américains emportèrent des « souvenirs », les détenues libérées et la population civile se servirent en produits consommables. Les deux camps ayant été évacués durant l'été et l'automne 1944 sur la rive droite du Rhin, au bénéfice donc d'établissements situés en pays de Bade et en Forêt-Noire, les tortionnaires accompagnèrent leurs victimes et sévirent pendant cinq mois supplémentaires, occasionnant la mort d'un grand nombre de détenus[22].

Le camp de Schimeck fut transféré sur plusieurs sites, Weisenbach, Haslach (Sportplatz et Vulcan), Sulz-am-Neckar, mais le centre principal fut Rotenfels près de Gaggenau. Les tortionnaires reprirent donc leur triste besogne[23]. Presque rien n'avait changé entre la localisation du camp de sûreté à Schirmeck et son transfert à Gaggenau-Rotenfels[24].

N'ayant pas pu rapatrier les femmes détenues à Schirmeck, elles furent remplacées par des internées que l'on fit venir d'autres camps pour travailler dans les usines de Daimler-Benz. Il y eut ainsi entre trois et quatre cents femmes à Rotenfels durant l'hiver 1944-1945. Mais ce camp improvisé manquait cruellement d'installations sanitaires. L'impossibilité de se doucher et même de se laver correctement provoqua une prolifération de vermine qui empêchait les déportés de dormir la nuit et donc de récupérer des fatigues de la journée. Le chef du camp, Robert Wunsch, montrait quelques sentiments humains, qu'il n'avait guère affichés à Schirmeck : son nouveau comportement semblait dicté par la crainte d'une défaite allemande qu'il sentait proche. Toutes les conditions de vie s'aggravèrent. La situation était particulièrement pénible à Haslach-Vulcan où près de 1 700 déportés avaient été transférés venant de Rotenfels. On y dénombrait fin 1944, 542 Français dont beaucoup d'Alsaciens et de Vosgiens, 59 Soviétiques, 38 Polonais, 18 Hollandais et 16 Italiens[25]. Un prêtre interné témoigna ultérieurement que trois semaines avant Pâques 1945, 90 hommes revinrent de Haslach au camp de base. Ils avaient travaillé à la construction d'un tunnel taillé dans la roche. Ils habitaient dans ce tunnel sans eau et fournissaient un travail harassant. Des 90 qui en revinrent, 30 seulement étaient encore vivants à Pâques et le témoin ajoutait :

« Je ne crois pas que dix d'entre eux connurent la Libération et le retour chez eux[26]... » Les morts disparurent dorénavant dans les trous de bombes qui servirent de fosses communes. À Schirmeck, on les transportait au Struthof où fonctionnait un four crématoire.

Au Struthof, terreur, mort et crimes contre l'humanité

Le camp de Natzweiler-Struthof fut implanté en mai 1941 sur les hauteurs dominant la rive droite de la Bruche, séparé du précédent de quelques kilomètres seulement. Ainsi l'avancée des troupes alliées en septembre 1944 menaça de libération l'un et l'autre en même temps. Plus sensible sans doute que le camp en fond de vallée, le Struthof reçut en premier l'ordre d'évacuer. Cette décision fut notifiée le 1er septembre 1944[27]. Ainsi, entre le 2 et le 4 septembre 1944, 5 518 détenus furent déplacés, transportés principalement par trains depuis la gare de Schirmeck vers Dachau et Allach, mais également vers une multitude de petits établissements disséminés en pays de Bade, en Forêt-Noire et surtout le long de la vallée du Neckar[28]. Il ne restait plus alors à Natzweiler que 400 détenus environ, qui ne furent repliés sur Dachau que les 19 et 20 septembre 1944[29]. Dès lors, le camp de base du Struthof ne fonctionnait plus à la fin du mois de septembre mais une équipe d'entretien resta sur place jusqu'au 22 novembre 1944 où les 16 derniers internés quittèrent les lieux avec le reste des gardiens SS de la garnison[30]. Ce camp connaissait dès lors une structure éclatée entre les divers lieux d'implantation des kommandos qui furent tous soit ramenés sur la rive droite du Rhin, soit intégrés dans d'autres camps[31]. Ainsi le siège administratif de ce qui subsistait du Struthof fut fixé à Guttenbach dans la vallée du Neckar[32].

Toutefois l'avancée des Alliés était inexorable. Rien ne pouvait plus les arrêter. Le 2 février Colmar était libéré et le 9 février, la fameuse poche fut entièrement résorbée. Un mois plus tard, le 15 mars, la 7e Armée américaine repassait à l'offensive dans le secteur de Haguenau-Oberhoffen-sur-Moder. Le 19 mars, les tirailleurs tunisiens de l'armée De Lattre jetèrent une tête de pont à Scheibenhardt au-dessus de la Lauter et prirent pied dans le Palatinat allemand[33]. Puis, poursuivant sa route, la 1re Armée s'empara le

4 avril de Karlsruhe déclarée ville ouverte. Remontant alors la rive droite du Rhin, elle atteignit Rotenfels le 10 avril. Gaggenau et Gernsbach furent occupées par les troupes françaises qui accentuèrent leur progression en pays de Bade, en Forêt-Noire, dans le Wurtemberg, vers Constance atteinte le 26 avril, vers la Bavière, Berchtesgaden tombant le 4 mai, vers l'Autriche, le Vorarlberg et le Tyrol, Innsbruck étant pris le 5 mai[34].

Sur leur passage, les camps s'ouvrirent. Certains gardiens tortionnaires de Schirmeck furent arrêtés sur le champ ou démasqués parmi les prisonniers de guerre. Malheureusement, d'autres, munis de faux papiers, échappèrent à l'arrestation et passèrent ainsi entre les mailles du filet. Pour le Struthof, l'affaire était encore plus compliquée à résoudre. Cinq commandants par exemple s'étaient succédé à sa tête entre mai 1941 et novembre 1944. Où étaient-ils passés ? Dans quels autres camps sévissaient-ils actuellement ? L'intégration d'une grande partie des déportés au camp de Dachau et de son annexe Allach, fit que certains gardiens rejoignirent également ces lieux mais d'autres furent affectés à d'autres camps ou même occupèrent d'autres tâches. De cette complexité certains tirèrent profit pour passer dans la clandestinité. Qu'étaient devenus les commandants Kramer, Zill ou Hartjenstein ? Où étaient passés l'Unterscharführer SS Franz Ehrmanntraut, tant redouté et pourtant surnommé « Fernandel », mais aussi « le Carnassier », spécialiste du matraquage au nerf de bœuf, qui urinait sur les détenus exténués, chef du kommando du « Kartoffelkeller »[35] ? Où se cachait le Unterscharführer SS Albert Fuchs, dit « le Lanceur de bérets », « le Commissaire balle-dans-la-nuque » ou « le Chasseur de têtes », chef du kommando du « Ravin de la mort » [36]. Où se trouvaient les terribles Rapportführer[37] et Blockführer[38], les frères Seuss : Joseph dénommé « Zack-Zack » pour son sens de la discipline militaire dans l'exécution des ordres et Wolfang appelé « la Créature » ? Ou encore l'Unterscharführer SS-Herbert Oehler qualifié de « Jojo la Matraque » ? Pouvait-on espérer se saisir du SS-Untersturmführer Witzig préposé aux travaux de la carrière, une brute finie, ou du Hauptscharführer SS Hinkelmann, ivrogne invétéré qui introduisit dans le camp la pratique de la torture psychologique.

La pression de l'opinion publique était si forte qu'en aucun cas, les criminels ne devaient échapper à la Justice. Le fait de les avoir arrêtés au-delà du Rhin, en terre allemande et qu'ils sévirent à la fin de la guerre sur la rive droite du Rhin, donna compétence au tribunaux militaires des armées d'occupation[39]. L'instruction de ces affaires dévoila également les agissements criminels des médecins SS intervenant tant au Struthof qu'au camp de Vorbrück-Schirmeck. Ces derniers eurent le temps de maquiller leurs crimes, de faire disparaître des papiers compromettants et certaines preuves avant d'entrer en clandestinité[40].

Il était du devoir des Alliés de les rechercher, de les arrêter et de leur demander des comptes. Puisque leurs agissements avaient eu lieu à Natzweiler-Struthof, en Alsace sur une terre française, c'était aux autorités de la République française d'ordonner et de diligenter des actions judiciaires contre eux. Ainsi, dès la paix retrouvée, les opérations s'enclenchèrent. Des instructions furent ouvertes concernant des gardiens SS et des kapos du camp. Par suite de décès constatés et de non-lieux, ce chiffre tomba à 86 inculpations retenues. Près de deux mille témoins de différentes nationalités (des Belges, Luxembourgeois, Hollandais, Norvégiens, Tchèques, Yougoslaves, Allemands), résidant le plus souvent à l'étranger furent entendus. Les polices de presque tous les pays d'Europe occidentale furent mises à contribution et même certaines des pays de l'Est.

Au fur et à mesure que les dossiers s'étoffaient, les arrestations se multiplièrent. Après cinq années d'instructions minutieuses, les faits établis et vérifiés pouvaient permettre de passer à la phase de jugement. Le 6 mars 1950, l'ensemble des dossiers fut transmis à la chambre des mises en accusations de la cour d'appel de Colmar qui, par un arrêt en date du 1er juin 1951, renvoya les accusés devant le tribunal militaire. Les accusés se pourvurent en cassation contre cette décision, qui fut annulée par un arrêt de la chambre criminelle en date du 3 juillet 1952, renvoyant l'affaire devant la chambre des mises en accusation de la cour d'appel de Paris. Cette dernière, après avoir purgé l'affaire de ses vices de procédure, prit le 30 juillet 1953 la décision de saisir le tribunal des forces armées de Metz afin d'entamer la phase de jugement. Certains accusés tentèrent à nouveau de retarder cet échange en formulant un nouveau pourvoi que la chambre criminelle de la cour de cassation finit par rejeter définitivement par un arrêt du 26 janvier 1954. L'ensemble des dossiers retourna donc au greffe du tribunal des forces armées de Metz le 16 févier 1954 en attendant l'ouverture du procès.

Pour les médecins qui se livrèrent à des expériences médicales sur les détenus des camps du Struthof et de Schirmeck, ils furent intensivement recherchés après la guerre. August Hirt avait mené des expériences sur le gaz ypérite et les signes d'hérédité raciale, assassiné des dizaines de personnes, fait horriblement souffrir des centaines d'autres, s'était constitué une collection anatomique de personnes juives et tziganes pour la Reichsuniversität de Strasbourg en gazant 86 personnes « sélectionnées » à Auschwitz[41]. Otto Bickenbach s'était intéressé au gaz phosgène, avait pratiqué des expérimentations dans la chambre à gaz du Struthof, responsable de la mort d'au moins une quinzaine de détenus, avait infligé d'atroces souffrances à d'autres. Enfin, Eugen Haagen avait voulu découvrir un nouveau vaccin contre le typhus exanthématique en n'hésitant pas à martyriser des dizaines de détenus, notamment des tziganes, même des enfants de dix ans, qui durent subir des ponctions de foie.

Le rassemblement des preuves contre ces médecins s'avéra délicat. Par définition, ces chefs de laboratoires et leurs équipes travaillaient dans la plus grande discrétion. Il était donc difficile de trouver des témoins et des survivants ayant subi leurs « expériences ». Ceux qui étaient décédés sont morts dans l'anonymat. La mission de la justice fut donc extrêmement difficile. Seules quelques pièces, quelques personnes, pouvaient apporter des éléments de preuves. Encore fallait-il qu'elles se déclarèrent à la Justice. Hirt ne put être appréhendé et pour cause, il s'était suicidé le 2 juin 1945, mais on ne le sut que bien plus tard. Bickenbach fut arrêté dans un hôpital militaire en Allemagne et remis aux autorités françaises en 1947. Haagen, capturé par les Américains, fut pourtant libéré en juin 1945. Il se réfugia alors à Berlin en secteur soviétique et offrit ses services à l'URSS. À nouveau arrêté en 1946, en secteur américain à Berlin-Zehlendorf, il témoigna lors du procès des médecins à Nuremberg puis fut livré à la justice française en janvier 1947[42]. Ce ne fut donc qu'après avoir appréhendé deux de ces criminels en blouse blanche que l'instruction put progresser à grands pas et permit d'aboutir à un procès devant le tribunal militaire de Metz en décembre 1952.

Néanmoins, au fil des investigations nécessaires à l'instruction, les charges contre eux s'accumulèrent par le témoignage des surveillants et des anciens détenus. Sur la base de ces éléments recueillis, les instances judiciaires françaises demandèrent l'extradition auprès des autorités américaines et britanniques de ces criminels de guerre. Or, aussi invraisemblable que cela paraisse, ces demandes furent rejetées! Dans ces années 1946-1947, malgré «l'entente cordiale» entre les Alliés, force est de constater le manque de collaboration judiciaire dont ils firent preuve pour agir ensemble contre les criminels nazis[43]. Quelques-uns de ces médecins et de leurs assistants échappèrent ainsi à la justice française. Ceux par contre, cachés en zone d'occupation sous le contrôle de la France, finirent par être repérés, arrêtés et traduits devant les tribunaux compétents et ce, malgré très souvent des protestations émises par d'éminents scientifiques qui continuaient à les considérer comme des savants au service de l'humanité, avec des polémiques entre chercheurs que nous ne pouvons comprendre aujourd'hui. Comment justifier l'intervention en leur faveur de scientifiques de très haut niveau, siégeant dans le comité délivrant le prix Nobel de médecine? Les atrocités de la Seconde Guerre mondiale avaient fini par détraquer les repères moraux de l'humanité et rendre flottants pourrait-on croire, les repères éthiques dans la société. L'esprit de solidarité, qui de tout temps a animé le corps médical, n'était sans doute pas étranger à la chose[44].

La population alsacienne dans son ensemble et bien sûr les anciens internés exigeaient une justice promptement menée, faisant preuve d'une grande sévérité. Le durcissement de l'opinion publique s'explique en grande partie par l'épuration qui alors sévissait en France et par la dénazification qui se mettait en place en Allemagne. Mais la justice n'est pas la revanche et doit correspondre à la réparation du tort commis à la société et aux victimes. Les procès devaient donc être équitables. Les preuves de culpabilité devaient être irréfutables. Cela signifiait dès lors une instruction très minutieuse, plus longue que prévue, puisque les plaintes arrivaient maintenant de l'Europe entière et toutes demandaient des vérifications, des recoupages, de nouvelles enquêtes, d'autres auditions. Les dossiers s'étoffèrent. Mais comme on pouvait le prévoir, le temps finit par jouer en faveur des accusés. Plus on s'éloignait de la fin de la guerre, plus la clémence juridictionnelle devenait perceptible et plus les relations franco-allemandes allaient interférer dans l'exécution des peines prononcées[45].

PREMIÈRE PARTIE

Les tortionnaires du camp de Schirmeck

CHAPITRE I

L'affaire de Gaggenau devant le tribunal de Wuppertal
6-10 mai 1946

En Alsace tout le monde le nommait « camp de Schirmeck », mais il fut en fait établi sur le ban communal de Labroque, jouxtant les premières habitations de Schirmeck. Les autorités nazies durant l'annexion entre 1940 et 1944 l'avaient dénommé « Vorbrück-Schirmeck », puis après la Libération les autorités françaises le désignèrent sous le vocable de « Schirmeck-Labroque ».

Sur la soixantaine de gardiens affectés en permanence à ce camp, une vingtaine s'étaient mal comportés et avaient commis des exactions sur les prisonniers. Ce camp spécial, qui à l'origine devait être un camp de rééducation (Erziehungslager), devint un camp de sûreté (Sicherungslager) et un camp de transit pour les expulsés, les transplantés, les réfractaires et les déportés en attente d'affectation dans un autre camp. La dureté de son régime dépendait donc de la catégorie du détenu et des ordres donnés par le commandement en place. De surcroît, il servait à la Gestapo pour des interrogatoires musclés mais discrets et d'antichambre à des condamnés à mort dont l'exécution devait s'opérer sans témoins dans les bois environnants ou en bordure de la route menant au camp du Struthof.

Son évacuation en novembre 1944 et son éclatement en une multitudes de lieux implantés sur la rive droite du Rhin changea profondément la nature de la détention[46]. Certains nouveaux sites furent jugés plus inhumains encore que l'ancien, d'autres présentèrent une amélioration. Tout dépendait à nouveau du commandement. Aussi dès la libération des camps refuges, se mit-on en chasse pour débusquer et arrêter les gardiens soupçonnés d'avoir commis des crimes. Le 10 avril 1945, le camp de Rotenfels fut libéré par l'armée française et Robert Wunsch, commandant en second (Lagerführer) à Schirmeck et chef du camp de Rotenfels, fut fait prisonnier. En raison de sa nouvelle conduite affichée en ce lieu, il fut protégé par les détenus libérés. Il échappa donc à un lynchage et à une exécution sommaire. Il fut arrêté comme criminel de guerre le 24 avril. Le chef des Schupos (Schutzpolizei) à Schirmeck, Karl Nussberger, fut mis en détention le 20 avril et le fameux commandant Karl Buck, l'homme à la jambe de bois, le 9 mai. Mais il fallut attendre le 28 novembre, de la même année 1945, pour arrêter Siegmund Weber (Zugwachmeister), le spécialiste des bastonnades infligées aux internés à titre de châtiment corporel[47]. Très peu échappèrent aux services de recherche des criminels de guerre.

Toutefois, on se rendit rapidement compte que l'instruction de ces affaires allait être longue et difficile à mener. Les victimes des maltraitances endurées étaient nombreuses et se trouvaient réparties dans l'Europe entière. Les différents services de recherche des criminels de guerre se concertèrent. Certains actes pouvaient être traités plus rapidement, car il s'agissait de crimes particuliers, bien identifiés, dont les preuves étaient plus faciles à réunir. Ainsi, selon le lieu de commission des crimes, selon la nationalité des victimes, plusieurs affaires judiciaires furent programmées. On commença par constituer des dossiers pour les actes les plus récents qui ne nécessitaient pas de longues enquêtes préalables.

Entrait dans cette catégorie l'exécution de six militaires britanniques, de quatre soldats américains et de quatre civils français qui eut lieu le 25 novembre 1944 près de Gaggenau, c'est-à-dire après l'évacuation du camp de Schirmeck. La nationalité et la qualité des victimes, la date et le lieu de leur décès, donnaient compétence aux tribunaux militaires alliés des zones d'occupation. L'instruction de cette affaire fut donc confiée aux Britanniques dont six parachutistes du 2ᵉ régiment spécial aéroporté avaient été liquidés. Cette affaire conduisit au procès devant la cour militaire britannique de Wuppertal qui se déroula du 6 au 10 mai 1946.

Les débats aux audiences permirent de reconstituer les faits. Ces militaires faisaient partie des forces spéciales destinées à aider des maquis des Vosges. Ils furent donc parachutés sur les arrières des lignes ennemies, ce qui exaspéra les services de sécurité allemands. Le chef de la police secrète nazie installé à Strasbourg, le SS Erich Isselhorst, qui fut entendu comme témoin, puis inculpé à son tour, fit savoir qu'un ordre venant de Berlin, le 18 octobre 1942, avait décrété que le personnel militaire allié parachuté à l'arrière des lignes n'était pas à considérer comme prisonnier de guerre lors d'une capture, mais devait être liquidé sans aucune pitié. Isselhorst prit toutefois la précaution de faire confirmer cet ordre par le ministère de la Guerre.

Toutefois, Isselhorst l'avait interprété à sa manière. Ainsi épargna-t-il les parachutistes engagés seulement dans des opérations de logistique et ne l'appliqua-t-il qu'à ceux qui avaient coopéré avec le maquis. On prétendit donc que les victimes auraient été des espions et qu'elles auraient confié du matériel de sabotage et donné des ordres de démolition aux gens du maquis. L'ordre de les éliminer fut transmis par Isselhorst à Buck, le commandant du camp de Schirmeck, qui prétendit avoir essayé de s'y soustraire. Puis il le passa à Wunsch qui soutint n'avoir agi que comme intermédiaire, c'est-à-dire comme porteur de courrier, en le rapportant à Nussberger, le chef de la police. En effet, ce dernier était présent lorsque les prisonniers avaient été chargés dans le camion. La preuve fut apportée qu'il avait même donné l'ordre au chauffeur de disparaître le plus rapidement possible. Neuschwanger était responsable du camion et donc du transport. Ostertag et Ulrich avaient accompagné les prisonniers en forêt. Deux gardiens, Kolb et Vetter, avaient manifesté leur refus de participer à l'exécution. Un autre, Dinkel, avait prétendu qu'il n'avait eu connaissance de la mission qu'en forêt lorsque la fusillade eut lieu... Pourtant Vetter et Neuschwanger avaient bien conduit les prisonniers dans le bois. Muth garda les prisonniers de guerre russes qui avaient été emmenés avec les autres pour creuser les tombes. Muth n'est donc pas allé sur le lieu de l'exécution avant que le crime soit commis.

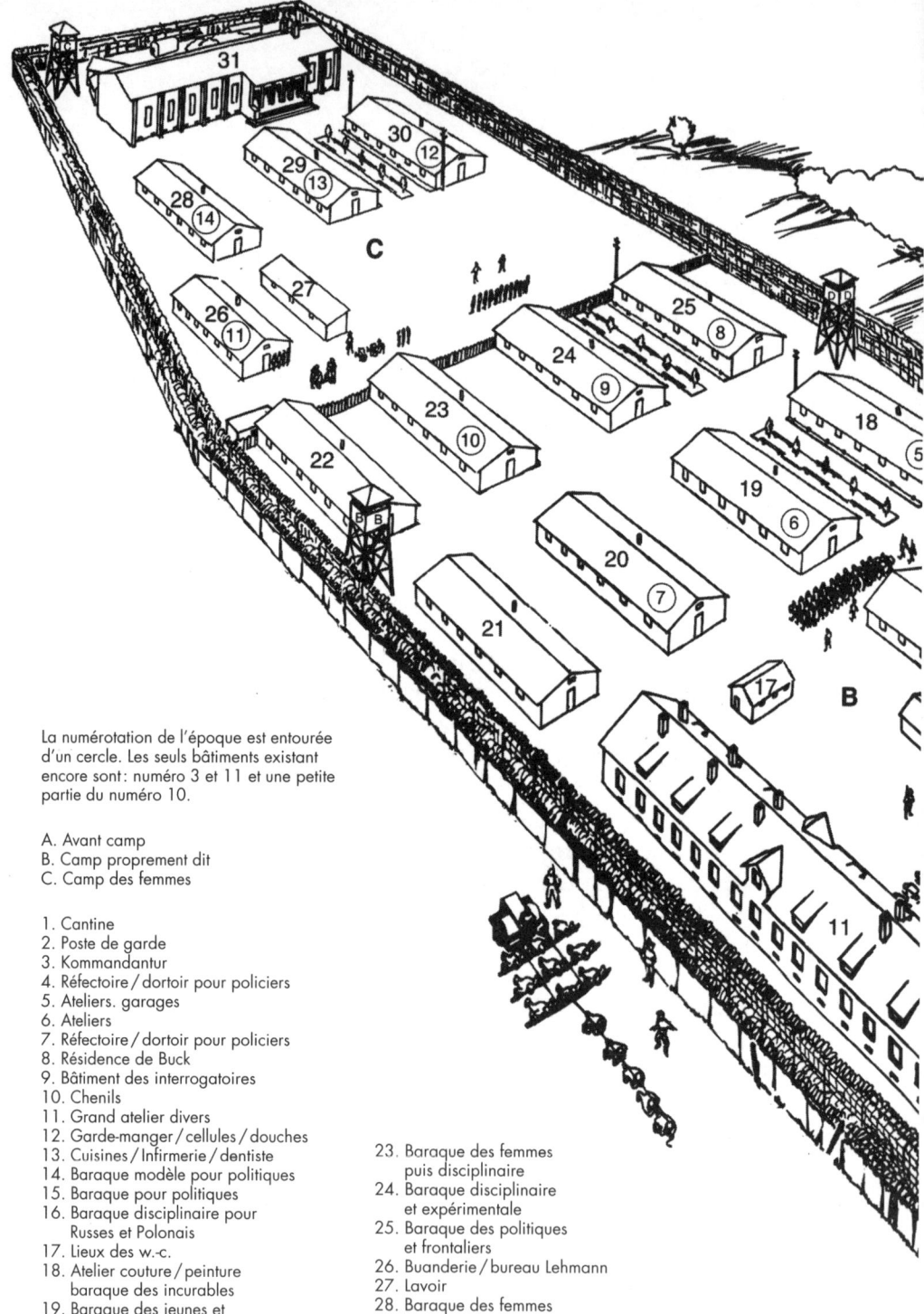

La numérotation de l'époque est entourée d'un cercle. Les seuls bâtiments existant encore sont: numéro 3 et 11 et une petite partie du numéro 10.

A. Avant camp
B. Camp proprement dit
C. Camp des femmes

1. Cantine
2. Poste de garde
3. Kommandantur
4. Réfectoire / dortoir pour policiers
5. Ateliers. garages
6. Ateliers
7. Réfectoire / dortoir pour policiers
8. Résidence de Buck
9. Bâtiment des interrogatoires
10. Chenils
11. Grand atelier divers
12. Garde-manger / cellules / douches
13. Cuisines / Infirmerie / dentiste
14. Baraque modèle pour politiques
15. Baraque pour politiques
16. Baraque disciplinaire pour Russes et Polonais
17. Lieux des w.-c.
18. Atelier couture / peinture baraque des incurables
19. Baraque des jeunes et des asociaux
20. Baraque d'accueil
21. Baraque d'habillement
22. Désinfection / garage / bois / charbon
23. Baraque des femmes puis disciplinaire
24. Baraque disciplinaire et expérimentale
25. Baraque des politiques et frontaliers
26. Buanderie / bureau Lehmann
27. Lavoir
28. Baraque des femmes
29. Baraque des femmes de moins de 20 ans
30. Baraque des frontalières
31. Salle des fêtes et bunker

Le camp de Schirmeck en 1944

À l'origine uniquement prévu pour la « rééducation » des récalcitrants au nazisme, le camp de Schirmeck dépendait du chef de la police nazie de Strasbourg. Il devint un « camp de sûreté » accueillant des détenus arrêtés pour des activités ou des comportements antinazies, mais fut aussi camp de transit pour des déportés en attente d'affectation à un autre camp, ou encore lieu de tortures et d'exécutions utilisé par la Gestapo. Implanté à la limite immédiate de Schirmeck, c'était une « petite ville » organisée derrière les barbelés.

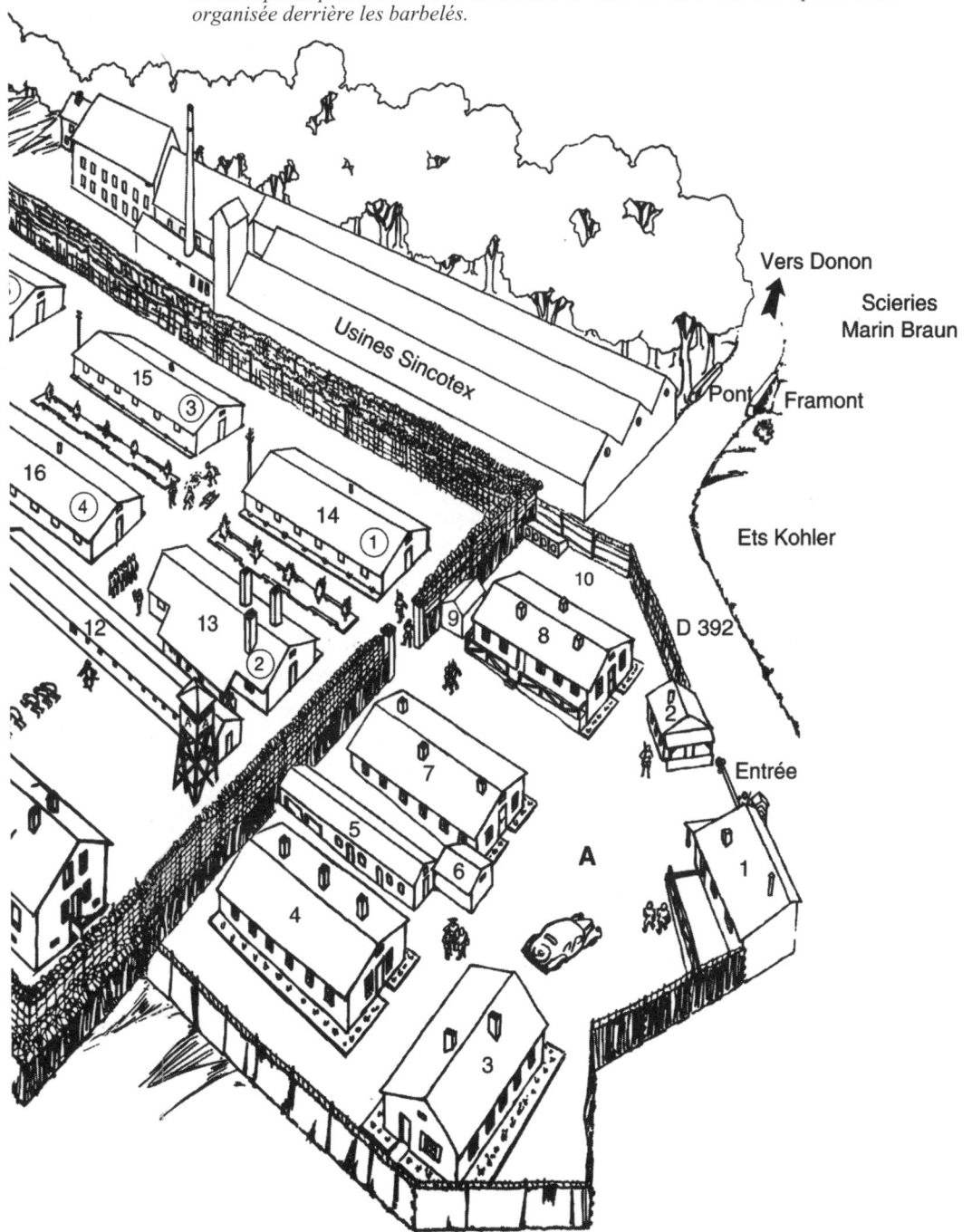

Les accusés prétendirent tout d'abord qu'ils avaient exécuté un ordre légal auquel ils ne pouvaient se soustraire. Ils se référèrent au fait que dans l'Allemagne nazie, non seulement les cours martiales pouvaient condamner à mort des militaires, mais également les juridictions civiles et notamment les tribunaux des SS. Ils affirmèrent donc que la décision du Oberscharführer SS Isselhorst valait jugement. Subsidiairement, ils plaidaient l'erreur de fait. L'ordre reçu avait l'apparence légale, et ils ne pouvaient apprécier si la décision était légitime ou non.

Le tribunal général britannique rappela à ce sujet que l'obéissance à l'ordre reçu d'un supérieur ne constituait pas une excuse absolutoire. Cet ordre ne pouvait donc pas justifier un acte qui devait être considéré comme un crime de guerre. Tout au plus pouvait-on y voir une circonstance atténuante. La sentence évoqua ainsi la fameuse distinction entre un « ordre manifestement illégal » et celui « qui a l'apparence de la légalité ». S'il fallait désobéir au premier, on n'accomplissait pas un délit pénal en obéissant au second[48]. Or, selon la convention de La Haye[49] et les coutumes de la guerre, même les espions avaient droit à un procès. Le tribunal constata que les victimes n'avaient même pas bénéficié d'un simulacre de procès. Il tira argument des précautions prises par les gardiens pour effacer toutes traces de leur méfait pour en déduire qu'ils avaient bien le sentiment d'avoir commis un crime. Ainsi le lieu – au fond d'un bois – ne correspondait pas à celui d'une exécution légale. De même, le fait d'enterrer les corps des fusillés dans des cratères de bombes après leur avoir retiré leurs vêtements militaires, et celui de leur enlever également toutes marques d'identité et objets précieux démontraient bien qu'on voulait dissimuler le crime. Dès lors, on ne pouvait accorder aux auteurs le bénéfice de la bonne foi.

Les accusés ne pouvaient pas non plus plaider l'ignorance du droit international à ce sujet. Chacun savait depuis fort longtemps qu'il était interdit d'exécuter des prisonniers de guerre. Certes, les accusés n'étaient pas des juristes, mais même en admettant qu'ils n'aient eu aucune connaissance des conventions de La Haye ou de Genève[50], et n'aient jamais lu de règlement militaire, la morale et le bon sens auraient dû les faire reculer devant cet acte irréparable. En effet, l'éthique militaire dicte à tout soldat la nécessité d'assurer la

Travaux de terrassement entrepris en 1942 pour la construction d'une « salle des fêtes ».

sécurité de l'ennemi capturé. Les mêmes principes s'appliquaient aux civils du maquis vosgien fusillés avec les militaires alliés, qui, dès lors, bénéficiaient également de la protection des usages de la guerre.

Ainsi le tribunal de Wuppertal réfutait-il point par point tous les arguments développés par les accusés et ne pouvait donc que constater leur culpabilité. Tous furent ainsi déclarés coupables, sauf Muth qui n'était entré en scène qu'après l'exécution en surveillant les prisonniers russes chargés des enterrements[51]. De ce fait, Buck, Nussberger, Ostertag, Ulrich et Neuschwanger furent condamnés à mort tandis que deux autres gardiens qui avaient accompagné les prisonniers en forêt écopèrent de dix ans de prison, Dinkel de huit, Wunsch de quatre, Kolb de trois et Vetter de deux. Cette sentence fut confirmée par la cour supérieure britannique. Puis les condamnés, également inculpés devant le tribunal général des forces françaises d'occupation en Allemagne, devaient à nouveau être transférés dans une prison française en pays de Bade.

CHAPITRE II

Le camp replié en Bade et Wurtemberg, devant le tribunal de Rastatt

20 février-17 mars 1947

L'ouverture d'un second procès à Rastatt, le 20 février 1947, eut lieu devant le tribunal général du gouvernement militaire de la zone française d'occupation en Allemagne. Ce procès concernait Karl Buck, Joseph Muth, Walter Müller, Bernhard Ulrich, Martin Wiesenmayer, Reinbold Lindau, Ludwig Regitz, Gerhard Geisser, Adalbert Depka, Stefan Ribar, Harry Van der Veer, Robert Wunsch, Karl Nussberger, Sigmund Weber, Erwin Ostertag, Christian Schmid, Franz Semma, Karl Weiler, Kurt Hunger, Bernhard Kuhn et Hans Trippel, tous accusés de crimes de guerre.

Des vingt et un accusés, six avaient donc déjà subi préalablement une condamnation pour d'autres faits[52], prononcée par le tribunal militaire anglais de Wuppertal, le 9 mai 1946, pour assassinat ou complicité d'assassinat. De même, Bernhard Ulrich avait été condamné à la peine de mort le 10 mai 1946 par la même juridiction pour des faits similaires et Joseph Muth condamné à sept ans de prison le 6 juin 1946 toujours par la même juridiction sous le même chef d'accusation : sa participation à l'exécution de quatre parachutistes anglais.

Tous les accusés à Rastatt étaient d'anciens policiers (des Schupos), des gardiens de camp, hormis Trippel, un industriel qui avait employé de la main-d'œuvre concentrationnaire.

Sept avocats allemands, tous nommés d'office, et un avocat strasbourgeois, assistèrent les accusés qui, selon l'acte d'accusation, se seraient rendus coupables « à Haslach, Gaggenau, Niederbühl et Sulz am Neckar en 1944 et jusqu'en avril 1945 », pour Muth, Depka, Nussberger, Semma, Ulrich, Van der Veer et Ostertag, « d'avoir volontairement donné la mort à un certain nombre de personnes déportées de nationalités alliées et dont l'identité n'a pu être établie, avec cette circonstance aggravante que ces homicides volontaires ont été prémédités ou accompagnés d'actes de torture, de barbarie ou de vols[53] ».

À Buck, Muth, Müller, Ulrich, Lindau, Regitz, Geisser, Depka, Trippel, Van der Veer, Wunsch, Nussberger, Weber, Ostertag, Schmid, Semma, Hunger et Kuhn fut reprochée, en outre, « la complicité d'homicides volontaires en aidant ou assistant avec connaissances de cause les auteurs principaux » dans l'exécution de leurs crimes, avec comme circonstances aggravantes la préméditation, le vol, les actes de torture et de barbarie. Le troisième chef d'accusation concernait Buck, Muth, Müller, Ulrich, Wiesenmayer, Lindau, Regitz, Geisser, Depka, Ribar, Van der Veer, Wunsch, Nussberger, Weber, Ostertag, Schmid, Semma, Weiler, Hunger, Kuhn et Trippel, qui auraient « volontairement exercé des violences ou sévices, porté des coups et fait des blessures susceptibles d'entraîner la mort[54] ».

Enfin, on ajouta, à l'encontre de Depka uniquement, le grief « d'avoir frauduleusement soustrait, détenu ou dissipé du ravitaillement et autres objets mobiliers[55] ». Aussitôt après la lecture de l'acte d'accusation, un défenseur demanda la disjonction de la procédure concernant son client et le renvoi éventuel de son affaire à une audience ultérieure suite à une expertise mentale. Cette demande étant acceptée par le tribunal, il n'y eut plus que vingt accusés[56]. Puis les avocats de Robert Wunsch, Karl Buck et Joseph Muth déposèrent des conclusions tendant à démontrer que les trois accusés avaient déjà été condamnés pour complicité d'homicide volontaire par le tribunal britannique de Wuppertal pour les mêmes faits.

Après avoir entendu les observations à ce sujet du ministère public et en avoir délibéré, le tribunal décida que les faits pour lesquels les accusés Wunsch, Buck et Muth comparaissaient

Entrée dans l'avant-camp de Schirmeck. C'est là qu'arrivaient les prisonniers. On distingue la fameuse Traction Citroën de Buck. À droite, le poste de garde du camp.

aujourd'hui étaient «totalement différents de ceux pour lesquels ils avaient été condamnés par le tribunal britannique de Wuppertal». Celui-ci avait reconnu leur complicité «dans les homicides volontaires commis sur des parachutistes britanniques, américains et français». La procédure soumise au tribunal général se limitait «aux mauvais traitements, sévices, manque de surveillance ayant entraîné la mort» ou l'aggravation de la mauvaise santé des détenus, et ce, dans «certains camps du Wurtemberg et de Bade» uniquement. En d'autres termes, la culpabilité des accusés pour leur comportement au camp de Schirmeck n'était pas visée et se situait hors de ce procès.

Cette situation était frustrante pour les anciens détenus de la vallée de la Bruche. En effet, cela signifiait qu'on ne tenait pas compte des mauvais traitements infligés avant leur transfert pour quelques mois seulement à Haslach-Vulcan ou à Gaggenau, bien qu'ils y connussent durant ce terrible hiver 1944-1945 un véritable enfer. Ces faits, qui s'étaient déroulés sur la rive droite du Rhin, ne concernaient donc pas le tribunal militaire de la Xe région de Strasbourg. Cependant, pour tous les anciens internés alsaciens et mosellans, le procès de Schirmeck aurait dû précéder celui des commandos établis définitivement outre-Rhin à partir du 20 novembre 1944.

Le tribunal général du gouvernement militaire de la zone française d'occupation en Allemagne, siégeant à Rastatt, était une juridiction d'exception. Elle bénéficiait de règles particulières de fonctionnement. Aussi la procédure était-elle accusatoire, c'est-à-dire identique à celle du droit anglo-saxon, notamment pratiquée aux États-Unis, mais totalement inconnue de notre code français de procédure pénale. Ainsi, après les conclusions préalables, le président posa-t-il la question rituelle aux accusés : plaidaient-ils coupables ou non coupables ? Leur réponse fut unanimement négative. Les débats oraux contradictoires devaient donc établir la culpabilité ou la non-culpabilité desdits accusés.

La juridiction, présidée par le conseiller à la cour d'appel de Paris, Jean Drappier, comprenait en outre trois juges[57] et trois assesseurs[58], tous nommés par l'administrateur du gouvernement militaire de la zone française d'occupation. Le ministère public était représenté par trois commissaires du gouvernement, selon la nationalité des victimes : un Français[59], un Belge[60] et un Polonais[61]. L'organisation procédurale relevait de deux greffiers[62] auxquels on avait ajouté deux interprètes en langue allemande et un interprète en langue polonaise[63].

Cent seize témoins allaient défiler à la barre entre le 20 février et le 17 mars 1947. Leurs témoignages se révélèrent éloquents. La plupart étaient des Alsaciens d'abord internés à Schirmeck, puis évacués vers Rastatt, Haslach-Vulcan ou Haslach-Sportplatz, Gaggenau ou Niederbühl. Le premier à déposer fut Fernand Sengler, de Villé, un transporteur de 33 ans. Il donna le ton. Il avait été arrêté en Alsace le 13 octobre 1944 « pour avoir facilité le passage de prisonniers et pour espionnage ». Il avait été déporté à Rastatt, Haslach (Vulcan) puis à Siegmaringen. Il précisa que le transfert de Rastatt à Haslach s'était fait dans de très mauvaises conditions : une

Arrivée d'un groupe de prisonniers au camp de Schirmeck. Ils sont alignés et inspectés avant les procédures d'internement.

interminable attente à la gare sous la pluie, puis des wagons sans chauffage ni vitres. Le débarquement avait eu lieu également sous l'orage et les coups des gardiens, ponctués de leurs beuglements. Après une marche de cinq kilomètres, le convoi était arrivé à Vulcan où le gardien hollandais Van der Veer distribua des coups de crosse. Rien n'était aménagé pour accueillir les détenus. Les uns dormaient à même la terre battue, d'autres purent s'étendre sur des planches, mais tous restèrent cinq jours sans nourriture.

Leur travail consistait à creuser une galerie dans la roche afin d'y installer, à l'abri des bombardements alliés, une usine d'armement. Les internés vivaient donc constamment sur place. Le réveil avait lieu à 4 heures du matin. Pour un maigre café, il fallait faire deux kilomètres à pied. La plupart des détenus étaient sans chaussures. Muth et Ulrich enlevaient même aux malheureux, transis de froid, la couverture dont ils se couvraient les épaules. Les malades étaient souvent atteints de dysenterie. Lorsque les gardiens recevaient un tonneau de vin, ils entraient ivres dans le tunnel avec leurs armes et tiraient dans tous les sens. Parfois ils déshabillaient un prisonnier et le frappaient pendant un quart d'heure avec des bâtons. Ulrich torturait surtout les Russes. Muth était une brute finie et frappait les malades jusqu'au moment où ils ne pouvaient plus se relever. Ses coups avaient entraîné la mort de plusieurs d'entre eux. Il n'était devenu « gentil » que lorsqu'il avait compris que la guerre était perdue. Les cadavres étaient enroulés dans une couverture et laissés dehors deux ou trois jours avant d'être enterrés. Ils étaient pleins de poux[64].

Le deuxième témoin, Richard Beudele, de Guebwiller (Haut-Rhin), avait été arrêté le 19 septembre 1944 et transféré à Schirmeck puis à Rastatt et, de là, à Haslach le 22 novembre 1944. Il y était resté jusqu'en avril 1945. Âgé de 47 ans, directeur de tissage, il souligna également le manque de préparation pour accueillir le camp évacué de Schirmeck. « Notre travail consistait, disait-il, à aménager les souterrains dans lesquels nous avons logé jusqu'à la fin. Nous avons donc bétonné le sol, creusé les rochers, cassé des pierres, tandis que d'autres détenus construisaient des routes à l'extérieur ou installaient des machines. » Les conditions de vie étaient lamentables. « Les galeries avaient environ 100 mètres de profondeur. » « Elles étaient parallèles », précisa-t-il. « Aucune hygiène n'y existait, pas d'eau, pas de W.-C. Ce n'est que trois semaines après notre arrivée que des caisses furent posées en guise de W.-C. Le chauffage électrique a été installé un mois plus tard, mais la température n'a jamais dépassé 7° par suite de l'humidité qui régnait en ces lieux. L'eau suintait de la roche, gouttant le long des parois et de la voûte. Tout moisissait. La paille de nos couchettes, notamment, était un véritable fumier. L'urine passait sous les couchettes et répandait une mauvaise odeur. »

À propos des accusés, il affirma que Ulrich était « très brutal » et que Muth, comme gardien-chef du camp, était souvent ivre : « Alors, il ne savait plus ce qu'il faisait. » Il indiqua avoir été battu par cet homme à coups de pied. Tous les matins, Muth frappait à coups de canne ceux qui n'étaient pas à la place qu'il désirait. Comme il était rétribué en fonction du nombre de détenus au travail, il entrait dans les grottes et en faisait sortir les malades à coups de pied[65].

Tonte intégrale des prisonniers à leur arrivée au camp.

Le troisième témoin, Alfred Kleinmann, 28 ans, de Saint-Louis (Haut-Rhin), déclara avoir été arrêté par la Gestapo d'Altkirch pour avoir refusé en sa qualité d'officier français de s'engager volontairement dans l'armée allemande. Transféré à Mulhouse, puis au camp de Schirmeck, il avait été dirigé vers Rastatt le 13 octobre 1944 et enfin le 3 décembre à Haslach-Vulcan. « L'eau qui suintait des parois était recueillie dans des cuvettes et employée au lavage des détenus, indiqua-t-il, parce qu'il n'y en avait pas d'autre. » Eau et nourriture étaient d'ailleurs insuffisantes pour les 700 déportés qui étaient logés dans le tunnel. « Les détenus avaient des vêtements civils, la plupart pleins de vermine dont ils ne pouvaient se débarrasser parce qu'il n'y avait qu'une seule lessiveuse qui ne pouvait assurer l'épouillage du linge de tout le monde. » Il expliqua que « le nombre de malades admis à l'infirmerie était de

60 environ, mais qu'il y en avait au moins encore 200 à 250 dans le tunnel ». La nourriture des malades était réduite de façon à les inciter à reprendre le travail effectif au plus vite. Du 5 décembre 1944 au 19 avril 1945, il y a eu 63 morts auxquels il fallait ajouter une bonne dizaine de fusillés. En effet, avec l'arrivée d'Ulrich, comme gardien-chef, la discipline devint plus sévère. Dès lors, on menaça de mort ceux qui tentaient de fuir, et les évadés repris étaient passés par les armes.

En mars 1945, sous prétexte d'une émeute fomentée parmi les détenus russes, Ulrich en fit arrêter une douzaine. Un rapport fut établi par ce dernier, Krauss et Buck concluant à la culpabilité dans cette affaire de sept Russes qui avaient été trahis par deux de leurs compatriotes. « Le 19 avril, expliqua Alfred Kleinmann, vers 5 heures du matin, les sept coupables, liés deux par deux, ont été conduits au sommet de la montagne. Les deux qui étaient en tête, comprenant ce qui leur arrivait, se jetèrent dans un fossé et disparurent. » On ne les revit jamais, mais « les cinq autres furent immédiatement abattus ». Ulrich contribua à cette fusillade en utilisant son revolver. La décision de tirer avait été prise par lui-même et Krauss. Les fusillés furent dépouillés de leurs vêtements et enterrés sur place.

Le 26 mars 1945, deux jours avant l'évacuation du camp, deux autres Russes furent également abattus par Ulrich. L'un d'eux était un instituteur qui avait eu le tort de dire à un membre de l'organisation Todt[66], à propos des gardiens, que les rôles seraient changés sous peu. L'autre avait fait une fausse dénonciation. Ulrich avait décidé de les abattre. Il avait emmené les deux malheureux en forêt. Quelques instants après, on entendit des coups de feu. Ulrich fit un rapport indiquant que les deux Russes avaient été abattus au cours d'une tentative d'évasion.

Un autre jour, un jeune détenu de Colmar fut découvert alors qu'il mangeait une gamelle de soupe dans la niche d'un chien qui, chose étrange pour les gardiens, ne cherchait pas à le mordre. Extirpé de la niche, le jeune homme fut contraint de courir devant le chien que l'on excita, mais la bête ne le mordit pas.

Autre fait rapporté par l'ancien détenu : trois Français, dont l'un était père de douze enfants, avaient tenté de s'évader. Ils furent repris par la police. Ulrich, prévenu de leur capture et de leur retour dans le camp, devint fou furieux car, selon ses ordres, on aurait dû les maintenir en forêt et le prévenir. Il les fit donc attacher ensemble au fond de la galerie où ils restèrent trois jours sans manger ni boire, et furent frappés de 80 à 100 coups de bâton par trois gardiens dont Ulrich. Ce dernier finit par les tuer par balles[67].

Le témoin suivant, Alfred Lutt, 37 ans, pharmacien à Colmar, confirma ces dires en y ajoutant quelques précisions supplémentaires. Ainsi, « Ulrich était très connu dans le camp pour la facilité avec laquelle il abattait les gens ». « Je l'ai vu notamment, un soir, descendre de la montagne tout heureux et content alors que je venais d'entendre deux coups de feu quelques instants auparavant. J'ai appris peu après qu'il venait d'abattre deux Russes. Müller "au chien" (le fameux *Hundemüller*) était bestial et vulgaire ; Muth frappait avec plaisir, surtout lorsqu'il avait bu. Il sortait à coups de bâton des malades de leur lit pour les envoyer au travail[68]. »

Certains témoins relataient également des faits qui s'étaient déroulés en Alsace avant le repli en pays de Bade. Ainsi, Charles Frey, 33 ans, un graveur de Bischheim (Bas-Rhin), expliqua qu'« un jour à Schirmeck, Buck est arrivé en auto, fonçant droit sur nous. Pour ne pas être écrasés nous nous sommes écartés précipitamment. Alors, s'adressant plus spécialement à l'un de nos camarades, il lui dit : "La prochaine fois, je t'écraserai comme un chien, tu ne seras pas le premier !" » Naturellement, comme toujours, Buck « ne connaissait rien de ces histoires[69] ».

Au cours d'un bombardement aérien en gare de Schirmeck le 18 novembre 1944, un détenu nommé Poirot, de La Bresse, avait pris peur et s'était éloigné du dessous du pont où les autres détenus s'étaient réfugiés ; Ulrich l'accusa alors d'avoir voulu s'évader et le frappa à coups de pied pendant qu'un autre gardien lui administrait des coups de crosse. Le 22 du même mois, « alors que nous étions en camion pour l'évacuation du camp », révéla le même témoin, « une femme tenta de nous donner des pommes et du pain, mais Ulrich la menaça de son revolver ainsi que nous-mêmes, si nous devions profiter de cette offre charitable[70] ».

De même, Jean Lacapère, 49 ans, médecin, originaire de Paris, relata l'exécution de neuf membres du réseau Alliance le

30 novembre 1944. Il indiqua que Neuschwanger, Ulrich, Ostertag et Dunkel faisaient partie de l'escorte. Il avait vu partir le camion, mais n'avait pas vu Nussberger y monter. « Quand j'étais à Schirmeck, je faisais partie de la baraque numéro 10. On nous fit la vie rude. Une fois, nous avons été punis collectivement sous forme de privations de nourriture pendant trois semaines, parce que certains détenus avaient essayé de communiquer clandestinement avec leurs femmes qui étaient également internées au camp. » Wunsch lui demanda s'il ne croyait pas que son transfert de Schirmeck à Gaggenau lui avait sauvé la vie. Le témoin répondit : « C'est ce que prétendit Buck, mais cela n'est pas prouvé, car des membres du réseau Alliance furent également exécutés à Gaggenau. » Il ajouta : « Il y eut deux exécutions, celle des officiers anglais et américains en uniforme le 25 novembre, et celle des membres de l'Alliance dont Mgr Bordes, vicaire général de Dax, le 30 novembre 1944. » En terminant, il adressa une supplique au tribunal en ces termes : « Monsieur le président, vous savez que je suis l'unique survivant de l'Alliance. Depuis que je suis rentré, les familles de mes camarades s'adressent à moi. Elles voudraient tellement connaître leurs derniers moments. Ne pourriez-vous pas demander aux accusés quelques précisions à ce sujet ? »

Le président répondit positivement à cette demande : « Lors de leur interrogatoire, ces questions seront posées aux accusés, et si le tribunal parvient à obtenir les renseignements désirés, les familles en seront immédiatement avisées[71]. »

Par le témoignage de Jean Mangin, 33 ans, brigadier-chef de police originaire de Toul (Meurthe-et-Moselle), interné à Haslach-Sportplatz du 2 septembre 1944 au 15 février 1945, on apprit que près de 130 détenus étaient morts surtout à cause du typhus qui s'était déclaré dans ce camp[72]. Du gardien Lindau, il dit que « c'était un bandit de la plus grande espèce ». « Il nous arrachait les feuilles de papier avec lequel nous nous couvrions lorsqu'il pleuvait. Il frappait constamment, surtout les malades. » Geisser, ajouta-t-il, était pire : « Il se mettait en hauteur et jetait des pavés sur la tête des déportés dont le travail se relâchait. Quand nous allions chercher le ravitaillement, il nous faisait des croche-pieds pendant que nous poussions la charrette[73]. »

La plupart des détenus avaient été internés à Vorbrück-Schirmeck. Mais ce qui ressemblait à un calvaire dans la vallée de la Bruche était devenu un terrible enfer au-delà du Rhin. À Haslach-Vulcan, on avait enregistré un mort tous les deux jours en moyenne. À Gaggenau, le régime ne fut pas meilleur. On eut à déplorer des exécutions sommaires à l'encontre de Français et spécialement de prêtres[74]. Si l'on a pu attester le nombre de 50 morts, il est vraisemblable qu'en réalité ce nombre doive être multiplié par dix[75].

Ainsi, un témoin cité par le ministère public, Stanislas Horaczkiewicz, qui était sans doute un ancien légionnaire français, constata : « Nous étions 160 légionnaires déportés d'Afrique répartis entre Rastatt, Niederbühl et Gaggenau. Nous n'étions plus que 19 à la Libération. Que sont devenus les autres[76] ? » Ainsi, les anciens de Schirmeck connurent donc une situation aggravée durant l'hiver 1944-1945.

Du 27 février au 4 mars 1947, les témoins de l'accusation et de la défense se succédèrent à la barre. Les uns relataient les méfaits qu'ils avaient subis et les crimes qu'ils avaient vu perpétrer, les autres expliquant les gestes d'humanité dont on devait gratifier tel ou tel gardien. D'autres encore, qui avaient effectué des travaux en commandos extérieurs au camp, n'avaient aucun souvenir d'actes répréhensibles.

L'interrogatoire des accusés

Le 5 mars 1947, le tribunal commença l'interrogatoire des accusés. Le premier à déposer fut Bernhard Ulrich, originaire de Gernsbach (pays de Bade) âgé de 32 ans, célibataire, mais père d'un enfant naturel, boucher de profession. De sa déclaration il ressortait qu'il fut membre de la SA pendant seulement neuf mois, entre 1933 et 1934. Après son service militaire, il entra en février 1939 dans la police. À ce titre, il fut envoyé en Pologne où il fut affecté au service de la Sécurité générale et de la police mobile. Mais, contrairement à ce qu'on prétendit, il n'avait pas participé à l'extermination des Juifs du ghetto de Varsovie. Tombé malade, il fut renvoyé de Pologne à Stuttgart pour sa convalescence et déclaré inapte pour le front.

Il fut donc dirigé vers le camp de Schirmeck le 28 août 1944 où il devait rester jusqu'au 14 septembre 1944, date à laquelle il fut affecté à Gaggenau. Il revint encore à Schirmeck début novembre, puis fut définitivement évacué à Gaggenau le 20 novembre. Il transita par Wisenbuch pour, à partir du 5 février 1945, se retrouver à Haslach-Vulcan jusqu'à l'arrivée des Alliés. À Gaggenau, il avait le commandement du commando de Daimler-Benz. On lui confiait ainsi 200 détenus tous les matins, qu'il encadrait avec 18 gardiens – soit une sentinelle pour 10 à 12 détenus – et qu'il devait ramener le soir au chef de camp.

Le président lui posa la question : « Avez-vous frappé à Haslach ? » Il répondit : « Oui, une fois ou deux : un détenu qui, lors du bombardement de Haslach avait volé un habitant, et un Russe qui avait volé du pain que j'ai réparti entre les prisonniers, après avoir donné quelques gifles au voleur. » Le président insista : « Ce sont là les seuls cas ? » Réponse : « Oui. » Question : « Avec quoi frappiez-vous ? » Réponse : « Avec un bâton ; autrement, je flanquais quelques gifles... » Ulrich ira jusqu'à affirmer sans honte que « les règlements en vigueur n'autorisaient nullement les SS à user de violences » et que « s'il avait pris parfois cette initiative, ce fut pour éviter un plus grand mal » au détenu battu[77]...

Le deuxième accusé interrogé fut Walter Müller, qu'on avait surnommé le *Hundemüller*. Né à Heilbronn, dans le Wurtemberg, il affirma être marié et père de deux enfants. Il était, à l'origine, agriculteur. La Wehrmacht l'avait déclaré inapte au service militaire, mais bientôt un décret avait incorporé les exemptés ou réformés dans la police. C'est à ce titre qu'il avait exercé les fonctions de policier à Heilbronn pendant deux ans. Mais, devenu impotent à la suite d'un grave accident, il fut envoyé à Strasbourg où il séjourna de 1942 à 1943. Puis, une seconde visite médicale le déclara inapte pour maladie de cœur et fractures du crâne.

Néanmoins, on l'envoya à Schirmeck où il resta jusqu'en octobre 1944 en qualité de gardien. Il fut alors affecté à Gaggenau. Son domicile ayant été bombardé à Heilbronn, il obtint une permission valable du 4 décembre 1944 au 7 février 1945. Mais, quinze jours ou trois semaines après son retour à Gaggenau, il fut muté à Haslach. Il déclara en outre n'avoir jamais appartenu au parti nazi ni à aucune organisation politique.

Questionné ensuite par le commissaire du gouvernement sur son fameux chien, Müller répondit : « En 1943, j'ai été envoyé à Berlin pour suivre une instruction pendant quatre semaines. À mon départ pour Schirmeck on m'a affecté un chien dressé pour la recherche des fugitifs. » « Est-il exact, poursuivit le ministère public, que ces chiens dressés selon les règles de la Wehrmacht n'obéissaient qu'à un seul homme ? » Réponse de l'intéressé : « Pas du tout ! Mais, d'une façon générale, il vaut mieux qu'ils soient commandés par un seul maître. » Naturellement, il affirma « n'avoir jamais lâché son chien que muselé » sur des détenus ; « dans cet état, il n'avait pas la possibilité de mordre ». « Le médecin de Haslach dit avoir soigné des morsures ! » fit remarquer l'accusation. « Non, répliqua Müller, ce fut celui de Gaggenau ! » « Vous avez une bonne mémoire, observa le ministère public, vous ne retenez que les faits en votre faveur[78]. »

On passa alors au troisième, Joseph Muth, né en 1905 à Hockenheim dans le Palatinat, marié, père d'un enfant. Il avait été acquitté par le tribunal anglais de Wuppertal le 10 mai 1946, mais condamné par la même juridiction le 6 juin 1946 à sept ans de prison pour l'exécution d'un parachutiste anglais. Il l'avait livré au chauffeur du camp, sur ordre de son chef ; celui-ci avait emmené ce prisonnier de guerre, tué quelques jours plus tard.

Joseph Muth avait adhéré au parti en 1938. En septembre 1939, il avait été incorporé dans la police de réserve. Dès lors, il n'avait plus eu de relation avec le parti. Il avait débuté comme gardien au camp de Schirmeck, puis était passé à Gaggenau et enfin avait été muté à Haslach. « Mon rôle, précisa-t-il, ainsi que celui de mes camarades, se bornait à vérifier si les commandos étaient au complet. » Cela se faisait le matin. Ensuite, les détenus étaient remis à l'organisation Todt.

Le commissaire du gouvernement lui reprocha d'avoir envoyé au travail des internés malades contre l'avis du médecin. Muth répondit froidement : « Il y avait dans tous les camps tellement de détenus qui prétendaient ne pas pouvoir travailler que l'organisation Todt s'en était émue, car c'était elle qui les nourrissait ! » Puis il ajouta : « L'infirmerie et les anciens du camp me signalaient les simulateurs, et je comblais alors le déficit des équipes de travailleurs. D'ailleurs, dit-il, si j'ai frappé, c'était parce que tous les jours la direction de l'organisation Todt et le chef de camp me disputaient sous prétexte que chaque jour, j'emmenais de moins en moins de monde au travail. » En d'autres termes, ce furent toujours les autres les coupables !

Si les travailleurs étaient mal vêtus, mal chaussés, prétendit-il, c'était parce qu'ils se dessaisissaient de leurs vêtements et de leurs chaussures pour faire des échanges avec les employés de l'organisation Todt ! En ce qui le concernait, on lui avait reproché « d'avoir voulu saboter le travail de l'organisation Todt, à telle enseigne, dit-il, que je ne savais plus comment me retourner ». À l'en croire, c'était ce qui avait motivé les coups qu'il a pu porter ! Jamais, au grand jamais, il n'avait frappé de malades. Jamais il n'avait utilisé de manche de pioche, de gourdin, de crosse de fusil ou encore de pied de sapin pour frapper les internés. Il retourna l'accusation contre le témoin qui le dénonçait. « Celui qui a dit que je faisais couper chaque jour un sapin pour cela (...) frappait lui-même les détenus », affirma-t-il, se disant « étonné » d'entendre ces propos de la part de ce témoin.

Le commissaire du gouvernement l'interrogea sur les effectifs. « Sur les 600 détenus du camp de Vulcan, 200 à 230 seulement travaillaient », indiqua-t-il. « D'autres en auraient été capables, mais comme ils avaient exactement la même nourriture que les travailleurs, ils s'en étaient dispensés. » « Nous avons bien fait l'impossible pour obtenir de l'organisation Todt une ration supplémentaire pour les détenus qui allaient en commandos, mais elle ne nous a jamais été accordée. » Ainsi la faute retombait-elle sur ses supérieurs qui le poussaient sans cesse à être brutal, ou sur l'organisation Todt et ses employés qui imposaient des conditions draconiennes. Lui, personnellement, n'était donc pas coupable ; il n'avait été que « l'instrument des autres ». Ce système de défense écœura les juges et les anciens internés[79].

Mirador B du camp de Schirmeck, implanté côté sud. La proximité de la ville, la situation dans le creux d'une vallée étroite imposaient des conditions de surveillance extrêmement sévères. Il y eut peu d'évasions au camp de Schirmeck (voir plan général page 30).

Puis vint le tour de Karl Buck, l'ancien commandant du camp. Il était né le 17 novembre 1893 à Stuttgart, était marié, père d'une fillette, ingénieur de profession. Lieutenant durant la Grande Guerre, il s'était distingué sur le champ de bataille jusqu'en janvier 1915 où il avait été gravement blessé et démobilisé. Il passa rapidement sur son séjour au Portugal et en Amérique du Sud en sa qualité d'ingénieur pour indiquer qu'il n'avait regagné l'Allemagne que dans le courant de 1930[80].

En janvier 1932, il avait adhéré au Parti national-socialiste, puis en 1933 était entré à la Gestapo. Il y fut affecté au bureau de Stuttgart, avant de prendre, à partir de 1940, la direction de l'internement de sécurité[81]. En fait, Buck se distingua dès 1933 comme commandant des camps d'internement en pays de Bade et au Wurtemberg[82].

« En juillet 1940, j'ai reçu l'ordre d'aller trouver le docteur Scheel à Strasbourg, lequel m'envoya à Schirmeck pour diriger la construction d'un camp dont le commandement devait m'être confié. » « Quelles étaient les caractéristiques de ce camp ? » lui demanda alors le commissaire du gouvernement. « Ce n'était pas un camp de concentration, mais un camp de sûreté[83]. » Sa construction avait été décidée par le commandant de la police de Strasbourg, en accord avec le Gauleiter Wagner, pour éviter que la population française ne soit envoyée dans les camps de concentration, tous sous la dépendance directe de Berlin, alors que celui-ci échappait à son contrôle. Il ne relevait que du directeur de la Sûreté strasbourgeoise (le BDS, Befehlshaber der Sicherheitspolizei) qui avait seul autorité pour y enfermer des gens et pour les en libérer. Des sous-camps furent créés : d'abord à Gaggenau (le 1er juillet 1944), puis à Rastatt, Haslach et enfin à Sulz am Neckar.

Puis Buck révéla les ordres qu'il reçut ou aurait reçus pour l'évacuation du camp de Schirmeck. Cette opération s'était déroulée en grande partie le 20 novembre 1944. « Ce jour-là, j'ai reçu un

Deux gardiens surveillent en 1943 la construction des nouveaux ateliers du camp de Schirmeck, à proximité des premières maisons d'habitation. À gauche, le Wachtmeister Stegmaier et, à droite, l'adjudant SS Fridolin Drissner.

ordre secret du chef de la Sûreté de Strasbourg qui disait à peu près ceci : commencez de suite l'évacuation du camp ; emportez et enlevez tout, donnez la priorité aux machines ; brûlez le reste qu'on ne peut enlever ! » Dès fin septembre, le chef de la Sûreté lui aurait donné des consignes à ce sujet. « Il m'avait enjoint de dresser une liste des détenus dont je n'étais pas sûr, c'est-à-dire de ceux qui, s'ils parvenaient à s'évader au cours de l'évacuation, étaient susceptibles de chercher à soulever la population alsacienne, et que, comme tels, on devait considérer comme dangereux. Ces détenus, il fallait, suivant l'ordre secret, les fusiller avant l'évacuation du camp. » Il ajouta, magnanime : « En réalité, je n'ai pas dressé cette liste et je n'ai fait fusiller personne. »

Le 23 novembre au matin, le jour même de l'entrée de la 2e division blindée du général Leclerc à Strasbourg, la dernière voiture du convoi quittait la capitale alsacienne. En cours de route, le chef de la Sûreté avait demandé au chef du convoi si les suspects avaient été fusillés[84]. Comme celui-ci lui avait répondu que non, « il a donné l'ordre de les exécuter et a dit que je [le commandant Buck] lui rendrai des comptes ». « Mais, trois jours plus tard, lorsque je suis allé rendre compte que tous les détenus hommes avaient été évacués et les femmes libérées, il n'en a plus été question. » Il y avait donc eu confusion entre Schirmeck et Gaggenau, car pour ce dernier camp aucun ordre de cette nature n'avait été donné.

Le président demanda alors à Buck d'expliquer pourquoi la caserne de Vulcan avait été choisie comme destination, alors que rien n'était prévu là pour accueillir des détenus. Réponse : « Quatre semaines avant l'arrivée des prisonniers à Haslach, j'ai assisté à une réunion entre le commandant de l'organisation Todt et le directeur de l'usine Daimler-Benz, au cours de laquelle il a été rapporté textuellement que le Gauleiter Wagner exigeait que nous apportions toute notre aide à l'entreprise Daimler-Benz pour lui faciliter des travaux urgents et, qu'à cet effet, nous devions lui fournir le plus de travailleurs possible. » De surcroît, il déclara que, le 24 novembre, il s'était rendu au Vulcan avec le représentant de Daimler-Benz et le chef de l'organisation Todt, nommé Brenner, pour se rendre compte de l'état des lieux.

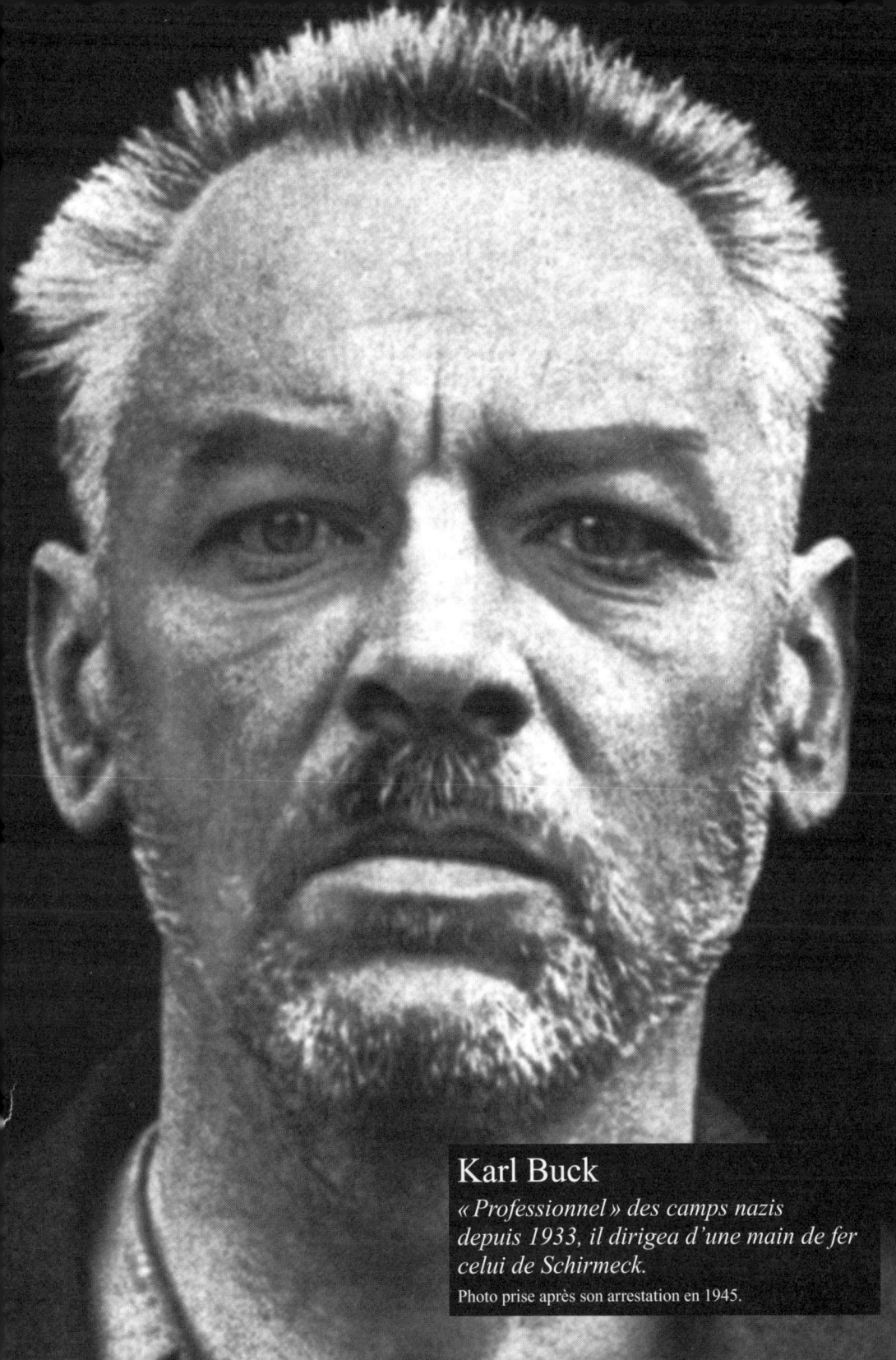

Karl Buck
« Professionnel » des camps nazis depuis 1933, il dirigea d'une main de fer celui de Schirmeck.
Photo prise après son arrestation en 1945.

Au cours de cette visite, il avait été décidé que, « pour éviter une interruption de travail », en attendant l'évacuation du camp de Haslach-Sportplatz où devait s'installer le nouveau convoi des détenus, ceux-ci seraient cantonnés dans le tunnel, ce qui devait durer « une huitaine de jours au plus ». En outre, il avait été convenu que « l'organisation Todt serait responsable de l'installation des logements, de la nourriture et des soins médicaux ». « Cela se passait le 27 novembre et trois jours plus tard, le 30, les prisonniers étaient mis en route à destination du Vulcan. »

« Vous n'ignorez apparemment pas que Vulcan est resté quatre mois dans cet état ? » interrogea le commissaire du gouvernement. « À l'époque, le chef de l'organisation Todt m'avait affirmé que le Sportplatz allait se libérer à très brève échéance, alors nous avons patienté », répondit Buck. Il confirma également qu'avant d'être mis à disposition de l'entreprise Daimler-Benz, les détenus ne recevaient aucune rétribution, mais étaient en revanche nourris, habillés et soignés par l'organisation Todt. « C'était un marché d'esclaves ! » constata le commissaire du gouvernement. « Cela ne dépendait pas de moi », répliqua l'accusé. Froidement, il poursuivit : « En ce qui concerne les mauvais traitements qui auraient été infligés par les gardiens aux détenus, je n'en ai jamais entendu parler ! » Il osa même ajouter : « D'ailleurs, je connaissais bien ces gens-là, et tout particulièrement Muth, et je ne peux pas m'imaginer qu'il ait changé à ce point et qu'il aurait frappé des détenus. » Il tenta même de se dédouaner totalement : « J'étais très sévère sur ce point, les gardiens le savaient très bien, et lorsque je découvrais quelque chose qui pouvait nuire à la réputation du camp et à la mienne, je prenais des mesures très sévères. »

On se permit tout de même de lui rappeler le nombre élevé des décès. Certes, il reconnaissait une forte mortalité, mais, expliquait-il, le chef de la Sûreté de Strasbourg l'avait personnellement chargé de reconstituer le fichier des détenus perdu lors du déménagement. De ce fait, il n'avait pas disposé du temps nécessaire pour visiter les camps. Toutes les excuses étaient bonnes. Il avait réponse à tout.

Même pour les exécutions perpétrées à Gaggenau, Buck avait des explications à fournir. D'emblée, il déclara que c'était lui qui avait donné l'ordre d'exécution du 25 novembre 1944, et que c'est

Karl Buck dans son bureau du camp de Schirmeck : un ingénieur reconverti en tortionnaire.

pour cette raison qu'il avait été condamné à mort par le tribunal anglais de Wuppertal. En d'autres termes, cette affaire, ayant l'autorité de la chose jugée, ne pouvait plus lui être de nouveau reprochée. Quant aux exécutions du 30 novembre, il n'en avait jamais entendu parler, pas plus que de celle des gardiens auxiliaires russes à Haslach. D'ailleurs, en cas d'urgence, par exemple pour une mutinerie, Nussberger était habilité à décider d'une exécution sans ordre de son supérieur. Pour le reste, il ne savait rien de plus de ce qu'il avait appris au cours de ces débats.

Sur interpellation du président, il précisa alors les attributions de chacun au camp de Gaggenau. Wunsch en était le commandant et avait la responsabilité de l'administration et du logement des détenus ; Nussberger était le chef de la police, chargé d'assurer la sûreté du camp et des commandos. Les deux ne s'entendaient pas. Wunsch se plaignait que Nussberger empiétait sur ses attributions et ce dernier prétendait l'inverse. Buck arbitrait. Questionné sur le fait de savoir si Nussberger, chef de la police, pouvait ordonner une exécution, Buck répondit : « Seul le chef de la Sipo (police de sécurité) à Strasbourg pouvait, par mon intermédiaire, donner un jugement de condamnation. Pour l'exécution du 25 novembre, je n'ai jamais reçu un tel ordre, ni vu un jugement pour celle du 30 novembre. »

Lors de la reprise d'audience, le jeudi 6 mars 1947, le tribunal passa à l'interrogatoire de Martin Wiesenmayer. Né en 1910, Roumain d'origine allemande, il n'avait pas sévi préalablement en Alsace. Son cas présentait quand même un intérêt juridique et historique indéniable. Il a fait son service militaire en Roumanie et avait été démobilisé en 1941. Rappelé pour la campagne de Russie, il avait été blessé à la cuisse droite et muté d'office en 1943 après sa convalescence, soutiendra-t-il, dans les SS. Selon ses dires, le chef d'État roumain Ion Antonescu avait décidé que les Roumains de souche allemande seraient versés dans les SS et destinés à la garde des camps de concentration[85].

Le suivant fut le Hollandais Harry Van der Veer, né en 1919. Il déclara avoir accompli son service militaire dans l'armée hollandaise en 1938 et avoir été prisonnier de guerre durant quelques semaines en 1940, puis libéré en juin 1940. Il avait alors exercé plusieurs métiers et avait fini par s'engager en 1942 dans l'organisation Todt parce qu'il était sans ressources. Après avoir participé à la construction d'abris bétonnés en France, il avait été affecté au camp du Vulcan à Haslach comme gardien, toujours pour l'organisation Todt.

Van der Veer fut questionné sur la mort de l'Alsacien Scherer, relatée par le témoin Remetter. Il expliqua : « Cet homme avait dit le matin qu'il était malade. J'ai cru qu'il jouait la comédie. Il devenait impoli et brutal. Alors je lui ai donné quelques coups de crosse et mon fusil s'est cassé. Un kapo l'a alors frappé avec un bâton. Plus tard, l'homme a été ramené au camp. J'ai entendu dire que cet homme était resté dehors au froid, qu'il avait été déshabillé et qu'il était mort. » Mais il ne se sentait nullement responsable de ce décès. Il ira jusqu'à dire en pleine audience que son fusil « n'était plus solide », et qu'il ne se souvenait d'ailleurs plus de toutes ces « histoires ».

Konstanzer et Charlotte Rosenfelder, mariés à la ville et gardiens au camp de Schirmeck.

Sur intervention du commissaire du gouvernement, il dut néanmoins avouer l'assassinat d'un homme. « J'ai abattu un Lituanien sur ordre du commandant du camp. Mais c'était à Nussdorf. Ce n'est pas moi qui ai tué le Lituanien de Haslach qui voulait s'évader. Je n'ai pas tiré sur lui. » Lorsqu'on lui demanda de préciser, il répondit : « Mon commandant était Walter Mederen de l'organisation Todt ; nous gardions les détenus, mais nous n'étions pas seuls, les SS participaient à cette garde ». Pour Van der Veer, il y avait toujours un « mais » ; ce n'était jamais lui, toujours les autres. Bien que les faits fussent établis, il continuait à nier l'évidence.

En février 1945, il avait été déplacé de Haslach à Nussdorf qui était un camp de représailles de l'organisation Todt. Ce camp ne comprenait que 30 à 50 internés que l'on astreignait à des exercices baptisés « sport ». Ils devaient travailler dur et recevaient peu de nourriture. En réponse au ministère public, Van der Veer expliqua que le commandant du camp de Nussdorf s'appelait Martin et qu'il recommandait de battre les internés « qui n'étaient pas polis », ainsi que de leur faire faire du « sport ». De ce fait, il admit avoir giflé l'un ou l'autre s'il était « brutal ».

À Nussdorf, indiqua-t-il aussi, il avait connu un gardien flamand et, à Haslach, au moins quatre Hollandais. « Il est possible que l'on ait pu me confondre avec l'un d'eux. » Il tentait ainsi de semer le doute dans l'esprit des juges. Le commissaire du gouvernement remit les choses au point : « Dites-nous comment vous avez tué trois personnes à Nussdorf ? » lui lança-t-il. L'accusé, sans grande émotion, raconta qu'un certain soir, le commandant l'avait fait venir et lui avait dit qu'il devait tuer trois personnes. « Je lui ai répondu que ce n'était pas mon affaire. » Mais le commandant, semble-t-il, était devenu « très nerveux » et avait menacé de le fusiller s'il n'obéissait pas à ses ordres. Ces trois hommes faisaient partie d'une équipe de dix qui travaillaient en forêt.

« J'ai dû tuer ces trois hommes en une semaine », avoua-t-il. « J'avais la consigne de dire, si l'on me demandait ce qui s'était passé, qu'ils avaient voulu s'évader. » Puis il relata les faits : « Je n'ai

Une partie de l'état-major du camp de Schirmeck.

pas tiré dans la nuque, mais dans le dos. C'était les ordres. Je n'y pouvais rien. » Et il osa ajouter : « J'ai reçu en récompense cinquante cigarettes et trois jours de congé pour aller me reposer à Haslach. » Mais, « ce n'est pas spécialement pour cela que j'ai été nommé caporal, je devais être promu à ce grade depuis janvier 1945 ». Sans commentaire.

Sur intervention de son avocat, il tenta à nouveau de minimiser son action dans l'affaire Scherer. « Non, je ne l'ai pas frappé sur la tête, seulement sur les fesses ! » Qui pouvait croire une chose pareille ? La défense essaya alors, mais en vain, de démontrer que l'accusé n'était pas entièrement responsable de ses actes.

L'accusé suivant était Ludwig Regitz, mineur de fond, originaire de Sarre, né en 1894, de nationalité allemande. Marié en 1921, il était père de trois enfants, dont un fils de 23 ans engagé dans l'armée française et combattant en Indochine en 1947. Ludwig Regitz avait participé aux deux guerres mondiales, était membre de la SA en 1936, fut mobilisé dans les douanes en 1943, puis dans la Wehrmacht avant d'être versé dans les SS en 1944. Il semble également avoir transité par le camp du Struthof.

Il en est de même de Gerhard Geisser, né en 1922, maçon de profession, de nationalité allemande. Mobilisé dans la Luftwaffe (l'armée de l'air allemande) en 1941, il avait été versé dans les SS en avril 1944. Il semble avoir passé quelques semaines au Struthof avant de rejoindre Haslach.

De ce fait, le commissaire du gouvernement expliqua aux deux hommes qu'ils allaient être jugés en France pour les faits qu'ils auraient commis sur le territoire français.

Adalbert Depka, lui, était né allemand en 1914, mais était devenu polonais en 1918. Marié en 1943, il était père de deux enfants. Boulanger de profession, il avait servi d'abord dans l'armée polonaise, de 1936 à 1937, puis avait été mobilisé en 1939 et s'était retrouvé prisonnier de guerre de l'armée allemande. Libéré comme étant de souche allemande (Volksdeutsche), il avait été mobilisé en 1941 dans la Wehrmacht puis incorporé d'office dans les SS le 1er mars 1942 et dès lors affecté comme gardien de camp de

Une autre partie de l'état-major du camp.

concentration. Il n'avait pas transité par l'Alsace et, comme pour les deux accusés précédents, on lui reprochait les mauvais traitements infligés aux anciens internés de Schirmeck évacués en pays de Bade.

L'accusé suivant, Stefan Ribar, était de nationalité yougoslave. Né en 1921, il exerçait avant la guerre la profession d'agriculteur. Il avait été incorporé dans la police allemande en octobre 1942. Affecté au gardiennage des camps, il nia toute participation à des brutalités, bien que trois témoins l'aient identifié.

Le onzième accusé, Hans Trippel, était un industriel allemand originaire de Hesse qui s'était installé à Hombourg (Sarre), puis à Molsheim (Bas-Rhin), avant de replier son affaire à Sulz am Neckar. Il avait repris les usines Bugatti à Molsheim pour la fabrication d'engins amphibies et de torpilles au bénéfice de la Kriegsmarine (la marine de guerre allemande). Il employait alors 750 prisonniers de guerre soviétiques qu'il considérait comme des « sous-hommes » et qui étaient détenus dans une caserne près du fort de Mutzig[86].

Né en 1908, il avait travaillé, après ses études, dans diverses maisons de commerce à Berlin. Il avait adhéré aux SA en 1922 et, à partir de 1932, il s'était intéressé aux voitures amphibies. Mais dès 1939, il avait quitté le parti sur une divergence d'opinion. Cependant, il reconnaissait avoir eu foi dans le national-socialisme. Le commissaire du gouvernement l'interrogea alors sur sa fortune, estimant son avoir mobilier à 250 000 marks.

Instinctivement, l'accusé réfuta ce chiffre : « C'est le montant de mon compte en banque à Sulz ; j'ai des participations dans la société à responsabilité limitée Trippel Wercke et mon brevet d'invention a été estimé à 500 000 marks. » Cependant, il fit savoir que la commanderie Saint-Jean à Molsheim, dont il disposait durant la guerre, n'était désormais qu'une « ruine » et qu'elle était hypothéquée pour la totalité de sa valeur. Bref, il ne possédait plus rien en Alsace. Il expliqua alors que « les usines Trippel avaient un capital de 2 500 000 marks ». « J'en possédais 900 000, mais, pour mon invention, j'ai été obligé de demander à la longue un crédit de 250 000 marks. » Or, il n'en avait obtenu que 100 000. « J'ai vendu alors à Hambourg ma propre industrie, j'ai touché alors 200 000 marks en chiffre rond. »

Photos du personnel et de gardiens du camp de Schirmeck

Erwin Ostertag,
volontaire pour les
pelotons d'exécution.

Karl Buck,
le commandant.

Karl Nussberger,
chef de la police au camp.

Neuschwanger,
gardien-chef, responsable
des transports de détenus pour
les basses œuvres.

Thörmann.

Freitag.

Siegmund Weber,
« Zugwachtmeister »,
un colosse spécialiste
des bastonnades.

Marie Lehmann, dite « la Hyène »,
gardienne du camp de femmes.

Frau Schlesinger.

Bref, le personnage n'a jamais été dans la misère. Ses revenus étaient toujours confortables. On le décrivait comme homme égoïste et despotique. « Si j'avais ces défauts, rétorqua-t-il, je n'aurais pas obtenu des appuis et des crédits. » Il affirma que c'était sur l'ordre de l'état-major allemand à Berlin que les machines de Molsheim avaient été évacuées à Sulz am Neckar. Dès lors, il s'était rendu auprès de Buck pour lui demander des détenus, parce que les prisonniers de guerre russes lui avaient été retirés et affectés à d'autres travaux. « C'est l'office du travail qui m'a dit de m'adresser à Buck pour la main-d'œuvre ; cela se passait fin janvier alors que j'étais déjà à Sulz depuis fin novembre. »

Interrogé sur les conditions de vie et d'hygiène déplorables qui régnaient dans le camp de Sulz, Trippel répondit : « Les détenus chez moi avaient un lit et une paillasse, ils arrivèrent malheureusement couverts de poux ; ils venaient presque tous des galeries du Vulcan de Haslach ; les gens qui se tenaient propres, les Alsaciens comme les Allemands, arrivaient à ne pas avoir de poux, tandis que les Russes et les Polonais, qui donnaient l'impression d'en avoir eu depuis leur naissance, continuaient d'en avoir. » Puis il se vanta que selon les témoins entendus, « il n'y avait eu qu'un seul décès à Sulz ». « Les détenus, commenta-t-il, travaillaient chez moi de 52 à 54 heures par semaine. » Il affirma que « le tunnel de Sulz était parfaitement sec » et que « la température y était de 16° ». « J'ai dépensé 3 000 marks à Molsheim pour que les détenus ne mangent pas debout, mais dans un réfectoire », fit-il observer. Toutefois, il reconnut que « cela n'était plus possible à Sulz am Neckar en 1945 ».

Le commissaire du gouvernement lui fit alors remarquer que des témoins soutenaient que les détenus au camp étaient menés à coups de bâton. Réponse de l'interpellé : « Les détenus effectuaient des actes de sabotage ; ils avaient rendu six voitures sur sept inutilisables, soit en mettant de l'eau à l'intérieur des moteurs, soit en bloquant les moteurs. Je ne pouvais que constater ces faits sans rien dire. Or, chaque cas individuel déclaré aurait entraîné une condamnation à mort. Je n'ai jamais rien déclaré et je demande à monsieur le procureur de considérer cela comme une bonne action à ma décharge. »

L'accusé contesta avoir porté un uniforme SS à Sulz. Le commissaire du gouvernement revint à la charge : Trippel, dit-il, était partisan des mauvais traitements envers les étrangers et faisait enfermer par la Gestapo, dont il était un agent, toute personne opposée au national-socialisme. La population de Sulz am Neckar le considérait d'ailleurs comme « un criminel de guerre de première classe » selon la rumeur publique. Trippel, touché à vif, se dressa instantanément dans son box : « Sur 2 000 Alsaciens ayant été sous mes ordres, pas un ne m'a accusé ! »

Le commissaire du gouvernement lui reprocha encore d'avoir fait travailler des détenus alors qu'ils auraient dû avoir du repos. Il donna pour exemple la journée de Pâques 1945, date à laquelle il avait fait construire des barricades et des fortifications pour le *Volksturm* (levée en masse) en violation des conventions internationales signées par l'Allemagne. De plus, il avait tiré sur les internés récalcitrants. Trippel reconnut ces faits, mais prétexta la contrainte exercée sur lui. Il admit avoir mis le dimanche de Pâques « 80 personnes à la disposition de la Direction régionale qui les avait demandées et qui a occupé ces hommes ce jour-là. » Le commissaire en chef chargé de la défense du Wurtemberg lui aurait déclaré que le barrage antichar était ouvert et donc défectueux. Il avait été menacé : « S'il n'est pas refermé de suite, nous vous arrêterons et nous vous pendrons ! » Le commissaire aurait rappelé qu'il en avait fait pendre d'autres à Heidelberg.

« Pendant que nous refermions ce barrage, poursuivit Trippel, un officier qui s'y trouvait me dit que des gens se sauvaient de l'autre côté du Neckar. » Il prit sa mitraillette sous le bras et s'y précipita. On entendait déjà des coups de feu. Il courut vers la rivière. Quand il arriva près du Neckar, l'officier du service de défense passive et sa patrouille avaient déjà filé en voiture. À ce moment-là, les premiers chars d'assaut ouvraient un feu violent sur Sulz. Trippel a donc fait demi-tour, il avait gravi rapidement la pente très raide et il était revenu à son usine. Il n'avait, affirma-t-il, tiré sur personne. On en restera là.

Le douzième accusé à déposer, Robert Wunsch, était né en 1904 à Haguenau (Bas-Rhin), mais de parents allemands et était donc de nationalité allemande. Il faisait partie de ceux qui reçurent en 1919 le fameux passeport C des autorités françaises et furent expulsés en Allemagne. Il avait appris le métier d'électricien, mais la crise inflationniste de 1922-1923 l'avait obligé à changer de métier. Il était ainsi entré volontairement dans la police. En 1933, il était devenu membre du parti. Il appartenait à la police criminelle, mais, en 1940, fut rattaché à la Gestapo. Il resta membre actif de la police judiciaire jusqu'à son arrestation le 9 avril 1945.

En juin 1940, il s'était ainsi retrouvé au bureau de la Gestapo de Mulhouse. Il en avait été détaché à partir de juillet 1940, lorsque l'annexion de l'Alsace fut établie, pour contrôler les passeports au col de la Schlucht. Il avait alors facilité le passage d'un prisonnier de guerre qui se disait alsacien, mais qui fut arrêté par les douanes. Puni, il fut affecté disciplinairement au camp de Schirmeck où il devait rester jusqu'en juin 1944, date à laquelle on le transféra au camp de Gaggenau. Buck était son chef hiérarchique et ce fut sous ses ordres qu'il fut affecté à Gaggenau où 600 détenus lui furent confiés. Chaque semaine, indiqua-t-il, de nouveaux convois arrivaient : le camp finit par totaliser 1 450 détenus, mais au moment de l'évacuation il n'en restait que 720.

Le commissaire du gouvernement dut reconnaître que les internés disaient beaucoup de bien de Wunsch. Il avait, semble-t-il, totalement changé entre Schirmeck et Gaggenau. Le tortionnaire d'hier était désormais préoccupé du sort des internés. « J'ai roulé des centaines de kilomètres pour chercher des médicaments aux détenus malades. Je les ai moi-même amenés à la clinique lorsque c'était nécessaire », ajouta-t-il. Interrogé sur l'exécution du 25 novembre à Gaggenau, il affirma : « Buck m'a donné la liste des victimes que je devais mettre à disposition du peloton d'exécution. » Comme ces choses étaient dites avec beaucoup de retenue... « On m'a dit que j'aurais dû me suicider plutôt que de faire cela, mais, confia-t-il, je ne crois pas qu'en me suicidant j'aurai évité cette exécution. » Il n'avait pas eu connaissance des autres fusillades. Il le jura, il ne le savait pas[87].

Le treizième accusé à déposer ne fut autre que Sigmund Weber, le fameux forgeron de Friedrichstal près de Freudenstadt. Marié, père de six enfants, il était âgé de 48 ans. Il était entré dans la police en juin 1940 à Stuttgart. Il devint gardien de camp concentrationnaire en 1942 et fut envoyé à Schirmeck. Il arriva à Gaggenau au début du mois de juillet 1944.

Il affirma haut et fort : « Je n'ai jamais frappé personne à Gaggenau, seulement à Schirmeck où j'avais l'ordre d'appliquer les punitions corporelles de 25 coups de bâton ! » Il prétendit également n'avoir jamais volé de tabac aux détenus, mais simplement confisqué les articles de fumeur qui leur étaient interdits. Le commissaire du gouvernement fit alors remarquer que les témoins disaient exactement le contraire et, notamment, que Weber enlevait de la nourriture à la cuisine. « C'était pour les gens de mon équipe, expliqua-t-il, ceux qui travaillaient en forêt. » Nussberger interrompit l'accusé : « Qui a donné l'ordre de frapper les gens, est-ce moi ou d'autres ? » Le président coupa court à cet échange qui s'amorçait : « Cela se passait à Schirmeck, cela n'a pas d'intérêt dans ce procès. » La tension retomba ; on ne pouvait aller plus loin dans cette affaire.

Le suivant fut Karl Nussberger. Né en 1898 en pays de Bade, de nationalité allemande, marié en 1932, père de trois enfants, il était devenu inspecteur de police. Il avait adhéré au parti en 1933, sans fonctions particulières. Il reconnut également avoir été condamné à mort par le tribunal britannique de Wuppertal. C'était, dit-il, « parce que Buck m'a ordonné de diriger le peloton d'exécution. » Puis il se reprit : « Buck avait reçu cet ordre du commandant en chef de la Gestapo. » Non, il n'avait pas assisté à l'exécution !

Il s'ensuivit une salve de questions du président du tribunal et de réponses de Nussberger, dans des échanges brefs mais vifs. « Quels sont ceux qui, comme vous, ont comparu devant le tribunal de Wuppertal ? – Ce sont Ostertag, Ulrich, Neuschwanger et Buck. – Quelle a été la peine infligée à chacun ? – Ils ont tous été condamnés à mort. – Ostertag a-t-il été condamné comme exécutant ? – Oui, il commandait le peloton d'exécution. – Et Ulrich a-t-il tiré ? – Oui, il faisait partie du peloton d'exécution. – Et Neuschwanger ? – Il faisait aussi partie du peloton ! – Wunsch a bien comparu ? – Non, il n'y était pas. – Il a pourtant été condamné à quatre ans de prison, n'a-t-il pas comparu en même temps que vous ? – Oui. – Quel était alors le motif de sa condamnation ? – Je ne peux pas vous le dire. – Muth faisait-il partie du peloton d'exécution ? – Non, il l'a seulement accompagné. – À quelle peine a-t-il été condamné ? – Il a été acquitté ! – N'a-t-il pas eu sept ans de prison ? – Oui, mais à la suite d'un autre procès. »

Nussberger niera tout sur une seconde exécution, celle du 30 novembre 1944, dont évidemment il n'en a jamais entendu parler ! Ensuite, il revint sur sa carrière. Il avait commencé dans la police en décembre 1920. En 1924, il avait été nommé gardien-chef puis chef de police en 1927. Il avait accompli la campagne de France comme volontaire dans la Wehrmacht. Il était passé sous-lieutenant de police le 1er août 1941. « C'est en 1941 que je suis devenu à Schirmeck chef de la compagnie des gardes. » En octobre 1944, il avait été promu au grade de lieutenant de police. Il avait été affecté à Gaggenau le 23 novembre 1944 « pour remplir les mêmes fonctions ». Mais là, Neuschwanger était chef du corps des gardes. « Je m'occupais donc de l'instruction, de la nourriture, de l'habillement et de la direction de la compagnie. »

« J'étais en opposition avec Wunsch », expliqua Nussberger, « car il me considérait comme responsable des évasions. Nous avions non seulement des frictions à cause du service, mais nous étions aussi de nature différente ». En revanche, il nia avec acharnement avoir frappé un seul détenu au camp de Rosenfels à Gaggenau[88], ou avoir tiré sur qui que ce soit. Le commissaire du gouvernement lui fit alors remarquer qu'il n'avait pas un témoin, mais dix, qui l'avaient vu tirer... Nussberger resta inflexible ; cela devait être une sentinelle, pas lui ! Il fut alors questionné sur l'exécution du jeune Alsacien à qui il était reproché d'avoir facilité l'évasion d'un détenu. On lui rappela qu'il l'avait extrait du camp à 21 heures, en octobre ou novembre 1944, et qu'on n'avait retrouvé le cadavre qu'après la Libération. Il nia tout : « Jamais je n'ai cherché un interné la nuit dans le camp, je n'en avais aucun droit, d'ailleurs le chef de camp a dit qu'il n'avait jamais entendu parler de cet incident (*sic*)[89]. »

On passa alors aux deux derniers accusés, Christian Schmid et Karl Weiler. Le premier, Allemand de naissance, originaire du pays de Bade, était né en 1891, issu d'un milieu modeste. Fabricant de brosses, marié et père de trois enfants, il avait connu une période difficile lors de la crise de 1931-1932. « Je n'avais plus aucun matériel pour l'exploitation de ma profession ; lorsque j'en demandais, on me répondait qu'il était d'abord réservé aux membres du parti. » Il n'y avait adhéré que pour cette raison, mais, affirma-t-il, n'avait jamais payé de cotisation ni possédé un livret de membre du parti. D'ailleurs il n'était que dans la réserve des SA en 1933 et en était sorti en 1935. On lui reprocha des violences exercées sur les internés de Niederbühl. Il n'avait jamais sévi en Alsace.

Le même constat pouvait être fait pour Karl Weiler. Né en 1895 à Rastatt, au pays de Bade, marié, père de quatre enfants, cordonnier de profession, il dit avoir été justement ouvrier cordonnier pour l'armée de 1936 à 1941. Il n'avait jamais été membre du parti, et fut, semble-t-il, révoqué pour avoir émis l'opinion que les Allemands perdraient la guerre. Il devint gardien à Niederbühl où il remplaçait de temps en temps le précédent comme chef de poste. Évidemment comme Schmid, il n'avait jamais été gardien en Alsace et, comme lui, il réfuta toute accusation de violence envers les internés. Il n'avait fait qu'appliquer le règlement.

Le lendemain, on auditionna Reinbold Lindau, né en 1919, marié, sans enfant, ouvrier agricole de nationalité allemande. Il était issu d'une famille nombreuse (neuf frères et sœurs) et avait été mobilisé dès 1939. Blessé puis décoré, il avait été envoyé, après quatorze mois de convalescence, dans la Waffen-SS fin août 1944. Selon ses dires, il avait été « incorporé d'office ». Il avait appris le métier de gardien à Bergen-Belsen pendant quinze jours. Puis on l'avait affecté très brièvement – cinq jours, affirma-t-il – à Natzweiler en Alsace avant de l'envoyer le 1er septembre 1944 à Haslach. Il y était resté jusqu'en février 1945, jusqu'au repli du camp dit du Sportplatz en Wurtemberg.

À Haslach, il était chargé d'assurer la surveillance des commandos extérieurs et reconnaissait avoir été souvent de service au Vulcan. Invité par le commissaire du gouvernement à s'expliquer sur les violences commises, il répondit : « J'ai avoué avoir moi-même frappé. » Puis il s'expliqua : « Les déportés (*sic*) me prenaient pour un imbécile, j'en étais vexé et humilié, alors, par vengeance, il m'est arrivé quelquefois de frapper, mais avec la main seulement, jamais à coups de crosse de fusil. » Fallait-il le croire ? Par ailleurs, pourquoi n'avait-il pas toléré que les détenus utilisent des sacs de papier afin de se protéger contre les rigueurs du froid ? Réponse de Lindau : « Je n'ai fait qu'appliquer le règlement. L'organisation Todt exigeait la récupération des sacs vides ; c'est Krauss qui avait interdit de laisser les détenus s'en revêtir. »

Il nia énergiquement avoir participé aux sévices qui avaient provoqué la mort du détenu Remetter – un Alsacien sans doute – et celle d'un jeune Français. Il alla même jusqu'à prétendre : « Je n'ai jamais entendu dire qu'il y ait eu à Haslach des décès provoqués par des coups ! » Cela relevait presque de la provocation. Son avocat intervint alors pour lui faire dire que durant sa scolarité, il avait redoublé plusieurs classes et que ses facultés intellectuelles étaient forcément limitées. Enfin, s'il avait reconnu avoir été « le plus dur des gardiens », la formule voulait simplement dire qu'il se comparaissait à « ceux qui étaient sur le banc des accusés ».

Erwin Ostertag lui succéda alors dans cet exercice difficile. Né en 1904 au pays de Bade, marié, père de cinq enfants, de nationalité allemande, il expliqua qu'il était entré dans la police en 1923 « par amour du métier ». Il avait été formé à l'école de police de Karlsruhe. Le 1er mai 1939, il avait pris la carte du parti et s'était retrouvé affecté à Pforzheim lors de la déclaration de guerre. Il passa le reste de sa carrière sous silence et ce ne fut que sur interpellation du commissaire du gouvernement qu'il fournit quelques explications supplémentaires.

Il fut questionné d'abord sur son rôle dans l'exécution des parachutistes anglais et américains le 25 novembre 1944. Ostertag se braqua : « Cette affaire ayant été jugée, je n'ai plus à m'expliquer sur ce point ! » Cette arrogance lui valut une nouvelle interpellation, plus sèche. Il dut ainsi préciser qu'il avait été condamné à mort par le tribunal anglais de Wuppertal, le 10 mai 1946, pour avoir participé à cette exécution. Il se permit également de rectifier – maladroitement – les indications fournies par le président. Ainsi, il indiqua qu'à Gaggenau, il n'était pas « gardien » mais « sergent de police », placé sous les ordres de Nussberger, « chargé de l'administration et du ravitaillement de la compagnie ». Il voulait, par là, faire croire au tribunal qu'il n'avait pas de contact avec les internés et n'avait donc pas pu commettre d'atrocités à leur encontre. Mais le commissaire du gouvernement lui rappela alors que « plusieurs témoins l'avaient vu monter dans le camion qui, le 30 novembre 1944, allait véhiculer les neuf Français du réseau Alliance sur leur lieu d'exécution ». Il eut même le culot de répliquer : « Je peux dire en toute conscience que je n'ai pas participé à une exécution qui aurait eu lieu le 30 novembre à Gaggenau et que je n'en ai jamais entendu parler. » Le ton monta. Le commissaire du gouvernement fit observer que les faits étaient prouvés ; il était impossible qu'Ostertag ne sache rien de cette exécution. Il ajouta même qu'« assez de témoins avaient affirmé qu'il avait joué un rôle » dans cette affaire.

L'accusé reprit : « Je déclare au tribunal général que je suis heureux de pouvoir affirmer ici que je ne suis pas assez lâche pour avouer maintenant une chose que je n'ai pas faite ». Il se permit d'ajouter : « Je déclare formellement que je n'ai pas participé à cette exécution qui aurait eu lieu le 30 novembre 1944 et que j'ignore entièrement si elle a eu lieu. » En d'autres termes, il remettait en cause les dépositions des témoins à charge. Tous ceux qui l'auraient vu participer à cet acte se seraient trompés, auraient eu la berlue ou pire encore, auraient monté un complot contre lui.

Interpellé sur les brutalités dont il se serait rendu coupable selon les déclarations unanimes de tous les témoins, Ostertag répondit : « Je ne m'explique pas ces accusations. » Une seule affaire de coups lui était restée en mémoire. « Un jour, sur ordre de Wunsch, j'ai ramené de Baden-Oos au camp deux évadés », expliqua-t-il. « Je me suis alors absenté quelques instants pour aller rendre compte de mon arrivée au chef de camp. À mon retour, j'ai trouvé Neuschwanger en train de marteler à coups de poing la figure de l'un des détenus, qui ruisselait de sang. Je lui ai demandé la raison de son acharnement. Neuschwanger me répondit que ce prisonnier avait abusé de sa bonté en tentant de s'enfuir. » « Je fis un rapport contre lui, ajouta Ostertag, qui fut suivi d'une sanction. » Le système de défense « ce n'était pas moi, mais c'était toujours les autres » finit par énerver le commissaire du gouvernement qui le somma de dire la vérité : « Une dernière fois, reconnaissez-vous avoir frappé, matraqué, en un mot exercé des violences, sur des internés ? » Ostertag lâcha alors un « non ! » sec.

Son avocat tenta alors d'adoucir un peu l'atmosphère. Il demanda à l'accusé s'il avait servi encore ailleurs qu'à Gaggenau. Le tribunal apprit ainsi qu'Ostertag avait été en poste auparavant en Alsace, en Russie, en Serbie, en Tchécoslovaquie et en Autriche. Revenant sur l'affaire du 25 novembre 1944 et des parachutistes fusillés, il l'interrogea : y avait-il eu un jugement rendu par un tribunal militaire allemand à leur encontre ? Ce qui permit à Ostertag d'affirmer : « Il y avait eu un ordre envoyé par le commandant en chef de la police d'Alsace et cela a été confirmé à Wuppertal. Il y avait donc eu un jugement ! » Cette décision, prise par Erich Isselhorst, BDS (Befehlshaber der Sicherheitspolizei), constituait pour lui, comme pour tous les inculpés devant le tribunal de Wuppertal, un jugement. Dès lors, l'exécution était légale. Il faut souligner que le droit national-socialiste ne s'embarrassait guère de telles formalités pourvu que les apparences de légalité fussent respectées. Mais cette interprétation n'était pas acceptable, contraire aux Droits de l'Homme et aux principes fondamentaux du droit français[90].

On en vint ensuite à Bernhard Kuhn, né en 1894, de nationalité allemande, marié, trois enfants. Cultivateur, il avait été mobilisé durant la guerre de 1914-1918. Il était entré au parti en 1935 mais, selon ses dires, ne fut jamais ni SA ni SS. Fin décembre 1942, il avait reçu un avis du Bureau du travail l'invitant à se présenter au camp de Niederbühl où il était devenu gardien dès le mois de janvier suivant. Évidemment, il nia énergiquement avoir frappé des internés. Tout juste admit-il qu'il administrait quelques claques, de temps en temps, pour repousser les internés dans les rangs lorsque les commandos défilaient dans les rues des agglomérations et que la population, malgré les ordres stricts, leur jetait du pain, des légumes ou des fruits. Pour le reste, il invoqua une homonymie. « Il y avait un autre gardien du nom de Kuhn à Niederbühl, un ancien légionnaire qui fut condamné à quatre semaines d'arrêt de rigueur à Schirmeck, précisément pour avoir maltraité des détenus. » Quant aux exécutions qui auraient eu lieu à Niederbühl, il n'en connaissait que deux, chacune attribuée à un autre gardien. S'il y avait eu des exécutions à l'intérieur du camp, il l'aurait su. Pour le reste, il signala qu'il avait été absent du camp pendant six mois en 1944, et tout le mois de juin 1945 pour cause de maladie.

Son compère et dernier accusé, Kurt Hunger, adopta un système de défense identique. Il était né en 1909 à Rastatt même. Il se disait de nationalité allemande, marié, ayant un enfant, et aide-monteur de profession. Mobilisé en 1939, il ne fut militaire que jusqu'en 1941, puis, sans que l'on puisse en comprendre la raison, de nouveau une grande partie de l'année 1943. En août de cette année-là, il avait été affecté comme gardien au camp de Niederbühl. Il reconnaissait que l'état des détenus n'était pas brillant, que, notamment, leur nourriture était insuffisante, mais il osa ajouter : « Celle des gardiens n'était pas extraordinaire non plus » – du moins pour ceux qui ne recevaient aucun ravitaillement supplémentaire.

L'accusation, de fait, n'avait rien de bien précis à lui reprocher. « Avez-vous jamais fait quelque chose pour améliorer la situation des détenus ? » lui demanda le commissaire du gouvernement. « Oui, répondit l'accusé, j'ai donné du pain à plusieurs reprises et j'ai collecté auprès de la population civile de la nourriture que je leur ai distribuée. » Il tint également à couvrir ses collègues gardiens. Il n'avait jamais vu, assura-t-il, l'un d'entre eux frapper un détenu. Lui et ses collègues n'avaient jamais organisé d'exécutions. Les témoins devaient se tromper. Il confirma le problème d'homonymie de Kuhn qui lui avait valu d'être envoyé pendant quatre semaines dans un camp disciplinaire ; un autre pouvait aussi avoir été confondu avec un policier membre de la Gestapo ou du SD[91].

Le 12 mars 1947, après avoir entendu les vingt inculpés, on auditionna, à la demande du commissaire du gouvernement, un 118e témoin, qui devait apporter des éclaircissements sur le camp de Niederbühl. Il s'agissait d'un installateur, âgé de 47 ans, habitant Rastatt et de nationalité allemande, qui avait été détenu au camp du 3 août 1944 au 25 novembre 1944.

Il se souvenait qu'un soir, au retour des équipes de travail, les détenus avaient raconté que deux hommes avaient été abattus. Le lendemain, le gardien Obrecht avait fait exposer les deux cadavres devant les internés rassemblés et annoncé que tel serait le sort de ceux qui essayaient de fuir. Puis il avait donné au témoin l'ordre de chercher deux caisses dans lesquelles, avec l'aide d'un autre prisonnier, il lui avait fait mettre les corps. Ensemble, ils avaient porté les caisses au cimetière pour les y enterrer. À la demande du président, le témoin précisa que « l'un avait une balle dans la tête et l'autre une balle qui était entrée en biais d'un côté du ventre et ressortie de l'autre ». Dans l'échange qui suivit, le témoin expliqua que Obrecht pouvait être confondu avec Schmid « qui avait le même âge, la même silhouette » et qui était, à un ou deux centimètres près, de même taille.

La défense fit remettre au parquet les actes de décès des deux victimes. Le tribunal constata ainsi que cette exécution avait lieu le 27 août 1944 et qu'il s'agissait d'un Alsacien et d'un Lorrain. Le commissaire du gouvernement informa l'assistance que la défense lui avait remis les actes de décès concernant quatre exécutions : celle, le 3 juin 1944, d'un Marocain tué par un garde, une autre le 12 juillet, celle que l'on venait d'évoquer, datant du 27 août, et enfin une dernière, le 27 octobre 1944, faisant également deux victimes. Officiellement, tous ces détenus avaient été abattus pour tentatives d'évasion. On sait ce que ce terme recouvrait ; c'était le motif classique invoqué.

Réquisitions et plaidoiries

L'audition de cet ultime témoin achevée, le président clôtura les débats contradictoires et donna la parole aux commissaires du gouvernement pour leur réquisitoire. Le premier à intervenir fut le commandant Plawski qui représentait le gouvernement polonais. Se fondant sur la loi n° 10 du Conseil de contrôle allié en Allemagne du 20 décembre 1945, il demanda pour Schmid la peine des travaux forcés, laissant au tribunal le soin d'en fixer la durée, pour Weiler la peine de quinze ans de travaux forcés, pour Kuhn une peine légère, pour Hunger et Ostertag la peine de mort.

Puis le tribunal entendit le major de Ripainsel représentant le gouvernement belge. Ses réquisitions furent identiques aux précédentes, bien que mettant en cause d'autres accusés. Il demanda pour Muth, Van der Veer, Buck et Müller la peine de mort, pour Weber et Wunsch une forte peine de prison.

Enfin intervint Buhot, le représentant du gouvernement français, qui conformément à ses deux collègues, requit à l'encontre de Wiesenmayer une forte peine de prison, Regitz une peine de travaux forcés à temps, Geisser la peine de mort, Depka une peine de travaux forcés à temps, Ribar une peine de prison, Lindau la peine de mort, Nussberger la peine de mort et Trippel une peine de travaux forcés à temps.

Après quoi, le président ordonna la suspension de l'audience et renvoya les plaidoiries au lendemain 13 mars 1947 à 9 h 30.

Lors de la reprise, Me Bauer plaida en premier pour ses deux clients : Trippel et Nussberger. Pour l'industriel, il demanda l'acquittement et pour le chef de la police du camp de Gaggenau, il s'en remit à la clémence du tribunal. Me Klöninger lui succéda. Il parla en faveur de Ribar, proposant à la juridiction de lui accorder l'acquittement. Il tint le même raisonnement pour Wunsch. Pour Geisser, il sollicita les circonstances atténuantes et pour Depka, il s'en remit à l'indulgence du tribunal. L'après-midi, Me Kutzschbauch poursuivit les plaidoiries. Pour Kuhn, il revendiqua une peine très modérée, pour Hunger l'acquittement et enfin pour Weber une légère peine d'emprisonnement. Me Buhrle prit alors le relais. Pour Weiler, il tenta d'obtenir de larges circonstances atténuantes, pour Schmid un acquittement et enfin pour Van der Veer une simple peine de réclusion. Puis ce fut au tour de Me Kurth d'intervenir. Pour Ulrich, il pensait que le verdict devait être une peine de prison à temps et pour Ostertag l'acquittement. Me Braun prit alors le relais. Il espérait un acquittement pour Wiesenmayer comme pour Regitz, sinon pour ce dernier une peine minimum, enfin pour Lindau une peine de détention à temps. Dès lors, il ne restait plus à Me Oswald qu'à s'engager en faveur des trois restants : Buck, Muth et Müller. Pour le premier, il plaida l'acquittement, une peine de prison pour le deuxième et, pour le troisième, une peine de compensation avec la détention préventive.

Le tribunal écouta religieusement les sept avocats de la défense qui, à tour de rôle, tentèrent de minimiser les faits reprochés et de jeter le trouble dans l'esprit des juges. Finalement, ils donnèrent leur version des actes et implorèrent la mansuétude de la justice. Mais avant de se retirer pour en délibérer, le président donna une dernière fois la parole aux accusés en les invitant à dire tout ce qui pouvait être utile à leur défense.

Buck fut le premier à parler : « Messieurs de la cour, il y a ici quatre accusés – Ulrich, Ostertag, Nussberger et moi-même – à qui l'on reproche d'avoir pris part à l'exécution du 30 novembre 1944 à Gaggenau, exécution dont nous n'avons jamais seulement entendu parler. Je déclare une fois de plus que l'ordre d'exécution, s'il a été donné, n'a pu l'être que par la Sipo de Strasbourg et que, dans ces conditions, il aurait dû passer par moi avant d'être exécuté ; or je n'ai pas reçu un tel ordre. Il doit être facile au tribunal général d'interroger le Dr Isselhorst, le seul homme compétent pour dire comment les choses se sont passées. »

Puis Muth prit le relais : « J'ai été victime d'un grave accident et c'est la raison pour laquelle j'ai dû servir dans un camp de sûreté. Sur 600 hommes qu'il y avait au camp, il me fallait chaque jour trouver 300 travailleurs, sur lesquels l'organisation Todt en prélevait 200, les 100 autres devaient être répartis chez les paysans. C'est la raison pour laquelle j'ai dû agir avec sévérité et intransigeance. » Müller enchaîna : « Je prie le tribunal général de considérer que, dans l'esprit des témoins qui ont rapporté que j'excitais mon chien contre les détenus, il y a eu confusion avec un autre gardien, un ancien nazi qui buvait beaucoup et qui avait coutume de lancer son chien sur les prisonniers. » Il conclut : « J'ai tout perdu au cours de la guerre : mes vêtements, ma maison, huit membres de ma famille. Je ne possède plus que les habits que j'ai sur moi. Pour toutes ces raisons et aussi par égard pour ma femme et mes deux enfants, je sollicite un jugement modéré. »

Ulrich persista dans ses déclarations : « Je n'ai rien fait d'autre que ce que j'ai déjà dit », annonça-t-il d'emblée. « J'avoue avoir giflé des détenus, mais jamais des malades, et c'était pour leur éviter des sanctions plus graves que j'ai été amené à frapper ainsi quelques internés. » Les coups étaient-ils pour leur bien, pouvait-on s'interroger ? On ne pouvait comprendre une telle attitude. « Je nie en revanche leur avoir retiré leurs couvertures ou leurs vêtements à titre de sanction. » Même le sadisme avait ses limites... « J'ai été deux mois au commando de Weisenbach. Les conditions d'existence étaient moins difficiles. Aussi, pas un seul détenu de là-bas n'est-il venu témoigner contre moi. » Toujours cette idée que ce n'était pas lui le coupable, mais les autres et les circonstances. « J'affirme qu'en dehors de l'exécution du 25 novembre à laquelle j'ai pris part sur ordre, je n'ai participé à aucune autre exécution. J'ai reçu une éducation convenable et je ne suis pas un criminel de guerre. Si j'ai agi contrairement aux lois, je l'ai fait pour servir ma patrie. J'espère que vous n'allez pas complètement détruire ma vie et mon avenir par votre jugement.» Ces paroles trahissaient sa mentalité, résumaient les semaines passées auprès des internés et confirmaient son comportement négatif.

Wiesenmayer se contenta de reprendre: «Je maintiens que je n'ai jamais frappé. Je sollicite un jugement modéré.» Lindau ne changea rien à son système de défense: «Je reconnais avoir donné des gifles, mais je n'ai jamais frappé jusqu'à la mort.» Qui pourrait croire cela? «Je sollicite une peine modérée» en déduit-il. Regitz ne put que répéter: «Ce que j'ai fait, je l'ai reconnu, mais j'affirme que je n'ai jamais frappé, contrairement aux déclarations de certains témoins. J'ai fait tout ce que j'ai pu pour les détenus.»

Geisser s'adressa au tribunal en ces termes: «Je vous demande un jugement modéré, car à mon sujet il y a eu beaucoup de confusions. Je vous donne ma parole d'honneur que je n'ai aucune mort sur la conscience.» Depka se fit suppliant: «Jamais je n'ai été heureux dans ma vie. Voici vingt-deux mois que je suis détenu et séparé de ma femme. Je puis assurer que toutes les accusations portées contre moi sont fausses. Je suis parfaitement incapable de donner des coups de pied.» Ribar fut catégorique: «Je n'ai jamais frappé de détenus. Je sollicite un jugement modéré.»

Van der Veer, sentant sans doute le poids des accusations portées contre lui, finit par craquer: «J'avoue que j'ai frappé, mais jamais jusqu'à la mort. Quant aux trois détenus que j'ai tués, je l'ai fait sur ordre.» Mais il n'osa en tirer toutes les conséquences: «Je demande une punition modérée.» Wunsch s'en remettait simplement au plaidoyer de son défenseur. De même, Nussberger se rapporta à la plaidoirie de son avocat, estimant qu'il n'y avait rien à y ajouter. Naturellement, il demanda également une peine modérée ne percevant pas, comme les autres, sa culpabilité, ou ne voulant pas l'assumer. Weber fut encore plus laconique: «Je n'ai rien à ajouter», dira-t-il tout bêtement.

Ostertag se rebella et s'apitoya sur son sort : « Le commissaire du gouvernement a demandé contre moi la peine de mort. C'est une injustice, car on me rend responsable d'actes commis sur des personnes que je n'ai jamais connues. » Cependant, il poursuivit : « Peut-être suis-je coupable dans une certaine mesure. Je ne suis pas qualifié pour en juger. J'ai une femme et cinq petits enfants qui seront atteints autant que moi par ma condamnation. » Il termina : « Je prie le tribunal de prendre en considération la supplique de mon défenseur. »

Schmid fit preuve d'une grande assurance en disant : « Je me réfère aux arguments de mon avocat. J'ai la plus grande confiance dans la bonne foi et la justice du tribunal. » Weiler, de manière péremptoire, s'adressa à ses juges en ces termes : « De tous les témoins à charge ou à décharge, aucun ne m'a montré du doigt en disant que j'avais fait du mal. » Et de conclure : « Je me déclare innocent et je demande l'acquittement. » Hunger semblait gêné, mais, de manière polie, déclara : « Je me réfère aux moyens de défense développés par mon défenseur, et je prie le tribunal de vouloir bien m'acquitter. »

Kuhn invoqua sa famille pour implorer la mansuétude des juges : « Au nom de ma femme et de mes trois fils, dont l'un a été blessé au cours de la guerre et dont les deux autres sont prisonniers, l'un en Russie, l'autre en Angleterre, je demande au tribunal de prononcer mon acquittement. »

Trippel fut, de tous les accusés, le plus loquace. Sans doute mesurait-il tout ce qu'il risquait de perdre en prison, lui qui était inventeur et entrepreneur. Il assura d'abord qu'il avait pleine confiance dans la justice qui finira par reconnaître son innocence. « Lorsqu'en mai 1946, je fus relâché sur parole pour une dizaine de jours, j'aurais pu en profiter pour m'enfuir et je ne serais pas ici aujourd'hui. Mais, conformément à ma promesse, je réintégrai volontairement ma prison dans les délais fixés. » Il était donc un homme d'honneur... « C'est que je tenais à prendre mes responsabilités, mais non celles des autres », expliqua-t-il. Et de poursuivre : « En effet, je n'ai jamais commis de crimes. J'ai fait tout mon possible pour que les détenus mis à ma disposition vivent dans des conditions humaines. J'ai rempli mon devoir et c'est une chose naturelle. » Pouvait-on le croire ? « Je sais que mes inventions ont suscité des jalousies parmi mes collaborateurs eux-mêmes, et notamment parmi les ingénieurs dont certains n'ont pas hésité à témoigner contre moi. » Ainsi se posait-il en victime de la convoitise des autres. Ce serait donc par pure méchanceté que l'on avait porté des accusations contre lui. « Mes inventions à moi sont bonnes (...) et c'est avec beaucoup d'énergie et de persévérance que je suis arrivé au succès. En 1936, j'eus le grand honneur d'être invité à Paris, à l'exposition où mes inventions furent exposées. Malheureusement, je ne fus pas autorisé à m'y rendre. Sans l'interdiction du parti, j'aurais répandu mes inventions sur des bases internationales. (...) J'étais fier de mes inventions. »

Puis, il fournit encore quelques explications sur ses choix personnels : « Je suis entré au parti très jeune, par idéalisme, croyant que c'était là le meilleur moyen de servir ma patrie. Je regrette sincèrement et profondément les injustices et les crimes commis contre les malheureuses victimes de la guerre et des camps de concentration. » Enfin, en terminant, il implora les juges de le laisser vaquer à ses occupations en faveur des autres et de reconnaître son absence de culpabilité. « Je voudrais aider à remettre les choses en ordre. Il y a actuellement dans le monde 300 000 blessés qui ont besoin d'appareils de prothèses. Or, l'une de mes dernières inventions porte précisément sur la mise au point d'un tel appareil. (...) Messieurs les juges, le destin m'a suffisamment frappé. J'ai perdu mon unique frère et la totalité de ma fortune, et je suis en prison depuis quatorze mois », devait-il se lamenter. « Ne punissez pas plus longtemps en ma personne mon vieux père et tous mes parents, car je n'ai commis aucun crime et je suis parfaitement innocent. Laissez-moi aider à la reconstruction économique d'une Europe pacifiée », conclut-il.

Le verdict

Tous les accusés ayant eu la possibilité de s'exprimer une dernière fois avant la phase de mise en jugement, le président déclara les débats terminés. Il renvoya les décisions concernant les inculpés à l'audience suivante, en informant l'auditoire que les membres du tribunal général auront été, antérieurement à la séance publique, réunis à cet effet à huis clos, en chambre de délibération. Ainsi le lundi 17 mars 1947, à 14 heures, le tribunal général présidé par Jean Drappier, conseiller à la cour d'appel de Paris, rendait-il sa sentence motivée.

La décision commençait par rappeler que dans le courant de l'année 1944 un certain nombre de camps de concentration dépendant du camp de Natzweiler-Struthof, connus sous la dénomination de sous-camps de Natzweiler, furent créés sur l'ordre direct d'Himmler ; que, parmi eux, figurait celui d'Haslach connu sous le nom de Sportplatz constitué en septembre 1944. D'autre part, elle rappelait que « certains autres camps créés dans la même région vers la même époque, dépendaient administrativement du camp de sûreté de Schirmeck[92] ».

Bien que les internés de ce camp fussent pour la plupart d'origine alsacienne, de nombreux individus arrêtés par les Allemands dans diverses régions de France vinrent s'ajouter aux premiers au moment de la retraite des armées allemandes. Lors de l'avance des Alliés en 1944, le camp de Schirmeck avait été évacué. Un certain nombre d'internés furent transférés au camp de Gaggenau pour y travailler aux usines Daimler-Benz, d'autres furent envoyés en novembre 1944, provisoirement, au camp de sûreté de Niederbühl, d'autres encore dans les grottes souterraines du Vulcan à proximité de Haslach.

Enfin, l'industriel allemand Trippel, qui occupait un poste de direction aux usines Bugatti à Molsheim, évacua sous la pression des armées alliées ces usines à Sulz am Neckar dans une ancienne mine souterraine de chaux. Il demanda au chef de camp de Schirmeck, Buck, et obtint de celui-ci, courant décembre 1944, la livraison (*sic*) de 100 à 150 internés provenant des camps de Haslach, de Gaggenau et de Niederbühl pour travailler dans lesdites usines de Sulz am Neckar aux Trippel Werke. Le tribunal reconnut que ceux qui restaient dans le camp de Niederbühl n'étaient astreints à aucun travail, mais devaient vivre confinés toute la journée dans des baraquements surpeuplés[93].

Le tribunal constatait ensuite que « dans tous les camps de sûreté » (Haslach-Vulcan, Gaggenau, Niederbühl et Sulz am Neckar) les internés continuaient à revêtir leur costume civil, alors que ceux du camp de concentration de Haslach-Sportplatz portaient la tenue rayée, mais que les internés de tous ces camps étaient soumis sensiblement au même régime et que même, dans certains d'entre eux, tel que celui de Haslach-Vulcan, leur existence apparaissait comme ayant été un véritable enfer[94].

Enfin, il relevait que « les internés étaient soumis à un travail forcé et épuisant, rendu plus pénible encore par l'insuffisance de la nourriture et par la brutalité des gardiens ». C'était donc pour ces raisons que le chef du camp de sûreté de Schirmeck, Karl Buck, dont dépendaient ces sous-camps, comparaissait devant le tribunal général, « mais uniquement en tant que dirigeant ayant mission de contrôler ces sous-camps », ainsi que 18 dirigeants de ces sous-camps, gardiens ou membres de l'organisation Todt, et un industriel allemand ayant employé les internés, pour y répondre de leurs crimes. Dans tous ces lieux, la mortalité était élevée. Elle était due au régime infligé par les gardiens et aux exécutions arbitraires perpétrées à plusieurs reprises[95].

Le tribunal fit valoir que Buck « portait l'entière responsabilité d'avoir envoyé un grand nombre d'internés dans les grottes souterraines du Vulcan, près de Haslach. Grottes qu'il connaissait parfaitement pour les avoir visitées auparavant et où rien n'était prévu par lui pour les recevoir ». Lors de ses inspections, il avait vu « l'état de détresse des internés de ce camp » sans rien entreprendre pour améliorer leur sort. « SS fanatique et brutal », peut-on lire dans la sentence, « considéré comme la terreur des camps, il était craint de tous les déportés », car il s'adonnait à des brutalités, s'acharnait sur les malades et faisait preuve de sadisme[96].

Quant à l'Oberleutnant Schupo Karl Nussberger, le tribunal le qualifia de « policier brutal et autoritaire, craint de tous les déportés qui le considéraient comme responsable de tous les crimes commis au camp de Gaggenau ». Le tribunal notait qu'« il avait donné à ses subordonnés l'ordre de frapper les internés, qu'il a lui-même personnellement frappé une femme déportée, lui cassant le nez (...), qu'il a d'autre part, avec l'arme d'un de ses gardiens, tiré dans la direction d'un déporté se trouvant à l'intérieur du camp » parce qu'il s'était rapproché des fils de fer barbelés et qu'il l'avait blessé à la tête.

Le Polizeimeister Erwin Ostertag était qualifié de « fidèle exécutant des ordres » de Nussberger, selon la sentence du tribunal. « Il a acquis la réputation d'être un criminel et un tueur. (...) Il a frappé les déportés à coups de bâton et l'un d'eux est mort des suites des coups reçus (...), il était un SS fanatique » qu'il suffisait de regarder pour recevoir des coups de pied.

Puis le tribunal déclarait Buck, Nussberger et Ostertag responsables de l'exécution des neuf membres du réseau Alliance qui eut lieu le 30 novembre 1944 à Gaggenau. Le premier avait ce crime sur la conscience parce qu'une décision de cette importance n'avait pu être prise ni exécutée sans son ordre formel en raison de « ses hautes fonctions comme chef des sous-camps de Schirmeck ». La responsabilité du deuxième découlait de ses fonctions de chef de police du camp, même s'il prétendait avoir été absent du camp ce jour-là, une absence dont d'ailleurs il n'apportait même pas un commencement de preuve. Enfin, la culpabilité du troisième était également certaine du fait que plusieurs témoins « de haute moralité avaient affirmé d'une façon absolue qu'il avait été vu montant dans le camion » qui emportait les neuf membres du réseau Alliance[97].

Contre l'Oberwachtmeister Joseph Muth, le tribunal devait retenir que, comme adjoint au chef de camp de Haslach-Vulcan, il était souvent « en état d'ivresse et d'une brutalité alors sans pareille ». Il passait pour la terreur de ce camp, frappant « chaque jour, à tort et à travers, à coups de bâton, de pied ou de poing, souvent jusqu'au sang et jusqu'à l'évanouissement, sous les prétextes les plus futiles et même sans aucun motif. (...) Il matraquait les malades pour les obliger à se lever et à se rendre au travail[98]. »

De même, le tribunal reconnaissait la gravité des brutalités exercées par le Rottenwachtmeister Walter Müller, maître-chien, en ces termes : « Non seulement il frappait chaque jour avec un bâton les internés et même les malades pour les forcer à se rendre au travail, mais encore il lançait son chien sur les internés pour les faire mordre. »

Le Zugwachtmeister Bernhard Ulrich était considéré comme l'un des plus cruels. « Il frappait jusqu'au sang sous les prétextes les plus futiles, torturant surtout les Russes, matraquant par plaisir avec un bâton ou une cravache», dit à ce propos la sentence du tribunal. Malgré ses dénégations, sa responsabilité était engagée lors de l'exécution du 30 novembre 1944, puisque «plusieurs témoins l'avaient vu monter dans le camion qui emmena les neufs suppliciés hors du camp». De surcroît, il s'était vanté, selon les dires d'un témoin, d'avoir abattu un Russe qui tentait de s'évader. Quelques jours avant l'évacuation du camp, un interné russe, travaillant à la gare de Haslach, aurait dit à un gardien de l'organisation Todt: «Demain c'est vous qui travaillerez et nous qui vous garderons!» Ulrich l'avait alors emmené, avec le gardien en question, en forêt muni d'une pelle et d'une pioche; des témoins avaient entendu plusieurs coups de feu...

Enfin, peu avant la libération du camp, il avait arrêté sept gardiens auxiliaires russes – des kapos? – sous prétexte de mutinerie et les avait emmenés dans la forêt. Deux d'entre eux avaient pu s'évader en cours de route. Des autres, il ne rapporta le lendemain au camp que les vêtements tachés de sang. Un rapport fut même établi expliquant la prise de décision pour supprimer ces gardiens auxiliaires[99].

Vis-à-vis du SS Martin Wiesenmayer, d'origine roumaine, le tribunal hésita. «Si certains témoins avaient déclaré qu'il avait été relativement bon avec les internés, par contre certains autres l'avaient présenté comme ayant frappé à coups de crosse et de bâton, quand il estimait le travail insuffisant», relevait-on dans la sentence. Le jugement faisait observer qu'il semblait cependant que «ces violences n'avaient pas entraîné de graves conséquences[100]».

Le Rottenführer SS Reinbold Lindau fut qualifié de «gardien brutal et inhumain». Le tribunal constata «qu'il frappait de sa propre initiative à coups de pied, de crosse et de bâton», mais qu'en outre, «il avait lui-même reconnu avoir fait enlever des sacs de ciment en papier dont les internés se couvraient pour se prémunir contre le froid et les intempéries» et que, de ce fait, «plusieurs d'entre eux étaient morts de congestion à la suite de ce manque d'humanité à leur égard[101]».

Le cas de l'Oberscharführer Ludwig Regitz, chef des gardiens au camp de Haslach, ne fut pas facilement tranché par la juridiction de Rastatt. On sent dans la rédaction du passage le concernant une hésitation des juges. Ils écrivent « qu'il avait montré beaucoup de zèle pour rechercher des internés qui s'étaient évadés, qu'avec d'autres gardiens, il les avait frappés à leur retour au camp », mais « que, par contre, certains témoins avaient déclaré qu'il aurait été parfois humain avec les internés ». Cependant, le tribunal relevait « que ces actes d'humanité ne compensaient pas dans une certaine mesure les actes de brutalité qu'il avait commis[102].

Pour le Rottenführer Gerhard Geisser dit l'Aviateur, l'appréciation était plus simple à porter. « Malgré ses dénégations », se fondant sur des témoignages concordants, le tribunal le qualifia de « gardien très brutal », qui avait souvent « sans motif, frappé à coups de crosse, à coups de pied » ou par jet de pierres les internés. Il constatait également les conséquences graves de son comportement qui fit au moins un mort. On lui reconnaissait également une attitude sadique puisqu'il faisait des croche-pieds aux internés afin de pouvoir les frapper à terre en les forçant à se relever. Enfin, il était également coupable d'avoir réduit les portions alimentaires de ceux qui, selon lui, ne travaillaient pas suffisamment[103].

Le SS Adalbert Depka, d'origine polonaise, fut reconnu « comme un buveur » qui, « malgré ses dénégations », avait souvent frappé à coups de pied et de bâton « lorsqu'il estimait que le travail était trop lent ». « Haïssant les Français, il les frappait très fort à coups de crosse et de pied ». Mais « la preuve n'avait pas été suffisamment rapportée que ces violences avaient entraîné de graves conséquences ». Enfin, la conviction était faite « qu'il avait détourné de petites quantités de denrées au préjudice des détenus pour les remettre à sa maîtresse[104] ».

Pour le Yougoslave Stefan Ribar, SS, la décision demeurait incertaine, car il avait été dépeint par certains témoins comme ayant été « brutal, frappant sans motif », mais, toutefois, d'autres témoins avaient déclaré qu'il s'était « borné à très scrupuleusement observer les consignes ». Le cas de Hendrikus Petrus Van der Veer, dit Harry, fut plus facile à trancher, « tous les témoins l'ayant décrit comme faisant preuve d'une extrême brutalité ». Ainsi la sentence relatait « qu'il avait souvent matraqué des internés avec un bâton pour les motifs des plus futiles, et même sans aucune raison et par plaisir », qu'on devait ainsi lui attribuer au moins trois décès parmi les prisonniers, ce que l'accusé avait d'ailleurs lui-même reconnu. Enfin, le texte indiquait encore « qu'ayant reçu l'ordre du commandant du camp de Nussdorf d'exécuter trois déportés ne faisant l'objet d'aucun jugement, il les avait emmenés dans la forêt et les avait assassinés froidement, l'un après l'autre avec sa carabine ». Or, « pour justifier ses actes criminels, il ne pouvait invoquer ni la contrainte ni les ordres illégaux qui lui auraient été donnés[105] ».

Les juges reconnaissaient une responsabilité affaiblie à l'Untersturmführer SS Robert Wunsch parce que, « s'étant rendu compte de l'évolution de la guerre, il s'était efforcé d'améliorer le sort des déportés », que beaucoup de ceux-ci le considéraient comme leur sauveur et qu'ils avaient témoigné en sa faveur. Néanmoins, les magistrats indiquaient « que, si ces faits constituaient de larges circonstances atténuantes, ils ne faisaient pas disparaître entièrement sa responsabilité[106] ».

Le Polizeiwachtmeister Sigismund Weber surnommé le *Gieckele*, fut considéré comme « un sujet peu intelligent ayant exécuté ponctuellement, mais avec sévérité et sans hésiter, les ordres reçus ». Bien qu'il ait infligé des bastonnades aux internés, « les coups portés par lui paraissaient n'avoir entraîné aucune conséquence grave ». Enfin, « son attitude paraissait s'être améliorée vers la fin des hostilités. (...) Il avait même cherché à rendre service à certains internés ». Mais les rédacteurs ajoutaient aussitôt que « cette attitude ne pouvait faire disparaître sa responsabilité pour les agissements antérieurs[107] ».

Une ambiguïté subsistait également pour le Wachtmeister Bernhard Kuhn, « gardien rude et brutal », selon l'analyse des juges, mais qui « cependant semblait par moments faire preuve de certains sentiments d'humanité en permettant aux internés de recevoir un peu de nourriture supplémentaire ». Là encore, la sentence rappelait « que ces gestes d'humanité ne compensaient que dans une certaine mesure des actes de brutalité qu'il avait commis[108] ».

Un seul témoin accablait le Wachtmeister Christian Schmid qui criait son innocence. Le tribunal devait donc constater que, « comme ce témoignage n'était confirmé par aucune autre déposition, un doute subsistait », et que l'accusé devait en bénéficier.

Pour l'Oberwachtmeister Karl Weiler et l'Unterscharführer Kurt Hunger, « aucune preuve d'acte de brutalité n'avait été établie à leur encontre ». Le tribunal dut même reconnaître « qu'ils avaient fait preuve d'une certaine humanité à l'égard des internés, leur donnant notamment parfois un peu de nourriture supplémentaire[109] ».

Enfin, envers l'industriel Hans Trippel, on retenait « qu'il avait l'obligation d'assurer » aux internés qui travaillaient pour lui, « le logement, la nourriture et les soins médicaux ». Les juges, se fondant sur ses propres déclarations, relevaient qu'il reconnaissait avoir soumis les déportés sous-alimentés et en mauvais état de santé à des horaires de travail de 52 à 54 heures par semaine, debout, sans tenir compte que certains d'entre eux devaient parfois effectuer, dans leurs rares moments de liberté, un travail supplémentaire pour le compte de l'administration militaire. On retenait un second fait contre lui, celui d'avoir, « quelques heures avant l'arrivée des troupes alliées », en uniforme, « tiré dans la direction de deux déportés qui tentaient de se mettre à l'abri », la matérialité de ces actes étant incontestablement établie[110].

Puis le tribunal, statuant sur la culpabilité et la non-culpabilité des accusés, concluait : « Attendu que tous ces agissements ainsi relevés constituaient des infractions aux lois et coutumes des nations civilisées et aux usages de la guerre et des crimes contre l'humanité, en conséquence, le tribunal général, après en avoir délibéré conformément à la loi, déclare les accusés Christian Schmid, Karl Weiler et Kurt Hunger non coupables des faits qui leur étaient reprochés par l'accusation ». Il prononça la levée d'écrou à leur encontre.

En revanche, tous les autres accusés étaient reconnus coupables de crimes de guerre et de crimes contre l'humanité. Restait à individualiser et à prononcer pour chacun une peine pénale. Le jugement était donc renvoyé à l'audience suivante.

Le tribunal, toujours composé de la même manière que précédemment, rendit son verdict le mardi 18 mars 1947 après avoir délibéré à huis clos et répondu par des votes à toutes les questions posées : « Au nom du commandement en chef français en Allemagne », le tribunal général de Rastatt, se fondant sur la loi n° 10 du Conseil de contrôle interallié en date du 20 décembre 1945[111], condamnait les dénommés Karl Buck, Joseph Muth, Walter Müller,

RASTATT, FÉVRIER-MARS 1947

Bernhard Ulrich, Gerhard Geisser, Hendrikus Petrus Van der Veer dit Harry, Karl Nussberger, Erwin Ostertag et Reinbold Lindau à la peine de mort, Sigmund Weber à sept années d'emprisonnement sans travaux forcés, Bernhard Kuhn à six années d'emprisonnement sans travaux forcés, Martin Wiesenmayer et Adalbert Depka à cinq années d'emprisonnement avec travaux forcés, Ludwig Regitz à cinq années d'emprisonnement sans travaux forcés, Robert Wunsch à une année d'emprisonnement sans travaux forcés et Hans Trippel à cinq années d'emprisonnement sans travaux forcés et à vingt mille marks d'amende.

CHAPITRE III

La procédure de révision à Rastatt
10 avril 1947

La procédure particulière devant le tribunal général prévoyait une révision devant la même juridiction toutes chambres réunies, ce qui correspondait plus à un pourvoi en cassation qu'à un appel. Le délai pour se prononcer était limité à un mois. Les dix-sept accusés condamnés en première instance utilisèrent cette voie de recours.

Le tribunal général de gouvernement militaire de la zone française d'occupation en Allemagne, chambres réunies, rendit ainsi son jugement motivé le 10 avril 1947. Le texte de la sentence commença par rappeler « qu'il appartenait au tribunal général statuant en révision, toutes chambres réunies, conformément à l'ordonnance n° 40 du général commandant en chef en date du 6 mai 1946 d'apprécier au fond le mérite de ces pourvois en révision ».

Un premier argument consistait à dire que les faits reprochés aux condamnés ne correspondaient pas aux incriminations établies par la loi n° 10 de l'autorité interalliée en date du 20 décembre 1945 ; le deuxième se référait à l'ordre donné par un supérieur, « ce qui constituait une circonstance atténuante soit une cause d'exonération de leur responsabilité pénale » ; le troisième consistait à dire que les accusés avaient été condamnés pour des faits qui n'avaient pas été visés par l'acte d'accusation. Tous ces moyens furent rejetés. En effet, les juges estimaient « que la loi n° 10 se suffisait à elle-même et que c'était donc à bon droit que les premiers juges avaient déclaré en faire application exclusive », « que la loi n° 10 (...) déclare expressément (...) que l'ordre des supérieurs ne peut constituer qu'une circonstance atténuante », laissée à l'appréciation du tribunal, qu'enfin « les témoins appelés à l'audience (...) avaient déjà été entendus au cours de l'enquête préparatoire » dont les accusés et leur défenseur avaient connaissance avant le procès, et que, de surcroît, ils avaient eu le temps matériel et la possibilité de faire établir par d'autres témoins la preuve contraire des faits allégués. Le tribunal constatait ainsi qu'il y avait eu 48 témoins à décharge.

Puis il passait en revue les arguments spécifiques développés par chacun des condamnés en commençant par Karl Nussberger. Ce dernier fit valoir que sa qualité de policier ne pouvait faire de lui un criminel en raison de la moralité qui se rattachait à ce métier. Mais le jugement en révision relevait à son encontre « que son devoir de policier professionnel lui enjoignait au contraire, plus qu'à tout autre, le devoir impérieux de s'opposer aux méthodes policières en usage dans le camp, alors qu'il s'y était servilement prêté bien qu'il en connût le caractère criminel ».

Karl Buck prétendit qu'il avait agi sous la contrainte qui s'imposait à lui et qu'il ne pouvait changer l'ordre des choses. Le tribunal devait aussi lui rappeler que cet argument n'était pas sérieux. « Son appartenance aux SS et à la Gestapo », lit-on dans le texte du jugement, « ne pouvait lui laisser aucun doute sur la besogne de laquelle il s'est acquitté conformément aux directives criminelles qu'il a reçues de ces organismes. » La prétendue violation des droits de la défense n'avait pas eu lieu, puisqu'il avait pu citer tous les témoins à décharge qu'il voulait sans restriction. Enfin, il ne pouvait faire retomber la responsabilité du régime inhumain qui sévissait dans le camp « sur son chef hiérarchique dont il avait exécuté les ordres criminels avec un véritable fanatisme ».

Contre Joseph Muth, le tribunal relevait « qu'il ne pouvait ignorer le caractère criminel des consignes de brutalités qui lui avaient été données et auxquelles il s'est conformé avec un véritable fanatisme » et que ses droits à la défense n'avaient pas été réduits. Pour Walter Müller, il constatait « que tous les droits de sa défense avaient été respectés » et que les témoignages contre lui avaient été concordants. Harry Van der Veer était « dans l'impossibilité de nier les faits criminels (...) qui lui étaient reprochés ». Sa « prétendue faiblesse mentale » ne reposait sur aucun indice dans la procédure.

Vis-à-vis d'Ostertag, Lindau et Ulrich, le tribunal rejeta l'argument que la loi n° 10 n'était pas applicable en raison du principe de non-rétroactivité des lois pénales et du fait que ce texte déterminait expressément les dates limites entre lesquelles devaient être commis « les actes qualifiés de crimes de guerre, ou crimes contre l'humanité ». Pour Gerhard Geisser, Sigmund Weber, Bernhard Kuhn, Martin Weisenmayer, Adalbert Depka, Stefan Ribar et Ludwig Regitz, le tribunal ne trouva dans leur demande en révision aucun argument à l'appui de leur pourvoi.

Quant à Robert Wunsch et à Hans Trippel, ce fut le ministère public qui intenta l'action en révision. Pour le premier, la demande portait sur l'exécution de la peine. En effet, Wunsch avait été condamné à un an d'emprisonnement par le tribunal général de Rastatt pour des actes antérieurs à sa condamnation prononcée par le tribunal britannique de Wuppertal. Dès lors, il se posait, en droit, la question de savoir si les deux condamnations devaient être cumulées ou confondues. L'arrêt précédent restait muet à ce sujet. Le tribunal général décida de ramener à six mois la condamnation (...) contre Wunsch, mais sans que cette peine ne fût confondue avec la peine de quatre ans d'emprisonnement prononcée par les juges britanniques pour des faits entièrement différents.

Pour le second, Hans Trippel, le tribunal trouva que le premier jugement avait fait preuve d'une trop grande mansuétude à son égard. Il rappela ainsi, que par son attitude envers les internés, il s'était comporté comme un nazi fanatique inaccessible à tous sentiments humains vis-à-vis d'un personnel jugé « inassimilable au régime nazi ». Il avait, par ses arguments, rendu possibles « des brutalités supplémentaires des gardiens, envers les déportés travaillant dans son usine » constata-t-il. Le tribunal prononça donc à son encontre la disjonction de son affaire. Il infirma la décision des premiers juges et renvoya à nouveau Trippel devant le tribunal général de Rastatt composé différemment[112].

À la suite de cette sentence, le premier jugement entrait en application sauf pour Wunsch et Trippel, notamment les peines de mort qui avaient été prononcées. Seul un recours en grâce était encore possible devant le commandant en chef français en Allemagne qui possédait le droit de souveraineté sur la zone française. Le 24 mai 1947, le recours en grâce ayant été rejeté, Harry Van der Veer et Reinbold Lindau furent passés par les armes dans le bois de Sandweier près de Rastatt. Le 6 août 1947, Bernhard Ulrich subit le même sort dans le bois de Baden-Oos.

Gerhard Geisser bénéficia du droit de grâce, et la peine capitale qui le frappait fut transformée en travaux forcés à perpétuité[113].

À partir de 1941, le camp de Vorbrück-Schirmeck reçut également des femmes déportées. On recruta donc des gardiennes qui toutes étaient des volontaires pour accomplir cette besogne. Quelques-unes étaient même originaires d'Alsace et de la vallée de la Bruche en particulier. Comme celles-ci étaient de « nationalité française » elles furent soumises après guerre à l'épuration judiciaire, mais échappèrent à l'inculpation de crime de guerre ou de crime contre l'humanité.

Ainsi s'ouvrit, jeudi 18 décembre 1947, à Strasbourg, devant la cour de justice, les procès de Marie-Louise Lehmann, née Edelbluth, 33 ans, la surveillante-chef surnommée « la Hyène », responsable de plusieurs décès et de maltraitances diverses, ainsi que de son acolyte, la gardienne Émilie Liebermann, née Lienhard, 26 ans, de Strasbourg[113bis]. Elles furent condamnées respectivement aux travaux forcés à perpétuité et à dix ans de travaux forcés ainsi que, toutes les deux, à la dégradation nationale.

On peut encore relever que, toujours dans le cadre de l'épuration, la cour de justice de Mulhouse condamna un certain Antoine Meyer de Vieux-Thann, le 20 décembre 1947, à huit ans de travaux forcés et vingt ans d'indignité nationale[113b] pour avoir été volontaire SS et ancien gardien du camp du Struthof.

CHAPITRE IV

Devant le tribunal permanent des forces armées de Metz
12-21 janvier 1953

Le tribunal militaire de Strasbourg ayant été supprimé, ce fut celui de Metz qui hérita de l'«affaire Schirmeck». La plupart des inculpés avaient déjà été condamnés pour des actes similaires par d'autres juridictions. Ainsi, tous n'étaient plus à la disposition de la justice française, quelques-uns purgeaient leur peine dans des centrales sous autorité britannique ou américaine. Le service de recherche des crimes de guerre à Paris allait donc s'évertuer à rassembler l'ensemble des inculpés et les placer sous le contrôle du tribunal militaire de Metz[114].

Le 18 juin 1947, Buck et Nussberger furent transférés en France[115]. Le 13 juillet 1950, le juge d'instruction militaire put enfin rendre une ordonnance de transmission du dossier Schirmeck au bénéfice de la chambre de mises en accusations pour que celle-ci rende un arrêt de renvoi devant le tribunal militaire de Metz[116]. Cependant, le 2 mars 1951, le commissaire du gouvernement auprès de cette juridiction constatait que «l'attitude adoptée par les intéressés qui cherchent à retarder le moment de leur comparution devant les juges en utilisant tous les moyens de procédure (...) ne permet pas de déterminer (...) la date à laquelle le procès pourra avoir lieu».

Gagner du temps à tout prix : telle était la tactique adoptée par la défense, car on sentait bien que le temps jouait en faveur des inculpés. L'Allemagne réclamait avec de plus en plus d'insistance les derniers détenus en France, et la justice devenait de plus en plus clémente. Cependant, les horreurs commises par les tortionnaires imprégnaient encore fraîchement la mémoire de tous les survivants de la guerre et réclamaient des châtiments exemplaires. Par contre, le contour des actes répréhensibles devenait plus flou avec les années, et ces faits jouaient en faveur des accusés.

Pour n'avoir pas su éviter la mort de ces prisonniers[117] détenus dans la vallée de la Bruche, Buck, Nussberger, Müller, Ostertag, Wunsch et Weber devaient encore comparaître devant une autre juridiction pour leurs crimes commis au camp de Schirmeck même.

Ils échappèrent ainsi à l'application immédiate de la peine capitale. Puis le temps passa, et l'instruction piétinait. Il fallait entendre un nombre impressionnant de témoins qui se firent connaître à travers la France, enregistrer leurs dépositions, dresser des procès-verbaux, confronter les déclarations, les reprendre, les analyser. Ce fut un travail d'instruction titanesque qui prit des années.

Le 10 avril 1952, la peine de mort prononcée à l'encontre de Karl Buck, Karl Nussberger et Walter Müller fut ramenée à des travaux forcés à perpétuité et celle infligée à Gerhard Geisser ramenée à quinze ans de travaux forcés[118].

Le 12 juillet 1952, on fit rémission du reste de sa peine à Sigmund Weber et on le libéra. Erwin Ostertag vit sa condamnation à mort transformée en travaux forcés à perpétuité le 20 novembre 1950, et le 22 décembre 1952, on la commua en vingt ans de travaux forcés[119]. On était déjà sept ans après la fin des hostilités. Les prisonniers de guerre allemands étaient rentrés au pays et le gouvernement de Bonn revendiquait la libération de « ceux qui restaient condamnés » et qu'il continuait à considérer, non comme des criminels de guerre, mais comme des prisonniers injustement retenus. L'instruction touchait à sa fin, on était enfin prêt à tenir le procès des tortionnaires de Vorbrück-Schirmeck.

Mais, comble de maladresse et faute politique, il s'ouvrit le même jour que le procès de Bordeaux qui, lui, concernait l'affaire d'Oradour. Ainsi, en Alsace, eut-on l'impression que la justice militaire mettait sur un pied d'égalité les actes des Malgré Nous

Un groupe de détenus travaille au camp, lors de la construction du grand atelier.

incorporés de force dans les Waffen SS et les malfrats que furent les gardiens du camp de Vorbrück-Schirmeck. Cette situation allait exaspérer la population.

Le réquisitoire du parquet, daté du 13 juillet 1950, en se fondant sur l'article 66 du code de justice militaire, retenait contre les nommés Hans Fischer ancien Befehlshaber der Sicherheitspolizei pour l'Alsace, le pays de Bade et le Wurtemberg, Alex Rescher ou Resler, Schilling, Kurt Kurmann, Erwin Armbruster, Erwin Ostertag, Erwin Arnold, Erwin Buckhart, Diebold Armbruster, Max Hoffmann, Johann Knittel, Friederich Stegmeyer, Walter Willing, Walter Beer, Joseph Bucher, les crimes d'assassinats, meurtres, coups et blessures volontaires, actes de barbarie et atrocités.

De même pour Karl Buck, Kurt Diebling, Oscar Hoerth, Johann Krauss, Edgar Krezler, Walter Müller, Karl Nussberger, Egon Schiessle, Sigmund Weber, Robert Wunsch, il intentait l'action pour association de malfaiteurs, « les sus-qualifiés ayant entre 1940 et 1945 (...) sciemment participé à une entente établie en vue de commettre des crimes contre les personnes et les propriétés ». Il poursuivit pour meurtre Joseph Bucher « qui avait à Schirmeck (...) en 1942 (...) donné la mort à un ressortissant polonais non identifié ». Il qualifia d'assassinats les faits reprochés à l'encontre de Nussberger, Wunsch et Weber pour avoir de concert entre Schirmeck et le Struthof le 26 février 1942 donné la mort à un ressortissant polonais, Wachtanek, et ce, avec préméditation. Enfin, il porta l'accusation contre Nussberger, pour avoir, entre Schirmeck et le Struthof en août 1942, en été 1943 et en octobre 1943, donné volontairement la mort à des ressortissants polonais non identifiés, et ce, avec préméditation[120].

Cependant, le commissaire du gouvernement reconnaissait dans le même document que « l'enquête préliminaire et les informations n'ont pu établir ni une identité exacte » de tous les susnommés, « ni de les désigner de telle manière qu'il ne subsiste aucun doute sur leur culpabilité individuelle ». Il a donc fallu poursuivre pour association de malfaiteurs, pour coups et blessures ou pour complicité des individus dont le comportement délictueux les avait conduits à des actes d'une extrême gravité. Il devait en résulter que seul Karl Buck, commandant du camp, Karl Nussberger, chef de la police de sûreté du camp, Walter Müller le maître-chien, Sigmund Weber et Oscar Hoert, tous détenus, ainsi que Egon Schiessle, infirmier, Joseph Bucher, en traitement à l'hôpital psychiatrique de Lorquin, en liberté provisoire, Walter Baer, inspecteur de police à la Gestapo, Johann Krauss Untersturmführer SS, Kretter Oberwachtmeister, Maier chef de cabinet de la Sipo à Strasbourg, Walter Specht Befehlshaber de la Sipo de Strasbourg et Robert Wunsch, tous en fuite, se retrouvèrent appelés à comparaître devant le tribunal militaire de Metz.

Tous ces tortionnaires devaient répondre du chef d'accusation d'appartenance à une association de malfaiteurs, de meurtres ou de complicité de meurtres. Enfin, Buck et Giessling furent en outre inculpés de complicité de pillage suite à la mise à sac de plusieurs maisons de Moussey (Moselle)[121].

Le lundi 12 janvier 1953 s'ouvrit leur procès devant le tribunal militaire permanent de la VIe région militaire à Metz, sous la présidence de Rosentat, conseiller à la cour de Nancy[122]. L'affaire

Le règlement du camp de Schirmeck, établi par le commandant SS Karl Buck, imposait aux prisonniers de ne se déplacer qu'en courant.

du camp de Schirmeck entrait enfin, après sept années d'instruction, dans sa phase de jugement. La justice était prête à juger la culpabilité des tortionnaires du camp de sûreté, qui avait été décidé par le Gauleiter Wagner, dès fin juin 1940, et mis en fonction par le BDS de Strasbourg, le Dr Scheel, en juillet 1940.

L'accusation était confiée au capitaine Maurel et la défense assurée par Mes Eisele, Turon et Barthélemy, tous trois du barreau de Metz. Après que le tribunal eut décidé une procédure séparée pour les inculpés en fuite, le greffier donna lecture de l'acte d'accusation comprenant vingt-deux pages dactylographiées[123]. C'est dire que la liste des actes répréhensibles, que l'on attribuait aux accusés, était fort longue. Puis on passa à l'analyse de la personnalité des accusés.

Karl Buck, le commandant du camp, alors âgé de 59 ans, ancien Hauptsturmführer SS, fut entendu le premier. Curieusement, il modifia certains passages du parcours de sa vie privée ; il apporta également plus de précisions sur d'autres. Il n'est donc pas inutile de reprendre sa déposition sur sa biographie, bien que, dans les grandes lignes, il ne s'agisse que d'un rappel. Il précisa ainsi que son père était cheminot[124], mais que, malgré ses origines modestes, il avait pu suivre une formation technique à Esslingen. Lorsque la guerre éclata en 1914, il se porta volontaire pour le front. Sa conduite fut exemplaire. En 1916, il devint lieutenant. Engagé sur le front en France à partir de 1917, il fut gravement blessé et considéré comme invalide. À la fin des hostilités, il compléta sa formation et obtint son diplôme d'ingénieur. Il se maria en 1921 et devint père d'une fillette. En 1923, il se rendit au Portugal, mais retourna pour peu de temps en Allemagne dès l'année suivante. En 1924, il s'embarqua pour le Chili, ayant contracté un engagement pour six ans dans une usine de salpêtre. Ce fut durant ce séjour en Amérique du Sud que sa vilaine blessure de guerre recommença à le faire souffrir et qu'il dut être amputé de sa jambe gauche. Il sera, dès lors, redouté comme « le commandant à la jambe de bois »...

De retour au pays natal, il subit la crise de 1931 et se retrouva au chômage de longue durée. Pour tenter de s'en sortir, il adhéra à la NSDAP. Comme ancien combattant décoré de la croix de fer, il gagna de la considération au sein du parti et entra dans la SA puis la SS. En 1933, après la prise du pouvoir de Hitler, il s'engagea dans la Gestapo à Stuttgart et reçut le commandement du premier camp du Wurtemberg, dit camp de sûreté de Heuberg, près de Stetten. Puis on lui attribua également les camps de Kuhberg et de Welzheim. Il eut ainsi, jusqu'en juin 1940, la haute main sur les camps de sûreté en Bade et au Wurtemberg. La mise en place du camp de Schirmeck lui valut sa nomination en Alsace début juillet 1940[125]. Buck avait donc une large expérience de ce type de camp lorsqu'on lui confia celui de la vallée de la Bruche. Le président le fit remarquer. Selon les autorités de la Gauleitung, la compétence acquise par Buck le désigna *ipso facto* pour prendre la tête du camp de Schirmeck. Il allait occuper ce poste jusqu'à l'évacuation du camp en novembre 1944, et conserver son autorité sur les camps annexes jusqu'à leur libération en avril 1945.

Le président fit valoir les antécédents judiciaires de l'accusé, déjà condamné à mort à deux reprises. Il l'avait été par le tribunal général britannique de Wuppertal, peine qui fut entre-temps commuée en

Regroupement et alignement des prisonniers pour l'appel.

vingt et un ans de prison. Il avait été aussi condamné à mort par le tribunal général français de Rastatt. Buck, toujours arrogant, fit alors remarquer au tribunal de Metz qu'à Rastatt il n'avait eu aucune possibilité de se défendre. « Et aujourd'hui ? » interrogea alors le président. La réponse de l'intéressé fut : « J'avoue que cette fois-ci, je puis me défendre dans des conditions normales[126]. »

Puis on passa à Karl Nussberger. Il était fils de cordonnier et fut mobilisé en 1917. Il combattit sur le front en France. Sa bravoure lui permit de devenir sous-officier. Désœuvré à la fin de la guerre, il finit par s'engager à Muhlheim dans la police de sécurité *(Schutzpolizei)*. En juillet 1940, il vint à Strasbourg au siège de la police allemande, puis on le muta à Schirmeck où il fut nommé, un an plus tard, chef de la police du camp. Tout comme Buck, l'acte d'accusation le dépeignait comme un homme brutal, agissant en véritable tyran. Le tribunal général britannique l'avait condamné à mort le 10 mai 1946, mais sa peine avait été également commuée en vingt et un ans de prison.

Le troisième accusé, Kurt Giessling, était né en 1901 à Weimar. Il avait appris le métier de jardinier. En juin 1940, il fut nommé à la Gestapo de Strasbourg, qui le chargea de la fonction de chauffeur du camp de Schirmeck. En juillet, il rejoignit Buck. En fait, très rapidement, il était devenu son bras droit et l'exécuteur des basses œuvres. Il avait laissé en Alsace l'image d'un véritable gangster et d'un buveur immodéré. Fait prisonnier de guerre en Bavière, il avait été identifié dans un camp américain à Nice. Le 2 mai 1945, on l'avait arrêté comme criminel de guerre.

Walter Müller, dit le *Hundemüller*, était né à Heilbronn en 1905. Marié, père de deux enfants, il avait exercé le métier de cultivateur avant d'entrer dans la police en 1935. En 1942, il avait fait une grave chute qui lui occasionna une double fracture du crâne. La même année, après sa convalescence, on l'avait envoyé à Schirmeck. Walter Müller souffrait depuis d'amnésie partielle. Ce fut sans doute la raison pour laquelle, au cours de son interrogatoire de personnalité, il revint sur plusieurs de ses déclarations précédentes faites au cours de l'instruction.

Sigmund Weber, marié, père de six enfants, était devenu borgne suite à un accident de travail et porta donc le surnom de *Gieckele* octroyé par les internés alsaciens. Il était initialement maréchal-ferrant. On l'avait doté d'un œil de verre durant sa détention à Metz. C'était un homme de forte carrure, un colosse qui possédait une force exceptionnelle. Il fut également un nazi fanatique. En 1935, il était entré dans la police des chemins de fer, mais, à peine six mois plus tard, revint à la vie civile. En 1940, il fut à nouveau enrôlé dans un bataillon de police et envoyé à la police de sécurité (Schutzpolizei) de Strasbourg où on le muta à Schirmeck comme Oberwachtmeister le 2 février 1942. Dans le camp, Buck le chargea du rôle de «matraqueur». C'était lui qui devait administrer la bastonnade lors des punitions ou des interrogatoires musclés conduits par la Gestapo. On le soupçonnait également de corruption.

Quant à Oskar Hoert, né en 1914, il avait appris le métier de peintre en bâtiment. Il était, avec ses 39 ans, le plus jeune des six. La crise de 1931 avait fait de lui un chômeur de longue durée. Situation qu'il quitta pour la Wehrmacht en 1934, d'où il avait rejoint l'École de police à Constance. Du 8 août 1941 au 10 avril 1942, il

Véhicule de la police servant à l'acheminement et au transfert des prisonniers de Schirmeck.

fut Lagerwachtmeister à Schirmeck. Durant cette courte période, il s'était fait remarquer par son extrême brutalité. Il avait épousé, semble-t-il, une Alsacienne en octobre 1942. Mais elle avait refusé de le suivre en Allemagne lors de la débâcle. Divorcé, il était remarié au moment du procès et père d'un enfant.

Tels étaient les portraits, rapidement brossés, des accusés. De fait, ces informations n'étaient pas nouvelles, mais, dans la vie de chacun d'eux, démontraient le rôle joué par la crise économique et sociale en Allemagne qui avait provoqué la montée du nazisme. Presque tous, à cause du chômage, avaient été contraints à changer de métier et s'étaient réfugiés à la fois dans le parti et la fonction publique de la police. Seul Nussberger semble avoir eu réellement une vocation de policier. Tous les autres paraissaient avoir choisi cette institution en raison de ses similitudes avec l'armée qu'ils avaient quittée en 1918, et dont ils conservaient vraisemblablement une certaine nostalgie.

Le président Rosambert rappela alors les origines du camp de Vorbrück-Schirmeck en se fondant sur la déposition de Robert Ernst lors de l'instruction. Il rappela ainsi que la décision d'ouvrir ce camp avait été prise par le Gauleiter Wagner, ce que confirma d'ailleurs Buck. Ce dernier expliqua que le Gauleiter voulait éviter à la population alsacienne hostile au national-socialisme les poursuites judiciaires. Il s'agissait donc, selon lui, de « protéger » tous les condamnés de droit commun et les récalcitrants politiques d'une déportation en camp d'extermination. Sa mission était de les « dresser » au camp de Schirmeck qui prit donc la dénomination de « camp de sûreté » après avoir failli s'appeler « camp de rééducation ».

Le président fit valoir que « c'était un crime de faire subir des traitements inhumains, aussi bien aux détenus de droit commun qu'aux internés politiques ». Buck répliqua : « Quand je suis arrivé à Schirmeck, je me suis trouvé devant le néant et il a fallu que je commence à zéro. » Le président : « Vous auriez mieux fait de vous abstenir. » Buck : « Comme officier, je devais obéir aux ordres qui m'étaient donnés. » Le président alors se fâcha : « Vous n'avez pas le droit de parler de l'honneur des officiers, vous qui avez commis des crimes contre l'humanité, car il est établi que vous avez laissé mourir les détenus de faim. » Buck, toujours aussi arrogant, riposta : « En 1946-1947, le ravitaillement dans les prisons françaises était tellement mauvais que je ne pesais plus que 50 kilos. Maintenant, la situation s'est améliorée. Incarcéré à Strasbourg, j'ai été littéralement mangé par la vermine. » Le président, furieux, l'interrompit en lui lançant : « Vous avez été certainement encore mieux traité que les détenus de Schirmeck ! »

Puis, il avança le chiffre de 30 000 internés au camp. Ce fut aussitôt contesté par Buck : « Il n'y en avait que 15 000 ! » Vue la manière scrupuleuse dont il avait tenu sa comptabilité, et en comparant la capacité d'accueil du camp avec la rotation des effectifs, on peut estimer que Buck, dans sa réponse, était proche de la vérité. Il avait marqué un point. Mais il ne put exploiter cet avantage. Le questionnement du président se poursuivait : « Mais qu'avez-vous fait de ces hommes et de ces femmes ? » Buck préféra rester muet. Le président reprit : « Selon vos conceptions, Schirmeck devait être un camp de rééducation. Mais les détenus y furent

Un kommando de prisonniers tire à dos d'hommes, aux abords immédiats du camp, le fameux rouleau compresseur de l'entreprise Kohler.

maltraités, démoralisés et martyrisés. » Il en donna une preuve : « De la somme journalière de 1,05 mark dont Buck disposait par interné, il n'en dépensait que 0,40 pour le ravitaillement. » Buck intervint promptement pour faire remarquer que le ravitaillement lui était envoyé et contrôlé strictement par la Gauleitung, et que la somme de 1,05 mark comprenait en outre les frais d'hébergement, de vêtements, de blanchiment, etc.

Un murmure de réprobation générale parcourut la salle d'audience. L'ex-commandant du camp allait trop loin. Ses arguments n'étaient plus plausibles. Tout était de la faute des autres, surtout du Gauleiter Wagner. Le président le questionna à nouveau : « Pourquoi maltraitiez-vous les internés quand ils recevaient du ravitaillement de l'extérieur ? » Buck répondit : « Parce que c'était strictement défendu par le Gauleiter. » Il crut même pourvoir ajouter : « J'ai même fait planter des potagers pour augmenter les rations journalières. » Cette phrase fut accueillie d'un éclat de rire par le public d'anciens détenus. Le président rappela alors qu'il était prouvé que «les internés ne recevaient journellement que 1 200 calories alors qu'ils auraient dû en recevoir 3 000 à 4 000, selon les travaux demandés, pour vivre». Buck écarta sèchement cet argument : « À Wuppertal, je n'en ai reçu que 800 ! »

Le président évoqua alors les conditions d'hygiène lamentables qui régnaient au camp. Il reprocha à Buck d'avoir fait construire une salle des fêtes où se déroulaient épisodiquement de grandes manifestations au bénéfice du personnel alors qu'au sous-sol croupissaient des détenus torturés. L'accusé, froidement, se dressant dans son box, osa affirmer : « J'ai fait pour les détenus tout ce qui était en mon pouvoir. » De manière cynique, il compléta : « Dans la cour, de beaux concerts étaient retransmis par haut-parleurs. » Le président ne se laissa pas prendre à ce jeu : « C'était plutôt pour couvrir les cris de douleur des suppliciés », commenta-t-il.

Mais ce système de défense finit par exaspérer non seulement le tribunal, mais également l'ensemble de l'auditoire. Comment admettre que Buck n'aurait fait que son devoir de commandant du camp ? Comment croire qu'il se serait mis en quelque sorte «au service » des internés pour améliorer leur sort ? Qui pouvait croire cela ? Buck avait tissé autour de lui un cocon devant le protéger, il s'était enfermé dans son univers. À force de se persuader, il avait fini par y croire, refusant de regarder la réalité en face. Le président allait donc tenter de percer cette carapace en l'interrogeant sur les mauvais traitements infligés aux internés. On entra dans le détail des faits concrets.

Le président : « Vous avez enfoncé, à coups de poing, les dents à un prisonnier qui venait de ramasser un trognon de pomme. À un autre, vous avez crevé un œil pour un mégot fumé en cachette. Vous avez même, selon plusieurs témoins, dévissé votre jambe de bois pour matraquer des détenus devant votre chambre ! » Buck l'interrompit immédiatement : « C'est matériellement impossible et si cent témoins l'affirmaient, je maintiendrais mes dires contre eux. » Le président, revenant à la charge, insista sur l'absurdité de ce système de défense : « Vous seriez donc seul à dire la vérité en face de cent menteurs ? » L'accusé fit valoir qu'il avait même mis des journaux à la disposition des prisonniers. Le président souligna alors que les membres du réseau Alliance purent ainsi, à la demande de Buck, «lire dans les journaux le récit de leur exécution publié par avance, avant de monter au Struthof où ils furent abattus»... Buck n'avait plus d'explication à fournir. Il prétendit que ce furent les intéressés eux-mêmes qui avaient voulu lire les journaux. De même, la gymnastique que les détenus devaient accomplir après l'appel du soir, aurait été instituée à la demande des internés eux-mêmes !

Dans la salle d'audience, la tension était à son comble. Le tribunal, comme le public, ne pouvait plus supporter ces affirmations mensongères. Le président, en colère, fouilla dans le dossier et se mit à lire d'une voix forte la déposition de première comparution de Buck, mettant ainsi en évidence son attitude constante depuis 1945. Buck avait fait savoir en effet qu'il ne reniait rien de sa déclaration au magistrat instructeur, que, à part quelques légères retouches du texte, le document était conforme à sa vérité. Le président fit remarquer que cette déposition faisait du camp de Schirmeck quelque chose comme une maison de repos ou de villégiature. Il rappela la mort de la première victime, un Mulhousien qui avait succombé à cette fameuse séance de gymnastique dont on avait parlé[127]. Puis, de guerre lasse, il leva la séance et renvoya la suite à l'audience du lendemain.

Lors de la reprise, mardi 13 janvier 1953, l'accent fut rapidement mis sur les horreurs imputables aux différents accusés. Hoert était passé maître dans les exercices disciplinaires, poussés jusqu'à ce que les victimes perdissent connaissance. Il les ranimait alors à grands coups de pied. Rappelant que celui-ci avait épousé la sœur d'une de ses victimes internées à Vorbrück-Schirmeck, le président Rosambert interrogea : «Comment, dans ces conditions, une de ses victimes avait-elle pu devenir son beau-frère ?» C'était contre toute logique, à moins qu'il n'ait voulu amadouer le tortionnaire ! On évoqua la sinistre nuit de Noël 1942, quand les internés durent sortir de leur baraque pour tasser la neige en se roulant dans la masse blanche. Aux plus frileux, les surveillants assénèrent des coups de matraques, pendant que retentissaient les chants de Noël diffusés par les haut-parleurs.

Le président interpella Buck à ce sujet : «Qu'avez-vous à répondre à cela ?» L'ex-commandant ne se laissa pas démonter :

« Je me rappelle avoir fait passer des chants de Noël par les haut-parleurs, reconnut-il, mais je n'ai jamais donné l'ordre aux internés de se rouler dans la neige. » Il osa ajouter : « Je n'étais pas au courant des agissements des gardiens. » Le président évoqua alors le martyre de deux Polonais : gravement malades, ils ne parvenaient pas à tasser avec leurs pieds la neige sur la benne d'un camion. Ils furent entièrement recouverts d'une masse blanche par les gardiens. Transformés ainsi en bonshommes de neige, ils moururent peu de temps après. Là-dessus, Buck resta évasif : « Je ne m'en souviens pas ! » Le président le prévint : « Des témoins viendront à la barre confirmer ces dires. »

Le président lui rappela également que des malades ou des impotents avaient été obligés de tirer un rouleau compresseur pour réparer la route aux abords du camp, sous les coups de matraques des gardiens. Buck rectifia : « J'avais reçu l'ordre de faire exécuter ces travaux ; mais on y employait toujours un groupe de détenus, tant et si bien que ce n'était pas au-dessus de leurs forces. » Un murmure de protestation parcourut la salle. Le président souleva alors le cas du Polonais matraqué par un gardien au point que sa vessie avait éclaté. Buck, selon un témoin, aurait alors obligé le malheureux à boire son urine. La victime était morte deux jours plus tard dans d'horribles souffrances. Face à cette accusation, Buck réagit violemment : « Je proteste, c'est une calomnie inimaginable. » « Je vous prie de me confronter avec ce témoin », lança-t-il au président. Celui-ci, calmement, lui fit savoir qu'on lui donnera lecture de cette déclaration.

Il souligna ensuite que de nombreux internés auraient été battus jusqu'à en perdre la raison et à donner des signes de folie. Il interrogea Weber le Matraqueur à ce sujet. Celui-ci répondit : « Je n'ai jamais frappé un interné de ma propre initiative ; j'avais pitié d'eux, mais j'étais obligé d'exécuter des ordres. » Bref, lui non plus ne se considérait pas comme responsable. Le président évoqua le cas des Polonais malades simplement étendus sur du béton, laissés sans soin jusqu'à ce que mort s'ensuive. Buck aurait alors demandé « si ces chiens étaient déjà crevés ». L'ancien commandant réagit : « Je n'ai aucune connaissance de faits semblables ; le commandant du camp ne peut être rendu responsable des cas de maladie ou de soins refusés aux malades ; seul le médecin est responsable dans ce cas. » Là encore, c'était la faute d'un autre. Lorsqu'on évoqua les mauvais traitements, Buck ne reconnut que « des gifles dans certains cas ». Le président réagit : « C'est vrai que vous chargiez le plus souvent vos bourreaux de maltraiter les internés de façon inhumaine. »

Ainsi il rappela qu'un jeune Alsacien, qui avait gravé une petite étoile sur son couvert afin de pouvoir le distinguer plus facilement, avait été battu par Buck jusqu'à perdre connaissance. Puis, une inspection des baraquements ayant démontré que d'autres détenus avaient agi de même, toutes les chambrées furent matraquées et battues jusqu'au sang. Finalement les gardiens, épuisés par l'effort physique, s'arrêtèrent à la sixième baraque. Hoert se souvenait de ce cas, mais voulut justifier le passage à tabac en rectifiant : « Le jeune Alsacien avait, en fait, peint un marteau et une faucille sur son couvert ; vous comprenez que, comme soldat allemand, je ne pouvais pas tolérer cela. » Buck se contenta de dire : « Le contrôle avait uniquement pour but de préserver le matériel du camp, dont j'étais responsable. Je n'ai pas assisté aux scènes que vous venez de décrire. » Et il osa ajouter : « Il est possible que quelques gifles aient été distribuées par les gardiens. »

D'autres drames furent alors évoqués. Un jeune Alsacien s'était confectionné des bandes molletières avec une vieille couverture trouvée sur un tas de décombres. Il avait été déclaré « saboteur », battu et, sur ordre de Buck, emmené au Struthof. Sans doute avait-il été abattu en cours de route et son corps livré au four crématoire. Un autre détenu, Armand Moser, 24 ans, avait pu, par « faveur » spéciale de Buck, s'entretenir au camp deux minutes avec sa mère. Cette dernière en avait profité pour lui glisser un billet écrit. Le document avait été découvert lors d'une fouille. Moser avait alors essayé de l'avaler. Le gardien lui avait sauté dessus, l'avait renversé et, à l'aide de sa baïonnette, avait tenté de lui ouvrir la bouche pour extraire le papier de sa gorge. Ce jeune fut ensuite envoyé à Dachau. Buck froidement déclara que ces accusations étaient fausses. Il regrettait, dit-il, de ne pouvoir être confronté avec Moser qu'il croyait mort à Dachau.

Le président n'avait pas commenté la déclaration de Buck, mais, dès la reprise de l'audience en début d'après-midi, il appela à la barre l'ancien interné Armand Moser. La surprise fut totale ! Buck blêmit. L'intéressé reconnut dans le box ses anciens bourreaux. Il dévoila qu'il avait été envoyé à Dachau avec 93 Vosgiens selon une liste établie par Buck. Ce dernier protesta : « Je n'ai pas pu prendre une telle initiative, car dans ce cas il s'agissait de réfugiés vosgiens qui n'avaient aucun délit à se reprocher. » Le président : « Vous reconnaissez donc avoir envoyé des innocents à Dachau ? » Buck : « Dans les dernières années, je n'étais pas seul responsable du camp, car le Arbeitsturmführer Schneider est venu s'y installer et prenait toutes les décisions importantes. »

Marcel Schreiber, originaire de Eisenheim, arrivant au camp, avait eu la tête écrasée contre un mur et avait été matraqué par Hoert avec une telle brutalité qu'il en perdit l'ouïe. Hoert, scandalisé, s'exclama : « Je n'ai jamais frappé avec une matraque ! » Buck acquiesça : « Je confirme que jamais des matraques ne furent employées à Schirmeck ; on n'employait que des tuyaux de caoutchouc. » Il jouait sur les mots. Schreiber maintenait sa version : « Hoert se servait très souvent de matraques en caoutchouc. »

Plus grave encore fut le cas des frères Sova. Les deux hommes avaient été arrêtés pour avoir parlé français dans le train et avoir refusé de suivre les policiers qui leur demandaient des explications. Envoyés à Schirmeck, ils furent maltraités dès leur arrivée pendant plusieurs heures, puis expédiés au Struthof pour y être pendus. Buck ne commenta l'affaire que d'une phrase : « L'ordre venait de Himmler. » Le président rappela encore le sort des membres du réseau Alliance. Au mois d'avril 1944, ils avaient été incarcérés dans la baraque 10 où ils furent considérés tout de suite comme des condamnés à mort. On les avait envoyés ensuite au Struthof où ils furent gazés puis passés au four crématoire. Buck, de nouveau, avait une explication toute trouvée : « C'était des gens de Schneider, je n'avais rien à faire avec eux. » Le président fit néanmoins remarquer : « C'est pourtant vous qui les avez emmenés au Struthof ? » Réponse de Buck : « J'avais reçu un ordre et je n'avais pas à m'y soustraire. »

L'étau se resserrait sur ce système de défense. Weber se sentit obligé de déclarer qu'il n'avait joué aucun rôle dans cette affaire. Nussberger également déclina toute responsabilité. « Tout cela se déroulait de nuit, expliqua-t-il, et je n'avais pas le droit d'entrer dans le camp. » Le président fit remarquer que, pendant l'instruction, Buck reconnut avoir envoyé au moins dix personnes de Schirmeck au Struthof et plusieurs autres directement à Mauthausen, Auschwitz ou Dachau. Buck commenta : « Cela n'eut lieu que sur ordre supérieur. » Voulant se montrer sous un autre jour, il souligna qu'il avait fait également remettre en liberté plusieurs internés avant la fin de leur peine. Le président minimisa la chose, indiquant qu'il s'agissait, dans la plupart des cas, de malades incurables qui ne pouvaient plus travailler et n'étaient donc d'aucun rendement. Buck, piqué au vif, rétorqua qu'il avait néanmoins mis en liberté quinze Alsaciens qui avaient été internés parce qu'ils ne voulaient pas changer de nom patronymique[128]. Ainsi se termina la deuxième journée du procès des bourreaux du camp de Schirmeck.

À partir du troisième jour du procès, la situation de Buck et de ses acolytes devint difficile. Les témoignages furent de plus en plus accablants et les preuves contre eux s'accumulèrent. Le président analysa tout d'abord le cas de deux Polonais qui avaient tenté de s'enfuir du commando de la carrière de Wackenbach. L'un d'eux avait été repris par les douaniers et ramené à Schirmeck, l'autre s'était réfugié auprès d'une famille dont la fille travaillait au camp, mais qui l'avait dénoncé. Buck vint en personne arrêter le fugitif. Les deux furent, semble-t-il, fusillés dans le garage du camp ; puis Buck demanda qu'on le débarrasse des cadavres en les transportant au four crématoire du Struthof. À l'audience, Buck soutint que les Polonais avaient été ramenés morts au camp, abattus au moment où ils tentaient de franchir la frontière des Vosges. L'audition des témoins pourrait donc éclaircir cette affaire.

Puis on passa au massacre perpétré à la scierie Braun. Le 23 janvier 1944, deux internés d'un commando extérieur avaient tenté de s'échapper alors qu'on les conduisait à la gare. L'un d'eux, un Tchèque, avait été repris presque aussitôt et ramené au camp par un gardien. Ce dernier avait été molesté par Buck parce qu'il n'avait pas immédiatement abattu l'évadé. Le second fuyard fut retrouvé caché à la scierie Braun et abattu sur place. Ses camarades de commando furent obligés de ramener son cadavre au camp sur une brouette. L'acte de décès mentionnait « abattu dans une tentative de fuite », alors qu'il s'était rendu. En fait, Nussberger y avait contraint dix gardiens auxquels il avait crié l'ordre : « Fusillez-moi ce chien ! »

Naturellement, à l'audience, le chef des gardiens nia farouchement avoir donné cet ordre. Buck, également, déclina toute faute. Il se permit même de poser la question : « Pourquoi abattre le fugitif hors du camp, à la vue de tout le monde, alors que cela aurait pu être fait plus discrètement ? » Pour la première fois, les accusés n'étaient pas d'accord entre eux et se renvoyaient mutuellement la responsabilité de ces actes.

Les cas de Bernard et Malaizé s'avérèrent moins confus. Les deux hommes étaient originaires de la vallée de la Bruche et connaissaient parfaitement le terrain. Ils avaient décidé de s'enfuir le 7 mars 1944 du commando de la carrière de Wackenbach, malgré la neige qui recouvrait le paysage. Cette opération avait réussi. Mais les mauvaises conditions météorologiques ne leur avaient pas permis de rester à couvert en forêt. Épuisés, affamés, grelottant de froid, ils avaient été arrêtés à Fréconrupt par une patrouille du camp qui avait suivi leurs traces dans la neige. Au moment de les reprendre, deux coups de feu claquèrent : l'un des évadés fut touché au bras, l'autre à la jambe. Deux membres de la patrouille furent renvoyés au camp chercher un traîneau pour transporter celui qui ne pouvait plus marcher. Les deux autres patrouilleurs, Weber, Müller et son chien, restèrent donc sur place pour surveiller les deux évadés. Les gardiens étaient revenus trois heures plus tard avec du renfort, notamment Nussberger. Celui-ci avait fait, semble-t-il, de graves reproches aux gardiens restés sur place, parce que les fugitifs étaient toujours en vie. Puis, de nouveau, presque instantanément, des coups de feu claquèrent : c'étaient les coups de grâce que l'on venait d'administrer à Bernard et Malaizé, sur lesquels Müller avait préalablement lancé son chien. Pour les féliciter de ce crime, les assassins bénéficièrent d'un congé spécial. Nussberger protesta : « C'est faux, j'ai, au contraire, reproché leur cruauté aux gardiens ! » Mais le président Rosambert coupa court à la discussion, considérant que ce cas était « un lâche assassinat avec préméditation ».

Tout aussi accablante paraissait être l'affaire Jung et Peter, deux Alsaciens à peine âgés de 17 ans qui tentèrent une évasion de Schirmeck en juin 1944. Repris, ramenés au camp, ils durent, devant Buck, Nussberger et Müller, reconstituer leur exploit. En rééditant les phases de l'opération, ils furent brutalisés par Müller et Thurmann. Müller lança même son chien contre eux qui les mordit cruellement. Puis les deux malheureux furent conduits dans le bois tout proche où on les fusilla. Le même soir, des internés découvrirent leurs cadavres sur un tas de charbon. Buck déclara à ce sujet : « Jung et Peter avaient déjà préparé une première tentative de fuite. On avait trouvé le passe-partout qu'ils s'étaient confectionné. Je les ai retirés de l'atelier. » Mais il était établi, par des déclarations qu'on lui avait rapportées, que les deux Alsaciens voulaient rejoindre le maquis et abattre des Allemands. « Je revendique l'entière responsabilité, c'est moi qui ai donné l'ordre d'abattre les deux fugitifs. » Le président, écœuré devant les faits revendiqués, lança à son encontre : « Vous êtes un vil criminel et devriez avoir honte d'avoir lâchement fait assassiner deux enfants de 17 ans. » Buck blêmit, mais ne répondit plus rien. Puis, se ressaisissant, il demanda une confrontation avec le capitaine Lorich, juge d'instruction auprès du tribunal militaire permanent de Metz, qu'il avait repéré devant la salle. Il s'adressa à lui en ces termes : « Monsieur le capitaine, vous rappelez-vous que, pendant l'instruction, j'ai toujours dit la vérité ? Je tiens particulièrement à le souligner, car il s'agit ici de faits graves qui me mettent en cause, ainsi que mes hommes et toute l'Allemagne. »

Le président décida de revenir aux faits. Il cita alors le cas du Polonais Stanislas Wojtaneck. Poussé par la faim, cet homme avait dérobé un lapin du clapier des gardiens et l'avait mangé tout cru. Le malheureux fut liquidé quelques instants plus tard dans une baraque dont sortirent, après le coup de feu, Buck, Nussberger et Weber. Ce dernier se chargea d'enlever le cadavre. Dans un rapport à la Gestapo, Buck avait indiqué que le Polonais avait été abattu lors d'une tentative de fuite. Mais l'acte de décès mentionnait : « mort à la suite d'une crise cardiaque et d'une pneumonie ». Buck déclara : « Je ne puis me souvenir de ce cas. » Nussberger lui emboîta le pas : « Moi non plus. » Quant à Weber, il se contenta de dire : « Je ne sais rien de cette affaire. » Le président les prévint : « Le témoin, qui vous a entendus et vous a vus, vous rafraîchira la mémoire. »

Le tribunal entendit alors Alexandre Baumann. Ce garçon de café à Strasbourg-Neudorf, dénoncé à la Gestapo, fut arrêté pour avoir dit : « Il faudrait couper la tête de Hitler. » Il avait séjourné d'abord cinq mois à la prison de Strasbourg avant d'être envoyé à Schirmeck. À son arrivée au camp et durant plusieurs semaines, il fut battu jusqu'au sang par Buck et ses sbires. Horriblement blessé, il fut laissé trois jours sans soin. Une autre fois il perdit connaissance et resta inconscient durant une demi-journée. « Aujourd'hui, je suis invalide à 100 % », expliqua-t-il à la barre. « Incapable de travailler, je ne touche qu'une pension pour moi et mes cinq enfants. » Il rappela au tribunal qu'il n'avait pas été le seul à subir ce régime et cita le cas de l'abbé Meyer, violemment frappé également parce qu'il refusait de dire qu'il était « un comédien du ciel ». La réponse de Buck fut évasive : « Je n'ai jamais maltraité cet homme : je lui ai, tout au plus, donné une gifle. »

Le témoin suivant, Charles Ungetum, de Longwy, avait du mal à retenir son émotion en se retrouvant face à ses tortionnaires. Le mauvais traitement qu'on lui avait infligé l'avait rendu invalide à 100 %. Il rappela l'expression utilisée à son encontre par Buck lors de son arrivée : « Tu passeras par la cheminée ! » Ce souvenir le mit hors de lui et il traita Buck de noms « qu'il serait difficile de trouver dans un dictionnaire », commenta le journaliste des *Dernières Nouvelles d'Alsace* qui assistait à l'audience. Buck se leva alors pour rétorquer sur un ton à la fois hautain et méprisant : « En raison de l'état de santé du témoin, je renonce à lui répondre ! »

Le Dr Ernest Brenkenmann, de Colmar, médecin âgé de 52 ans, lui succéda à la barre. Il avait été interné au camp de Schirmeck durant onze mois alors que son épouse était incarcérée à Colmar. Tous deux faisaient partie d'une filière d'évasion. Pour commencer sa déposition, il décrivit, de manière objective, les conditions de vie qui régnaient dans le camp et il dressa le portrait d'un Buck terrorisant non seulement les internés, mais également les gardiens. Parce que le Dr Brenkenmann avait exercé les fonctions de médecin du camp, il pouvait affirmer que, durant son séjour, « une trentaine de personnes moururent littéralement de faim ».

Gagner du temps en espérant obtenir un jugement plus clément : telle fut la stratégie des bourreaux poursuivis par la justice. Ce n'est que huit ans après la fin de la guerre, en janvier 1953, que s'ouvrit le procès des dirigeants du camp de Schirmeck, devant le tribunal des forces armées de Metz. De gauche à droite : Karl Buck, Kurt Giegling, Oscar Hoert, Walter Müller, Karl Nussberger et Sigmund Weber.

Les détenus, indiqua-t-il, ne recevaient journellement que 1 000 à 1 300 calories, ce qui était nettement insuffisant. Il parla également de la vie lamentable que l'on infligeait aux Polonais et aux Slaves qui n'étaient autorisés que le matin et le soir à sortir quelques minutes de leur baraquement. Leur alimentation était encore plus mauvaise que celle des autres détenus. Pour la moindre peccadille, on les châtiait sévèrement. Souvent, il les avait entendus hurler de douleurs. Il pansait tant bien que mal leurs blessures. Buck l'avait prévenu dès son arrivée qu'en sa qualité de médecin, il le garderait le plus longtemps possible. Il avait traduit cela par l'expression très imagée : « Vous resterez ici jusqu'à ce que les poteaux télégraphiques fleurissent ! » Le témoin révéla que Buck avait une manie pour l'ordre. Ainsi, l'infirmerie devait-elle être méticuleusement rangée. Il indiqua que Buck avait lui-même aidé à pratiquer une anesthésie lors d'une opération. Toutefois, il révéla également qu'il avait eu à soigner deux femmes devenues folles pour avoir été isolées dans des cellules, et qu'elles étaient arrivées à l'infirmerie entièrement nues. Buck ne trouva rien à répondre à cette déposition accablante, sauf qu'il prétendit avoir tout fait « pour éviter la peine de mort au Dr Brenckenmann et à son épouse ».

Le ton des débats changea lorsqu'on fit entrer dans la salle d'audience, Eugène Stoll, le père d'un jeune interné de 18 ans originaire de Haguenau. Au milieu d'un silence religieux, on écouta le récit sur le sort de son fils. Ce dernier s'était évadé en juillet 1944 d'un commando de travail dans une carrière proche de Schirmeck. Malheureusement, il avait été retrouvé à son domicile en septembre 1944 et ramené sous bonne escorte au camp. Nussberger, à son arrivée, lui avait déclaré : « Regarde une dernière fois tes camarades car tu ne les verras plus ! » Une phrase qui fut confirmée plus tard par les internés présents. Le même soir, Nussberger, Neuschwanger et Giessling, le chauffeur, l'emmenèrent dans la carrière d'où il s'était enfui et le fusillèrent. Au père, on avait adressé une boîte sans un mot, sans une explication, mais contenant les vêtements de son fils maculés de sang...

Buck semblait mal à l'aise. Pour la première fois il rougit, mais ne s'extériorisa pas. Le président commenta : « Pas un mot ! Même devant un père désemparé ! Vous auriez pu au moins exprimer vos regrets. »

L'audience s'acheva par l'audition du témoin Walter Pryde, un technicien de 44 ans, originaire de Marienthal, qui était connu au camp sous le sobriquet de « l'Américain ». Il relata les multiples sévices que lui infligea Nussberger dont il avait été en quelque sorte le souffre-douleur.

Lors de la reprise du procès, le jeudi 15 janvier 1953, l'interrogatoire des accusés était achevé. Désormais, on allait se consacrer aux témoignages. Buck voulut revenir sur l'affaire Stoll : « J'ai conduit Stoll dans la cellule d'arrêt et j'avais reçu l'ordre de faire un rapport sur la façon dont il s'était enfui », expliqua-t-il. « C'est moi qui ai donné l'ordre de la reconstitution », avoua-t-il. « On me signala cependant que Stoll avait été abattu à la suite d'une nouvelle tentative d'évasion. » Giessling crut bon d'ajouter : « Je ne sais absolument rien de cette affaire. » Nussberger surenchérit : « Je n'ai jamais pu prononcer les paroles qu'on me prête, puisque je ne savais pas du tout ce qui allait arriver. »

Giegling, l'homme de main de Karl Buck. (Dernouvel)

L'accusé Weber fait un petit somme au cours de l'audience. Ce «Monsieur» manque vraiment de respect. (Dernouvel)

Müller n'a pas l'air rassuré. (Dernouvel)

Trois des accusés du procès : le chauffeur Giegling, Weber (endormi pendant l'audience...) et Müller, le tristement célèbre maître-chien. Photos parues dans les DNA du 18 janvier 1953.

Buck reprit alors la parole : « Le cas Stoll s'est produit en septembre 1944 alors que les troupes alliées étaient partout signalées. Nous étions en possession d'un plan secret d'après lequel le camp devait être attaqué. Il régnait chez nous une atmosphère très tendue, car nous savions que la patrie était en danger. Beaucoup des faits qui se sont produits alors sont dus à l'extrême nervosité qui régnait dans tous les services. » Il conclut : « Je n'avais aucune hostilité contre Stoll, j'étais prêt à entendre ses déclarations. »

Le président Rosambert lui posa alors la question : « Pourquoi n'avez-vous pas enregistré régulièrement le décès de Stoll ? » Buck, blessé : « J'ai dit la vérité. J'en appelle au témoignage de mes hommes, j'ai donné des ordres correspondants strictement au droit international. » La réplique du président fut cinglante : « C'est pour cela que vous et vos complices apparteniez à une bande de criminels ! » Müller tenta alors de se désolidariser de son chef : « Je n'en faisais pas partie. J'ai simplement assisté au départ de Stoll. » Nussberger voulut également se rattraper : « Si j'ai fait des aveux au cours de l'instruction, c'est que dans mon esprit il y avait confusion. » Par chaque mot, par chaque phrase, les accusés s'enfonçaient un peu plus. Il valait mieux se taire.

Le cas suivant constituait un assassinat tout aussi lâche. Il s'agissait de l'exécution de Charles Degmann. Un certain Meyer, de la Gauleitung de Strasbourg, avait demandé à Berlin la désignation d'un condamné à mort « afin de pouvoir le signaler dans la presse », pour en faire un exemple pour exercer une pression de terreur sur la population alsacienne. De Berlin était venue la réponse de choisir Charles Degmann, interné au camp de Schirmeck depuis 1943. Meyer s'était entretenu « téléphoniquement » avec Buck à ce sujet. L'ordre était urgent, le Gauleiter tenait à fournir un exemple le plus rapidement possible et à le diffuser par la presse. Ce même jour, Degmann, revêtu de ses habits civils, avait été conduit hors du camp et fusillé.

Ce furent Wunsch et Nussberger qui se chargèrent de la sale besogne, tandis que Weber et Giessling assistaient à l'exécution. Nussberger, interrogé à ce sujet par le président Rosambert, reconnut les faits. Buck voulut s'en laver les mains : « J'avais l'ordre d'exécuter en main ; et, comme responsable du camp, j'étais obligé de le faire exécuter. » Cette attitude mit en colère le président qui l'avertit : « N'essayez pas de vous poser en défenseur de l'ordre, car je vous rappelle que vous et vos complices apparteniez à une bande de criminels ! » Nussberger tenta néanmoins de se justifier : « Je considérais comme de mon devoir de donner le coup de grâce au condamné afin qu'il ne souffre pas davantage. J'étais persuadé que l'exécution était légale. » Le président, étonné, fit remarquer : « Je ne comprends pas, alors, pourquoi Buck, dans son rapport à la Gestapo, signale que Degmann a été abattu au cours d'une tentative de fuite. » Buck, honteux d'être pris en flagrant délit : « On m'avait demandé d'établir un rapport en ce sens. » Le président se permit de conclure : « Ce sont des méthodes de gangster en usage dans les pays non civilisés. »

On passa ensuite au cas du commissaire de police Becker. En poste à Strasbourg avant guerre, il avait conduit l'enquête contre les autonomistes pro-allemands qui devait mener Karl Ross devant le peloton d'exécution. De ce fait, il avait été jugé dangereux par les nazis et devait disparaître. Arrêté le 2 août 1944 à Marseille, il avait été transféré au camp de Schirmeck. Buck et le dénommé Meyer de la Gauleitung de Strasbourg décidèrent de le supprimer. Buck

METZ, JANVIER 1953

LE PROCES DES BOURREAUX DE SCHIRMECK
Selon les „tortionnaires" les exécutions étaient légales

BUCK : « JE NE ME RECONNAIS PLUS MOI-MEME »

Dans la soirée de mercredi, le tribunal entendit encore M. Henri Hiescher, 54 ans, de Buhl, qui parla du martyre de deux jeunes Alsaciens qui furent cruellement mordus par les chiens de Muller. Puis M. Arthur Neber de Brunstatt. Celui-ci fut témoins de la mort du Polonais Wojtank, abattu pour avoir volé un lapin. Vint ensuite M. Edelblut, chauffeur à Moussey, et M. Louis Talat, électricien à Mulhouse, qui relatèrent leur vie au camp et quelques-unes des scènes atroces dont ils furent témoins.

Jeudi matin devait se terminer l'interrogatoire des accusés. Le président aborda tout d'abord le cas Stoll, ce jeune Alsacien de 18 ans, abattu sur les ordres de Buck et dont le père était venu témoigner la veille à la barre.

Le jeune homme s'était évadé en juillet 1944 d'un commando de travail. Mme Charpentier l'avait aidé dans sa fuite en lui procurant des vêtements. Malheureusement, Stoll fut rattrapé au mois de septembre à Haguenau et ramené au camp, où Nussberger lui déclara : « Regarde une dernière fois tes camarades, car tu ne les verras plus ». Le même soir Stoll fut conduit par Nussberger, Neuschwander et Giessling dans la carrière, d'où il s'était enfui et fusillé. Son père ne fut jamais avisé de la mort de son fils, on lui retourna simplement quelques vêtements et du linge.

Buck : J'ai conduit Stoll dans la cellule d'arrêt et j'avais reçu l'ordre de faire un rapport sur la façon dont il s'était enfui. C'est moi qui ai donné l'ordre de la reconstitution. On me signala cependant que Stoll avait été abattu à la suite d'une nouvelle tentative d'évasion.

Giessling : Je ne sais absolument rien de cette affaire.

Nussberger : Je n'ai jamais pu prononcer les paroles qu'on me prête, puisque je ne savais pas du tout ce qui allait arriver.

Parmi les témoins de gauche à droite : Charles Ungetum, Alexandre Baumann et le Dr Ernest Brenkmann, tous les trois internés à Schirmeck.
(Dernouvel)

La patrie en danger

Buck déclare alors : « Le cas Stoll s'est produit au mois de septembre 1944 alors que les troupes alliées étaient partout signalées. Nous étions en possession d'un plan secret d'après lequel le camp devait être attaqué. Il régnait chez nous une atmosphère très tendue, car nous savions que la patrie était en danger. Beaucoup de faits qui se sont produits alors ont dû à l'extrême nervosité qui régnait dans tous les services. Je n'avais aucune hostilité contre Stoll, j'étais prêt à entendre ses déclarations. »

Le président : Pourquoi n'avez-vous pas enregistré régulièrement le décès de Stoll ?

Buck : J'ai dit la vérité. J'en appelle au témoignage de mes hommes ; j'ai donné des ordres correspondants strictement au droit international.

Le président : C'est pour cela que vous et vos complices appartenez à une bande de criminels.

Muller : Je n'en faisais pas partie, j'ai simplement assisté au départ de Stoll.

Nussberger : Si j'ai fait des aveux au cours de l'instruction, c'est dans mon esprit il y avait confusion.

Nussberger avoue dans le cas Deymann

M. Charles Deymann fut, lui aussi, lâchement assassiné. Un certain Meyer de la Gauleitung de Strasbourg avait demandé à Berlin au nom d'un condamné à mort, afin de pouvoir le signaler dans la presse et faire ainsi pression sur la population alsacienne. De Berlin on lui signala qu'un certain Charles Deymann se trouve depuis 1942 au camp de Schirmeck et qu'il ferait très bien l'affaire. Mayer s'entendit téléphoniquement avec Buck, auquel il déclara qu'il s'agissait d'une affaire urgente, parce que le Gauleiter tenait à donner un exemple le plus rapidement possible et à le signaler à la presse. Le même jour, Deymann fut revêtu de ses habits civils, conduit hors du camp et fusillé. C'est Wunsch et Nussberger qui l'abattirent pendant que Weber et Giessling assistaient comme témoins, à l'exécution.

Nussberger reconnaît les faits. Buck : J'avais l'ordre d'exécution en mains et comme responsable du camp, j'étais obligé de faire exécuter.

Le président : N'essayez pas de vous poser en défenseur de l'ordre, car je vous rappelle que vous et vos complices appartenez à une bande de criminels.

L'accusé Muller fait un croquis pour désigner l'endroit où furent tués les deux jeunes Français Bernard et Maleze. A droite, Me Barthelemy.
(Dernouvel)

Une vue partielle de la salle d'audience. (Dernouvel)

ARCHIVES DNA

Compte-rendu d'audience à Metz, dans les DNA du 16 janvier 1953.

ordonna alors à Neuschwanger et Muth d'emmener le commissaire Becker hors du camp, de l'abattre et d'envoyer le cadavre au four crématoire du Struthof. Là encore le rapport de Buck mentionna : « abattu au cours d'une tentative d'évasion ». Buck commente, très sûr de lui : « J'avais l'ordre d'exécution en main. On m'avait confirmé que Becker n'avait pas été condamné à mort pour ses déclarations au cours du procès des autonomistes, mais pour ses menées anti-allemandes à Marseille. »

Le témoin Morelli, de Bischwiller, évoqua le martyre de trois Polonais auxquels on avait fait des « piqûres » et qui disparurent de façon mystérieuse. De nouveau, Buck avait la mémoire défaillante : « Seuls les médecins pourraient donner des renseignements. » Mais l'émotion fut perceptible dans la salle lorsqu'une mère rendit compte du calvaire enduré par son fils. Le jeune homme, originaire de Riedisheim, avait été arrêté à Mulhouse pour avoir arraché des affiches nazies et déchiré des drapeaux hitlériens. Elle-même avait été incarcérée à Schirmeck parce qu'elle avait brûlé certains de ces objets. Elle fit donc un long récit décrivant le régime de terreur qui régnait dans les baraques des femmes. À la moindre peccadille, on leur rasait la tête. Le pain était tellement mauvais qu'aujourd'hui on ne le donnerait pas aux porcs !

Son fils se trouvait dans un état d'épuisement total lorsqu'on le libéra. À son retour de Schirmeck, il ne pesait plus que 46 kilos. Malgré les soins pratiqués à l'hôpital civil de Strasbourg, il mourut à Noël 1942. Buck crut bon d'insister : « Ce jeune homme fut renvoyé en raison de son état de santé et aussitôt qu'il fut en possession du certificat médical. » Le président ne se laissa pas prendre à ce jeu. « Ce sont des méthodes de gangsters », répéta-t-il.

Dans l'après-midi, on entendit encore le docteur Poirot qui fut pendant un certain temps, comme interné, médecin au camp. Son témoignage fut accablant : « On n'obtenait de médicaments que pour soigner les épidémies qui éliminaient le potentiel de travail que représentaient les internés. » Devant soigner Buck pour sa jambe malade, il avait pu examiner l'individu sous toutes ses coutures. « C'est un être médiéval, dit-il. Il aimait la musique des troubadours, mais il aimait aussi la musique de Wagner. » C'était aussi un hitlérien sadique. Le « surhomme », c'était lui. Il considérait les détenus comme des intermédiaires entre l'animal et l'homme. Son sadisme était tellement grand que, lorsqu'il revenait de l'exécution d'un Polonais, il déclarait chaque fois : « C'était très beau ! » et trouvait le moment propice pour écouter du Wagner. « Les autres nazis, éduqués par le contact d'un tel homme, ne pouvaient que devenir sadiques à leur tour », conclut le médecin.

Vint ensuite le tour de Mme Eschnacker, de Souffelweyersheim, dont la déposition impressionna l'auditoire. Elle rappela que son mari avait été interné pendant sept mois à Schirmeck et mourut quelques jours après sa libération. Il ne pesait plus que 48 kilos. Buck lui avait donné un coup de pied dans le ventre dont le malheureux devait mourir. Buck, interpellé par le président, répondit évasivement : « Il s'agit ici d'un cas tout à fait spécial et je n'ai rien à dire. » Le président insista : « Même pas un mot de regret ou d'excuse pour cette pauvre femme ? » Sans rien obtenir.

On appela alors à la barre Joseph Maltz, d'Ostwald. Cet homme de 72 ans réclama justice pour la mort de son fils. Il s'étonnait que, huit ans après la guerre, les meurtriers ne soient toujours pas châtiés. Son fils avait séjourné quatre mois à Schirmeck. Un jour, le père avait reçu la visite d'un agent de la Gestapo qui l'avait invité à venir prendre son fils malade. En raison de son épuisement et des mauvais traitements endurés, on avait dû le transporter sur une civière dès le départ du camp. Il fut hospitalisé le jour même à l'hôpital civil de Strasbourg où il mourut dans la nuit. Le père tira alors une photographie de sa poche. On la passa à Buck. Découvrant les traits de sa victime, Buck réagit : « Je regrette », finit-il par balbutier, « j'aurais certainement porté remède à cette situation si j'en avais été informé. » Puis, fixant à nouveau la photo, il perdit toute retenue : « Monsieur le président, si j'avais su... Je regrette infiniment. » Pour la première fois, il paraissait avoir une réaction humaine. Complètement effondré, il constata : « Je ne me reconnais plus moi-même. » Jouait-il la comédie ou était-il enfin sincère ?

D'autres témoins expliquèrent comment Müller lançait son chien contre les internés, comment les gardiens s'accaparaient des paquets envoyés par les familles. Des centaines de rations de victuailles furent ainsi détournées, mais Buck et ses complices ne se souvenaient toujours de rien. On évoqua également le sort des détenus enfermés dans les cellules qualifiées de « bunkers », les privations et les mauvais traitements qu'on leur avait infligés. On rappela également que les réfractaires à l'incorporation de force furent envoyés à Schirmeck ; ils y passèrent une mascarade de conseil de révision avant d'être envoyés dans un régiment disciplinaire sur le front russe pour servir de chair à canon. Il était 18 h 30 lorsque la séance fut levée.

Vendredi 16 janvier 1953, dès 9 heures du matin, l'audition des témoins se poursuivit au procès des tortionnaires de Schirmeck. Marcel Sonntag, de Riedisheim, fut le premier à être entendu par le tribunal. Il avait connu une longue période de détention et avait assisté à plusieurs scènes d'horreur. Mais ce qui avait le plus marqué sa mémoire, ce fut le « matraqueur » Weber qui s'acharnait sur ses victimes « avec une brutalité sans pareil », dira-t-il, et ce, « dans le seul but de gagner les bonnes grâces de ses chefs ». Il assista également aux préparatifs de l'assassinat du Polonais Wajtoreck, pour lequel il fournit quelques détails supplémentaires. Buck l'interrompit : « Je prends l'entière responsabilité dans le cas Wajtoreck. L'ordre d'exécution m'était parvenu de Berlin car il s'agissait d'un individu très dangereux. » Le président rétorqua aussitôt : « Sans doute n'était-il pas aussi dangereux que vous et vos complices ! »

Marcel Sonntag avait vu également Nussberger lancer des chiens contre les deux Alsaciens Jung et Peter, mais l'accusé, interrogé à ce sujet, ne se souvenait de rien. Cette affaire fut reprise par le témoin suivant, Alphonse Pfleger, de Pfastatt, qui avait passé plus d'un an à Schirmeck et se trouvait affecté au commando de Wackenbach au moment des faits. Il avait pu voir dans quel état les deux jeunes gens furent ramenés à la carrière par Buck, Nussberger, Thurmann et d'autres. Tous deux étaient déjà blessés et couverts de sang quand on les obligea à reconstituer leur évasion. On lança sur eux les chiens et tous deux tombèrent à genoux, implorant en vain la grâce de leurs bourreaux. Il rappela que, le jour suivant, deux gardiens, Muth et Thurmann, se vantèrent d'avoir abattu les deux fugitifs. Buck, calmement, lui répondit : « Je reconnais avoir donné l'ordre de les abattre. »

Ces éléments furent corroborés par le témoignage de Louis Muckle, de Schiltigheim. Il avait passé deux ans à Schirmeck parce que ses trois fils avaient fui l'Alsace pour ne pas être incorporés dans la Wehrmacht. Il fit sa déposition en alsacien : « Je ne connais malheureusement pas la langue française, mais je suis français dans l'âme et fier d'avoir pu soustraire mes trois fils à la Wehrmacht et d'avoir aidé d'autres internés du commando de Wackenbach dans leur fuite », expliqua-t-il. Puis, regardant bien en face les accusés, il déclara : « Mon sang ne fait qu'un tour, quand je vois ces bandits. » L'émotion était trop forte, il en arriva à les insulter. On frôla l'incident. Le président calma tout le monde et le témoin confirma le récit précédent. Il avait assisté, en se cachant, à la reconstitution de la scène d'évasion. Jung et Peter perdaient déjà leur sang en abondance et demandaient grâce lorsqu'ils furent matraqués, puis mordus par les chiens. Enfin on les avait conduits dans le bois tout proche et il avait entendu nettement les deux coups de feu mortels.

Le témoignage de René Schlagdenhaufen, directeur de banque à Strasbourg, apporta un éclairage nouveau : « Les internés, dans l'espoir de sauver leur vie, devaient se soumettre aux traitements les plus cruels », dit-il. Il donna pour exemple le cas des frères Sowa qui, « après avoir été terriblement maltraités, espérèrent être admis dans une baraque où le régime serait moins dur ». Il parla ensuite à la décharge de Weber : « Sans son aide, je ne serais sans doute plus en vie. » Il reconnut avoir passé avec lui un marché. Il avait compris que Weber voulait être garde-chasse. Il s'était donc engagé à l'embaucher à ce poste, la guerre terminée. Weber crut bon d'ajouter : « Si tous les anciens détenus venaient dire la vérité au tribunal et rendre compte des services que je leur ai rendus, je ne resterais sans doute plus longtemps sur le banc des accusés. » Pour un gardien surnommé « le Matraqueur », il dépassait les bornes. Bien sûr, son attitude était devenue plus humaine lorsqu'il avait senti que la guerre était perdue pour l'Allemagne et que la Libération approchait. Mais de là à lui délivrer un *satisfecit*...

L'audience de l'après-midi débuta par le témoignage de l'abbé Pabst, curé à Barembach, qui avait vécu au camp jusqu'en 1944. Il vint déposer en faveur de Weber qui, selon lui, avait rendu de grands services aux détenus. En revanche, il souligna que les autres accusés n'avaient pas plus d'égard pour les prêtres que pour le reste des internés. Il rappela que les abbés Marchal et Haumesser furent ainsi odieusement maltraités. Cette fois, ce fut le commissaire du gouvernement qui l'interrompit en lui posant la question : « Estimez-vous que les sévices au camp, tels que les bastonnades, étaient justifiés ? » Sa réponse fut claire : « Non, ces sévices n'étaient pas justifiés. »

La déposition de Paul Violet, de Labroque, allait revêtir une haute importance pour l'affaire Bernard et Malaizé. En effet, le témoin rapporta qu'il se trouvait sur le chemin forestier lorsqu'il vit les deux malheureux couchés dans la neige à quelques pas de lui. Ils vivaient encore, mais étaient gravement blessés. Il avait vu des traces de sang montrant qu'on les avait traînés sur une certaine distance. Quand il était arrivé à leur hauteur, les gardiens l'avaient menacé de leur arme, le sommant de poursuivre son chemin. Quelques instants plus tard, il avait entendu le claquement sec des deux coups de feu. Il comprit qu'on leur avait administré le coup de grâce. Selon lui, c'était Müller qui avait tiré, mais celui-ci, offusqué, protesta et accusa Thurmann et Muth.

Toujours pour la même affaire, on entendit Marcel Ober qui vivait au moment des faits à Schirmeck. Lui aussi était passé sur le même chemin, mais quelque temps avant Violet. Son récit divergeait quelque peu du précédent, mais sa conviction était la même : c'était Müller qui avait abattu les deux fuyards. D'ailleurs, le témoin avait voulu leur porter secours, mais Müller s'était interposé et le lui avait interdit, déclarant que ce n'était que deux Russes qui avaient tenté de s'enfuir. Comme Violet, le témoin avait trouvé des lambeaux de vêtements et de chair et des traînées de sang dans la neige. Mais il affirma que Müller tenait un fusil, et non une mitraillette. Il faut dire que neuf ans avaient passé et que la scène s'était déroulée en forêt, en hiver et en fin de journée.

Pierre Gsell, de Strasbourg, compléta leur déposition. Il avait été appelé un soir à conduire la camionnette du camp dans laquelle on avait, selon lui, jeté les deux cadavres des fusillés Bernard et Malaizé. Nussberger et Giegling ne se trouvaient pas dans la camionnette, mais dans une petite voiture qui la précédait. Il avait dû prendre livraison des corps sur la route à proximité du lieu d'exécution, mais il n'avait pas entendu les coups de feu. Dès lors, l'assassinat était imputable ou à Müller, ou à Nussberger ou à Giegling. Néanmoins, les trois continuèrent à nier.

Parmi les autres témoins qui défilèrent encore à la barre pour cette quatrième journée du procès, relevons encore la description de Buck que fit Schmitt, professeur à Sainte-Marie-aux-Mines. Pour lui, Buck représentait « l'âme du terrorisme hitlérien en Alsace ». « Ce n'est pas la Gestapo qui faisait marcher Buck, jugea-t-il, mais Buck qui faisait marcher la Gestapo. » Cela permettait de comprendre qui influençait qui, qui faisait peur à qui, qui avait l'ascendant sur qui – bref, qui était le plus fanatique ! Debes, professeur à Strasbourg, et Wurt, gendarme à Guebwiller, expliquèrent comment Hoert s'acharnait sur eux sans raison valable, par pur sadisme. Schuh et Meyer relatèrent la manière dont on les emmena un soir par camion à Moussey alors qu'ils étaient internés à Schirmeck, et comment, contre leur gré, ils durent mettre à sac et déménager plusieurs appartements ainsi que la maison du garde-chasse. Il était 19 heures lorsque le président leva la séance[129].

Samedi matin, lors de la reprise du procès, on voulut en terminer avec l'audition des témoins à décharge, mais ceux-ci brillèrent tous par leur absence. Certains s'étaient excusés par lettre pour raison de santé, d'autres devaient se rendre à Bordeaux au procès d'Oradour, mais la grande majorité n'avait pas donné signe de vie. Vraisemblablement, ils ne voulaient pas témoigner en faveur de cette clique de tortionnaires et de criminels. On continua donc à entendre les témoins à charge.

Julien Frey, 27 ans, de Thann, fut appelé à la barre. Il avait été arrêté à 16 ans, en 1942, pour son activisme antinazi. Ancien scout, il avait utilisé ce mouvement dissous en Alsace par le régime hitlérien pour former un réseau de résistance. Les quelques jeunes qui le composaient défiaient les membres de la Hitlerjugend, se moquaient d'eux et arrachèrent des affiches de propagande et des drapeaux nazis. Dénoncé, arrêté, Julien Frey avait fini par être enfermé dans une cellule disciplinaire au camp de Schirmeck. Là, ce fut l'horreur. Il avait pour compagnon d'infortune un jeune Polonais, plus jeune que lui puisqu'il n'avait que 12 ans. « Les internés y étaient maltraités à longueur de journée, dit-il, et le régime alimentaire y était encore pire [que dans le reste du camp]. Nous n'avions souvent rien à manger du tout. » Il se souvenait également que, les jours où Hitler prononçait un discours radiodiffusé, il était retransmis par haut-parleurs dans le camp. Les internés devaient se tenir au garde-à-vous dans la cour pendant tout ce temps, alors que la soupe refroidissait devant la porte des baraques. Le président demanda, intrigué : « Vous jeûniez alors les jours de fête ? »

Frey dénonça surtout Hoert, Wunsch et Weber de l'avoir torturé. Buck avait déclaré à sa mère, également internée à Schirmeck, que son fils allait être fusillé. Buck, pour tout commentaire, se contenta de dire : « Il est possible qu'un jeune Polonais se soit trouvé dans la baraque disciplinaire, mais il avait certainement plus de 12 ans et, du reste, je ne me souviens pas de lui. » Hoert, de son côté, acquiesça : « Je reconnais avoir frappé le témoin. Cependant, il est regrettable que son camarade Kluth ne vienne pas à la barre, car il pourrait confirmer que j'ai partagé avec lui tous les paquets que j'ai reçus de ma famille. » Qui croire ? Comment la même personne, dans des circonstances semblables, pouvait-elle se montrer exécrable envers l'un, et compréhensible, presque humaine, avec l'autre ?

Puis René Stolz, 32 ans, ingénieur agronome à Rouffach, vint contredire Buck. Celui-ci prétendait toujours que le rouleau-compresseur utilisé sur les chantiers était actionné par au moins une trentaine d'hommes et que jamais ceux-ci n'avaient été astreints à fournir des efforts au-dessus de leur possibilité. Selon René Stolz, ce furent plus souvent huit, même parfois deux internés seulement, qui furent obligés de tirer la lourde machine. Lorsqu'ils s'effondraient, à bout de force, les bourreaux les redressaient à coups de matraques. Le témoin se souvint également qu'il dut, à plusieurs reprises, nettoyer le garage des nombreuses flaques de sang provenant de l'exécution de ses compagnons d'infortune. Il rappela également que le régime alimentaire était si mauvais qu'en moins de trois mois, il avait perdu 25 kg.

Robert Krieger prit le relais. Originaire de Labroque, âgé de 31 ans, il avait passé quelques mois à Schirmeck. « Par le plus grand des hasards », expliqua-t-il, il avait traversé le bois de Wackenbach au moment où les deux jeunes Alsaciens Jung et Peter furent abattus. Assis sur la charrette de foin, il avait vu un gardien, un pied posé sur un cadavre, allumant une cigarette, pendant que l'autre prisonnier, à genoux devant le second gardien, attendait le coup de grâce. Il vit ainsi comment on liquida le second d'une balle dans la tête. Mais il ne put identifier ces gardiens.

Albert Herb, 48 ans, de Bischheim, fournit des précisions dans le cas de Degmann. Ce dernier, selon ses dires, aurait porté dans un livre la mention «Vive la fuite!» Peu de temps après qu'un gardien eut découvert la chose, les haut-parleurs diffusèrent la nouvelle que Degmann avait été condamné à deux ans de prison. Il avait également assisté à une conversation au cours de laquelle Weber avait donné les détails sur les exécutions. Ce dernier, sans doute fatigué d'entendre toujours les mêmes accusations portées contre lui, se permit de faire un petit somme en pleine audience. Les journalistes n'hésitèrent pas à le prendre ainsi en photo, et cette image fit le tour des journaux locaux[130].

Herb décrivit également l'état de certaines cellules aux murs couverts de taches de sang. Il considérait Weber comme «un des bourreaux les plus implacables». Enfin, terminant son exposé, il demanda «au nom des camarades vivants et morts de la Résistance, un châtiment exemplaire des criminels». Cette dernière phrase sans doute réveilla Weber qui déclara: «Je prends Dieu à témoin, je n'ai frappé que lorsque j'en ai reçu l'ordre et qu'il m'était impossible d'agir autrement. Jamais je n'en ai pris moi-même l'initiative.»

Les débats se poursuivirent par l'audition de deux témoins à décharge qui avaient fini par se manifester. On entendit ainsi Alfred Anselme, dentiste à Schirmeck, qui était intervenu au camp pour administrer des soins aux internés. Il témoigna en faveur de Giegling qui, à cette occasion, fit preuve d'un sentiment humain envers les détenus. C'est ainsi qu'il avait accepté que le dentiste remette des denrées alimentaires aux plus affamés. Sur interpellation du président, il dut néanmoins reconnaître que, certains jours, il entendait des cris de douleurs poussés par les internés qu'on torturait dans l'une ou l'autre baraque. De plus, précisa-t-il, beaucoup d'entre eux souffraient de gingivites, en raison de leur sous-alimentation.

Le second témoin à décharge fut le père capucin Raymond Wolf du couvent de Koenigshoffen. «En ce qui concerne Giegling, affirma-t-il, il n'a jamais eu une attitude qui puisse le charger sérieusement. » Toutefois, comme il ne se rappelait d'aucune exécution commise dans le camp, le commissaire du gouvernement se permit de mettre en doute son témoignage. « Un témoin qui n'a rien su ne peut avoir vu Giegling maltraiter quelqu'un », lança-t-il à la défense. On auditionna encore trois autres témoins dont les dépositions n'apportèrent rien de nouveau avant que l'audience ne soit levée à 11 h 45[131].

Lundi 19 janvier 1953, le procès reprit. Le public était toujours aussi nombreux. On était au septième jour d'audience. On commença par l'appel des témoins convoqués pour la journée. Le greffier constata, à regret, que 23 témoins étaient défaillants. Un seul avait répondu présent, qui d'ailleurs ne put apporter rien de neuf. Pour de nombreux anciens internés de Schirmeck, ce procès venait beaucoup trop tard. Ils voulaient oublier ou craignaient que la confrontation avec les tortionnaires ne ravive d'anciennes blessures mal cicatrisées. D'autres se refusaient à être des témoins à décharge, ne voulant pas contribuer à minimiser la responsabilité des bourreaux. Ce n'était pas parce que ceux-ci avaient pu une fois se montrer compatissants, que les sentiments humains leur étaient revenus et qu'ils avaient rejeté toute sauvagerie brutale. D'autres victimes voulaient presque en découdre, envahies par leur douleur ; elles n'hésitèrent pas à interpeller les accusés, à les apostropher, à les injurier même, traduisant ainsi leur mépris et leur haine : « C'est vous qui avez tué mon mari ! C'est vous qui avez assassiné mes enfants ! C'est vous qui avez pendu mon fils ! » À plusieurs reprises, on avait frôlé l'incident. Mais, grâce à la vigilance du président Rosambert, à la retenue du commissaire du gouvernement, le commandant Mourel, et à la neutralité du jury, le dérapage fut évité.

Le président, plutôt que de sévir contre les absents, préféra que le greffier lise les nombreuses lettres des témoins qui n'avaient pu assister aux débats. L'une de ces lettres rappela que l'institut d'éducation privé catholique de Zillisheim au grand complet, professeurs, élèves, adolescents, s'était retrouvé à Schirmeck. Mais ce furent les lettres des femmes, anciennes internées, qui furent les plus émouvantes. En raison des révélations qu'elles contenaient, elles expliquaient l'absence de ces témoins à la barre. Ainsi Caroline Muller écrivit qu'un jour deux gardiens la firent sortir de sa baraque et la conduisirent au bureau de Buck. Sur ordre de ce dernier, ils la déshabillèrent et la maltraitèrent : coups de poing, coups de pied, gifles. Elle fut ramenée dans sa baraque couverte de sang. À cette lecture, Buck protesta : « Jamais aucune femme n'a été dévêtue ni maltraitée en ma présence. » Pourtant, une deuxième lettre relatait des faits similaires. Cette autre femme avait été également amenée au bureau de Buck. Celui-ci lui donna l'ordre de se déshabiller en présence d'un médecin SS au prétexte d'une auscultation. Buck se serait même moqué cruellement du physique de cette pauvre femme. À nouveau, il protesta vigoureusement : « J'aurais eu honte d'agir de la sorte ! » cria-t-il.

D'autres lettres mettaient en cause le *Hundemüller* qui faisait des « propositions immorales » aux sœurs ou aux épouses des détenus en visite au camp, leur promettant en contrepartie un traitement de faveur pour leur parent. Il n'y eut aucune réaction face à ces accusations.

Les débats évoquèrent également les horreurs perpétrées lors de certains travaux extérieurs au camp. Le commando d'Entzheim semble avoir atteint le sadisme le plus abject. Les jeunes recrues de la Luftwaffe, en accord avec les gardiens, avaient inventé un jeu terrifiant, soi-disant pour punir les travailleurs récalcitrants. Ils les enterraient dans le sol sablonneux jusqu'au cou, puis ils déposaient autour de la tête de la victime des bouteilles de bière vides. Ils se livraient ensuite à des exercices de torture : ainsi, à l'aide d'une grande faux, ils s'essayaient à faucher l'herbe au plus près de la tête ou pratiquaient des exercices de tir.

Tous les témoignages ayant été entendus, la défense réagit. Mᵉ Barthélemy déposa alors des conclusions en faveur de Hoert et Giegling. Elle demanda au tribunal l'abandon contre eux de la poursuite pour association de malfaiteurs et, en outre, pour Hoert seul, la disqualification pénale du crime qui lui est reproché, en coups et blessures intentionnels. En effet, elle se basait sur le fait que les deux n'étaient pas volontaires, mais avaient été régulièrement mobilisés comme gardiens dans la police. L'avocat du barreau de Metz s'appuyait sur un jugement du tribunal de Nuremberg et sur la décision judiciaire prise dans l'affaire des généraux allemands ayant détruit Gérardmer. Le commandant Mourel, sentant le piège jurisprudentiel se refermer sur ce procès, s'opposa vigoureusement à l'adoption de ces conclusions. Il en demanda le rejet pur et simple. Le tribunal, après plus d'une heure de délibérations, décida que la question de l'excuse absolutoire serait posée et que les autres demandes seraient jointes au fond des débats. L'audience fut levée à 13 h 30 et la prochaine séance fixée au lendemain 9 heures[132].

Les débats reprirent le mardi 20 janvier 1953 par l'audition des deux derniers témoins susceptibles d'éclaircir l'affaire Bernard et Malaizé. Le premier fut Louis Sillet, 66 ans, de Labroque. Le soir du meurtre, raconta-t-il, il se trouvait avec deux autres personnes sur la route de Fréconrupt. Il était catégorique : « Vers 20 heures, j'entendis nettement deux coups de feu tirés à faible distance. Un peu plus tard, c'est-à-dire un peu plus loin, j'aperçus les cadavres des deux victimes et je relevai les traces de sang prouvant qu'ils avaient été traînés dans la neige. » Il précisa que les deux malheureuses victimes étaient couchées sur le ventre. À peine s'était-il approché de la scène du drame, que les gardiens surgirent et lui intimèrent l'ordre de poursuivre sa route.

Buck, qui avait suivi avec intérêt ce témoignage, demanda alors la parole. Il fit valoir qu'un autre témoin avait déjà déclaré, à ce sujet, qu'à l'aide d'une lampe de poche dirigée sur les yeux de Bernard et Malaizé, il avait pu constater que ces derniers n'étaient pas morts. Puis, le témoin Violet avait déclaré de son côté que les deux cadavres étaient étendus sur le dos et qu'il avait pu relever une plaie profonde sur la poitrine de l'un d'eux. Et maintenant, Louis Sillet croyait se rappeler que le gardien Müller était armé d'une mitraillette. Ce terme fit bondir Müller : « Je n'ai jamais possédé une telle arme, pas plus que je ne comprends pourquoi, au cours de l'instruction, il n'est jamais fait état du témoin qui dépose aujourd'hui. » Le président commenta, en essayant de les intimider : « Est-ce là tout ce que vous avez à dire pour votre défense dans un meurtre aussi odieux ? »

Le deuxième témoin fut Gustave Paquet, 63 ans, également de Labroque. Le soir de l'assassinat, il se trouvait en compagnie de Sillet et de Violet sur la route de Fréconrupt. Il avait entendu également très distinctement vers 20 heures deux coups de feu et constata, d'après les traces laissées dans la neige, que des corps avaient été traînés sur une certaine distance. Très rapidement, il aperçut les corps de Bernard et Malaizé qui, selon ses dires, vivaient encore. Il ne pouvait d'ailleurs faire d'autres constatations étant donné qu'on l'invita également à passer son chemin immédiatement.

Les deux dépositions de ces nouveaux témoins concordaient, mais divergeaient légèrement de celle de Violet. Ce dernier fut donc rappelé à la barre. Il réitéra sa première déposition et confirma notamment que l'une des victimes portait une profonde blessure à hauteur de la poitrine. On confronta les trois témoins. Sillet et Paquet durent alors reconnaître que Violet était mieux placé qu'eux pour se rendre compte de l'état des victimes. Le président considéra dès lors que l'affaire était réglée. Mais Me Eisele, l'un des défenseurs, voulut tirer avantage de cet incident pour prouver que les déclarations du témoin Gsell devaient être retenues avec une certaine réserve puisque personne n'avait vu la seconde voiture avec laquelle Nussberger se serait rendu sur les lieux du meurtre. Bref, il voulait prouver qu'un témoignage pouvait être fragile, que, dix ans presque après les faits, on pouvait se tromper et que Nussberger pourrait ne pas avoir trempé dans cet assassinat. Buck demanda alors la parole au président qui, tout en la lui accordant, lui fit remarquer : « Vous feriez mieux de vous défendre vous-même. » Savait-il que les deux hommes se haïssaient ? Buck était le chef du camp et ne se privait pas de donner des ordres à Nussberger qui, comme chef de la police, se sentait humilié face à ses hommes. La mésentente entre les deux était connue de tous au camp. Buck voulait-il en profiter pour régler ainsi ses comptes ? On ne sait, car il avait également le sens aigu du devoir à accomplir[133] et aimait se donner de l'importance en jouant les grands seigneurs. Il se dressa donc dans son box et, d'un ton solennel, déclara : « Comme ancien chef de Müller, qui fut pendant près de quatre ans sous mes ordres, je tiens à dire qu'il n'exécuta jamais de bon gré les ordres qu'on lui donnait. C'est un simple fils de paysan, pas très intelligent. Il a donné une version exacte dans ce cas, et je pense qu'on peut lui faire confiance. Je prie donc le tribunal de ne pas l'impliquer dans le meurtre de Bernard et Malaizé. »

Le président préféra ne pas relancer l'affaire ; il devait clore les débats et donna immédiatement la parole au commissaire du gouvernement pour son réquisitoire. Après dix jours d'audience, le procès entrait dans sa phase finale.

Le réquisitoire

« Nous devons condamner en 1953 des criminels incarcérés depuis 1945 », commença par rappeler le commandant Mourel. « Avec raison, on a pu s'étonner de la lenteur de l'instruction. » « Si ces criminels se trouvent seulement dix ans après leurs méfaits sur le banc d'infamie, le fait n'en incombe cependant pas au juge d'instruction, mais uniquement à ces êtres qui, pendant de longues années, ne furent même plus des hommes et traitèrent d'autres hommes comme du véritable bétail humain », constata-t-il. « Dans l'intention de retarder toujours davantage leur comparution devant leurs juges, ils se servirent de toutes les ficelles de la procédure. » Le commissaire du gouvernement avait vu juste. Le premier objectif des accusés et de leurs défenseurs était de retarder le plus possible ce procès, car le temps jouait en leur faveur. Puis, avec calme et assurance, il prouva que le camp de « rééducation » ou, mieux, de « sûreté » de Schirmeck avait été créé à l'encontre du droit international. Tous les internés y avaient été considérés comme des criminels politiques. Il s'éleva contre la conception qui aurait voulu qu'à Schirmeck il y ait eu de « bons » et de « mauvais » détenus. S'il pouvait se trouver des condamnés de droit commun mélangés aux autres, cela prouvait une fois de plus que les nazis ne faisaient aucune différence entre ces derniers et des patriotes, des opposants politiques[134].

Seize meurtres avaient pu être irréfutablement identifiés comme relevant de la responsabilité des accusés. Ces crimes furent commis en réunion, à travers l'organisation du camp. Ainsi Buck n'avait-il pas été seulement le « chef de cette bande » de ces criminels. Il en avait été l'inspirateur ; c'était lui qui donnait les ordres que les autres exécutaient à la lettre. Dans la plupart des cas, il s'agissait d'assassinats, la préméditation ne faisant aucun doute étant donné les préparatifs qui précédaient l'opération. Le maquillage du crime après l'exécution démontrait parfaitement la mauvaise conscience des criminels, et donc leur sentiment d'avoir répondu à un ordre parfaitement illégal. De ce fait, l'ordre reçu ne pouvait leur servir d'alibi. Cette argumentation valait tout spécialement pour Buck qui envoyait de faux rapports à ses chefs. Mais de manière générale, tous ces accusés s'étaient rendus coupables solidairement d'actes de barbarie et de crimes contre l'humanité.

Au vu de tous ces éléments, le commissaire du gouvernement demanda la peine de mort pour Buck, Nussberger, Müller et Giegling. Il admit des circonstances atténuantes pour Weber, contre lequel il réclama les travaux forcés à perpétuité, et pour Hoert, qui n'avait fait qu'un court séjour à Schirmeck, et contre qui il requit une peine de travaux forcés à temps.

Buck et Nussberger écoutèrent avec un air digne et intéressé le réquisitoire du commandant Mourel qui parlait en français, et dont ils ne comprenaient que des bribes. Ils semblaient avoir perçu la notion de peine capitale. Ils l'avaient déjà entendue préalablement en anglais à Wuppertal et en français à Rastatt. Müller, l'« homme au chien », paraissait prostré et pleurait dans le box. Quant à Hoert, Giegling et Weber, ils semblaient somnoler sur leur banc, complètement absents, selon les commentaires des journalistes[135].

Les plaidoiries de la défense

L'après-midi de cette huitième journée d'audience, on en vint aux plaidoiries. Mᵉ Eisele, avocat de Müller, parla en premier. Il fit d'abord un exposé général du procès, prenant la défense de tous les accusés. Il mit ainsi le tribunal en garde, lui demandant de ne pas tomber dans ce qu'il appelait « la psychose concentrationnaire ». Il chercha par tous les moyens à minimiser le régime du camp de Schirmeck, un camp de sûreté où la détention administrative se faisant en principe pour un temps déterminé. Même si le régime alimentaire était mauvais, on avait de grandes chances d'en revenir, jugea-t-il. Puis il en vint au dossier Müller. Il insista sur le fait que sa participation à l'assassinat de Bernard et Malaizé n'était nullement établie. On ne pouvait, selon lui, infliger la peine de mort à un inculpé qui n'avait pas participé activement au crime. Si sa présence pouvait le rendre éventuellement complice, rien ne prouvait sa participation active. Le rôle de l'avocat était de jeter le doute dans l'esprit des jurés. Il remettait en cause les certitudes. Était-il parvenu à modifier l'intime conviction des membres du jury ? Rien n'était moins sûr.

La parole passa alors à Mᵉ Barthélemy qui assumait spécialement la défense de Giegling. D'emblée, elle tenta de démontrer que le commissaire du gouvernement n'avait pas apporté la preuve de la participation de son client aux différents meurtres évoqués au cours des débats. Brillamment, elle exposa qu'on ne pouvait étayer une telle accusation avec des récits «littéraires», mais qu'on devait se baser sur des faits réels. Puis elle rappela les actes de bienveillance de Giegling à l'égard de nombreux détenus : il était établi, par exemple, qu'il permettait aux habitants de Schirmeck de leur remettre de la nourriture. Elle implora donc pour son client, d'une certaine façon en contrepartie de ces gestes, la clémence du tribunal. De surcroît, elle fit valoir qu'aucun témoin n'avait chargé Giegling et qu'il n'avait pu être accusé d'aucuns sévices graves. Puis elle en vint à la notion d'« association de malfaiteurs » qui ne pouvait s'appliquer, dit-elle, à la situation de son client pour les raisons qu'elle aurait déjà développées. Quand elle termina son plaidoyer, il était 19 heures, et le président préféra renvoyer la suite des interventions au lendemain.

La journée du mercredi 21 janvier 1953 devait donc être la dernière de ce procès. On entendit, dès l'ouverture de la séance, la plaidoirie de Me Taron, défenseur de Weber. Pour pouvoir juger son client, précisa-t-il, il fallait se replonger dans les circonstances de l'époque. L'encadrement du camp de Schirmeck était entraîné par un système qu'il subissait lui-même et se répercutait sur les internés. Weber n'était donc que le maillon d'une chaîne dont il n'était ni l'instigateur ni même l'inspirateur. En raison, sans doute, de son instruction rudimentaire, il n'avait pu tenir qu'un rôle très effacé dans l'administration du camp. Bref, il s'agissait d'un petit nazillon sans grande envergure qui n'avait pas, selon la conviction de son avocat, participé au seul meurtre dont des témoins l'accusent. Aucune preuve de sa culpabilité n'avait été rapportée.

Puis Me Taron insista sur le fait que, chaque fois qu'il en avait l'occasion, Weber se montrait « bon et généreux » envers les détenus, « oubliant volontairement de les matraquer quand il en avait reçu l'ordre, et leur permettant de recevoir du ravitaillement de l'extérieur ». Ce n'était pas ce que les internés avaient connu, et ce n'était pas ce qui ressortait du dossier d'instruction. Malgré les murmures dans la salle, l'avocat poursuivit pourtant en ce sens : « En agissant ainsi, Weber s'exposait chaque fois à de graves représailles, et ce n'est que par miracle qu'il s'en tira sans dommage.» En conclusion, il demanda au tribunal de ne pas retenir Weber plus longtemps éloigné de sa famille, lui qui était père de cinq enfants.

Ensuite, Me Barthélemy reprit la parole comme défenseur de Hoert. Elle souligna que son client n'était accusé que d'appartenir à une bande de malfaiteurs. Elle s'appliqua donc à démontrer qu'il n'avait participé à aucun des crimes perpétrés à Schirmeck. Dès lors, il ne faisait pas partie de cette «association». Elle justifia sa brutalité par son expérience de la vie militaire. Il aurait ainsi reproduit durant son court séjour à Schirmeck ce qu'il avait connu dans les casernes. Il n'avait fait qu'appliquer les consignes, il n'y avait donc aucune raison de le condamner.

Me Eisele prit alors la relève pour Nussberger. Il commença par s'étonner de l'absence de Wunsch, l'un des principaux inculpés, libéré à Strasbourg «par inadvertance» en 1948 et qu'on n'avait jamais revu. En fait, il s'agissait d'une erreur: Wunsch avait été condamné par le tribunal britannique à six ans d'emprisonnement et libéré par les Anglais de la prison de Werl en août 1949[136]. Ce dernier aurait pu éclaircir bien des points obscurs sur ce que l'on imputait à Nussberger. Celui-ci avait été un élève studieux, «mais sans grand talent». Il n'avait gravi que lentement tous les échelons de la hiérarchie de la Schutzpolizei. À Schirmeck, il avait été surnommé «Mademoiselle». «Une demoiselle n'est pas méchante, ni une brute finie», souligna l'avocat. À ses yeux, il n'avait fait qu'exécuter les ordres donnés sans se rendre compte de la portée de ses actes.

Avec beaucoup de tact et de conscience professionnelle, Me Eisele analysa alors minutieusement tous les cas dans lesquels Nussberger se trouva impliqué. Il tenta de jeter le doute parmi les membres du jury. Il déduisit de ses réflexions qu'il ne restait que «des présomptions contre son client et tout au plus celle d'une vague complicité». Dans ces conditions, on ne pouvait raisonnablement le condamner à mort. Emprisonné depuis des années, il avait souffert terriblement, dit-il, du fait qu'il ignorait encore que sa condamnation à mort précédente était commuée en travaux forcés[137]. Il conclut par cette phrase: «Le commissaire du gouvernement nous demande une mort, moi je vous demande une vie!»

Lui succéda Mᵉ Taron qui reprit la parole au bénéfice de Buck. D'emblée, il mit en cause la civilisation du XXᵉ siècle : « C'est elle qui est en cause, martela-t-il, c'est elle qui est la vraie responsable des faits qui ont motivé ce douloureux passé. » De la révolution russe à la guerre d'Espagne, en passant par la Première et la Seconde Guerre mondiale, l'Europe s'était couverte de camps avec tout ce que cela impliquait : ghettos, violences, exclusions, marginalisations. Aujourd'hui, la paix est enfin durablement établie. Il faut donc que le monde moderne trouve le moyen d'empêcher le retour à la haine. Buck a été victime de cette situation. « Il a été un véritable officier allemand avec sa vérité et sa conscience qui, pendant ces terribles années, n'était pas celle de tout le monde », affirma-t-il. « Il avait à exécuter des ordres et les a exécutés sans vouloir en discuter la valeur. »

Mᵉ Taron dépeint alors Buck comme un homme intègre dans sa vie privée et qui fut toujours sincère au cours de l'instruction ainsi que lors des débats. « Buck n'a jamais agi sur son initiative personnelle ; il n'a jamais été qu'un exécutant servile », fit-il remarquer. Il osa même dire qu'à l'occasion, il sut avoir « des gestes humains », par exemple à l'infirmerie, comme l'ont corroboré les faits relatés par le Dʳ Poirot ou par Brenckenmann. Il n'avait donc pas toujours été la brute décrite lors des débats. L'auditoire eut du mal à entendre ces paroles, mais Mᵉ Taron ne se laissa pas démonter : « Les témoins à décharge n'ont pas toujours eu le courage de déposer en faveur de Buck, il fallait donc que quelqu'un le dise. » En conclusion, l'avocat priait le tribunal de « ne pas oublier que le régime nazi soumettait les consciences à une véritable tyrannie et que ses meilleurs serviteurs n'y ont pas échappé ». Il laissait ainsi le champ ouvert pour le choix de la peine.

En dernier lieu, intervint Mᵉ Meyer La Bastille, avocat allemand du barreau de Hambourg, mandaté par Bonn à ce procès. Celui-ci débuta sa plaidoirie en rendant hommage aux martyrs du camp de Schirmeck qui furent surtout victimes d'un régime totalitaire. Il remercia ses collègues messins pour leurs interventions en faveur de ses compatriotes allemands et reconnut que, grâce au tribunal présidé par le conseiller Rosambert, le procès fut loyal, conforme « aux principes fondamentaux de la justice française ». Cependant, il se permit de rappeler au commissaire du gouvernement que « la sentence ne devait pas être dictée par la haine et l'idée de vengeance ». Il lui semblait qu'au cours des débats, « on avait trop souvent tendance à surestimer le pouvoir de Buck ». Évidemment, dans le camp il disposait d'un pouvoir absolu et régnait en despote, « selon la discipline allemande ». Pour Buck, « les ordres reçus étaient son évangile ; mais en dehors de cela, il n'était pas autre chose qu'un capitaine allemand perdu dans la grande masse des officiers d'une nation en guerre », expliqua-t-il.

Puis, Me Meyer La Bastille donna lecture de deux ordres émanant respectivement de Himmler le 30 juin 1943 et de Kaltenbrunner le 27 août 1943, « ordonnant la suppression de toute procédure judiciaire pour les délinquants polonais et russes sur les territoires occupés par l'Allemagne ». En raison de ces ordres, Buck pouvait, de bonne foi, penser qu'il agissait en toute légalité et qu'il avait vraiment « droit de vie et de mort » sur les internés. Il termina, en priant le tribunal de rendre « une sentence de bonté afin de donner aux accusés l'occasion de se réhabiliter ».

Le président, après avoir remercié les avocats de leur intervention, se tourna une dernière fois vers les accusés pour leur donner la parole. Visiblement, ils s'étaient entendus pour présenter leurs déclarations, déjà préparées, dans l'ordre des plaidoiries.

Le premier à se lever fut donc Müller. « Je jure devant Dieu, dit-il, que je n'ai jamais tiré sur Bernard et Malaizé. J'ai confiance dans la justice du tribunal. » Giegling lui emboîta le pas : « Je ne peux que m'associer à cette expression de confiance. » Weber : « J'ai foi en l'équité des juges militaires. » Ces simples phrases, somme toute banales, manquaient de conviction et laissaient penser à une dictée opérée par les avocats. Hoert se permit néanmoins une tirade plus longue, plus personnelle : « Au mois d'août 1941, je fus envoyé contre mon gré au camp de Schirmeck. Pendant mon séjour, je n'ai fait qu'exécuter des ordres à cause desquels j'ai souffert depuis six ans. C'est la conscience tranquille que je me suis retrouvé, en janvier 1945, au camp des prisonniers de guerre de Dutlingen et je prie le tribunal de me rendre à ma famille dont je suis séparé depuis trop longtemps. » Nussberger : « J'ai été bouleversé par la déposition de certains témoins. Je jure n'avoir jamais accepté volontairement le poste qui me fut confié à Schirmeck. Je prie le tribunal militaire composé uniquement d'officiers de se souvenir de l'atmosphère qui régna pendant la guerre. À l'époque, j'aurais payé de ma tête mon refus d'exécuter les ordres qui me furent demandés, et je prie mes juges de prendre tous ces faits en considération. »

Buck parla en dernier. Très courageux et déterminé, il déclara : « Ma tâche, comme chef de camp de Schirmeck, fut particulièrement lourde à un moment où l'Allemagne se trouvait placée devant l'alternative de vivre ou mourir. Je n'ai pas l'intention d'affirmer qu'aucune erreur n'a été commise pendant cette période, et je plains sincèrement toutes les personnes qui ont eu à souffrir de ces faits. Soyez persuadé, monsieur le président, que j'ai été bouleversé par les dépositions des parents d'anciens internés qui trouvèrent la mort au camp de Schirmeck. Je suis le seul responsable des faits qui nous sont reprochés à tous. Mes coaccusés n'ont fait qu'exécuter les ordres qui leur ont été donnés. »

La sentence

Tout était dit, le tribunal pouvait se retirer pour délibérer. Il devait répondre à environ 150 questions pour apprécier la culpabilité de chacun des accusés. Il lui fallut trois heures pour accomplir cette lourde tâche. Puis, de retour dans la salle d'audience, le greffier donna lecture du verdict : Buck et Nussberger étaient condamnés à mort, Müller écopait de vingt ans de travaux forcés, Weber de quinze ans de travaux forcés, Giegling de dix ans de travaux forcés et Hoert de cinq ans de prison. D'autre part, Edgard Kretzer, Ernst Maier, Walter Specht et Robert Wunsch étaient également condamnés à mort par contumace, alors que le tribunal infligeait vingt ans de travaux forcés à Walter Bacher et à Johann Krauss, également jugés par contumace[138].

On pouvait croire le rideau tombé, l'affaire des bourreaux de Schirmeck définitivement jugée et imaginer que l'attention allait désormais se focaliser sur l'exécution des peines prononcées. C'était mal connaître la pugnacité des accusés. Lors de l'ordonnance de renvoi devant le tribunal militaire de Metz, Giegling avait intenté une procédure en suspicion légitime afin que l'on désigne une autre juridiction de jugement. Son avocat estimait en effet que Metz n'était pas un lieu approprié pour tenir ce procès, étant donné que des Lorrains avaient été internés à Schirmeck et qu'ainsi le tribunal n'était pas neutre. Mais la chambre criminelle de la Cour de cassation rejeta cette demande le 14 janvier 1953, alors que le procès était déjà engagé. La mesure de diversion pour gagner du temps n'avait pas fonctionné. Néanmoins, les plus lourdement condamnés et ceux qui s'estimaient encore toujours innocents, après consultation de leur défenseur, décidèrent de se pourvoir en cassation. Il s'agissait de Buck, Nussberger, Hoert et Giegling[139]. Cela évitait aux deux premiers de subir dans l'immédiat la peine capitale. Cette action leur réussit puisque la chambre criminelle de la Cour de cassation, par arrêt du 17 avril 1953, cassa le jugement de Metz pour Buck et Nussberger et renvoya ces derniers devant le tribunal militaire permanent de Paris au Cherche-Midi. En revanche, le jugement était confirmé pour les autres[140].

CHAPITRE V

Dernier acte :
le tribunal militaire du Cherche-Midi
7-10 juillet 1953

Ce nouveau procès s'ouvrit le 7 juillet 1953 devant le tribunal militaire permanent de Paris, siégeant rue du Cherche-Midi. Les accusés avaient gagné six mois... et presque tout avait changé : le lieu, le nombre des accusés, même l'intérêt local pour l'affaire n'avait plus la même intensité[141].

Cependant, Karl Buck avait gardé Me Taron, du barreau de Metz, comme défenseur, et Nussberger Me Eisele, également du barreau messin. Le conseiller Chadefaux présidait la juridiction. Dès l'ouverture des débats, ce dernier sur un ton solennel rendit un vibrant hommage « aux Alsaciens et aux Lorrains en raison des souffrances qu'ils avaient endurées pour l'amour de leur pays », rapporta le journaliste des *Dernières Nouvelles d'Alsace*[142]. Puis le greffier procéda à la lecture de l'acte d'accusation et à l'appel des témoins. Trente-sept cités par l'accusation, trois par la défense, répondaient présents. Après quoi, le président entreprit l'interrogatoire des accusés pour mieux cerner leur personnalité. Buck d'abord, Nussberger ensuite, se prêtèrent à cet exercice qu'ils commençaient maintenant à bien connaître. Si le second répondait par l'intermédiaire de l'interprète, le premier se passa le plus souvent de ses services et intervint directement.

Puis les débats portèrent sur l'origine et les fonctions du camp de Schirmeck. Le président Chadefaux fit remarquer qu'il avait été créé pour des internés « dont les autorités d'occupation corrigeaient des réactions ». « Ce fut le Gauleiter qui avait décidé la création de ce camp », rétorqua Buck. « Et ce pour éviter que les Alsaciens ne fussent envoyés dans des camps d'extermination en Allemagne. » Il ajouta : « Il voulait réunir entre ses mains le pouvoir absolu d'interner et de libérer à sa guise. » Le président, interrogatif : « Les internés dépendaient néanmoins pour une part de votre volonté. Vous rédigiez des rapports trimestriels. » Réponse de l'intéressé : « J'avais le devoir d'établir des rapports qui étaient adressés au *Kommandeur* de Strasbourg[143]. Mais je n'ai jamais établi de rapport sur la conduite d'un interné sans l'avoir vu ni m'être personnellement entretenu avec lui[144]. »

Le président insista alors sur le fait que l'accusation lui reprochait d'avoir maintenu des internements de son propre chef. Il rappela l'état lamentable des baraques, le manque d'hygiène, les privations de nourriture et la brutalité avec laquelle était appliquée la discipline. « L'accueil des internés était terrible », constata-t-il. « Vous obligiez les nouveaux arrivants à une gymnastique harassante : sauter, se coucher par terre, courir, etc. Certains y succombèrent. » Silence de Buck et de Nussberger. Il poursuivit : « Le témoin Baumann a même précisé qu'à son entrée dans le camp on lui avait arraché les cheveux, puis qu'on avait frotté son crâne ensanglanté avec une brosse à chiendent ! » Réaction de Buck : « Si j'avais eu connaissance de ce fait, je serais intervenu. Je ne peux pas le croire. » « Mais il y a des centaines de déclarations concordantes », lui rappela le président.

L'ancien commandant du camp commença alors à s'énerver. Il devait modifier son image personnelle s'il voulait enfin sauver sa tête. « Je vais vous citer un cas », annonça-t-il au président Chadefaux. « Au cours de l'instruction, on m'a reproché de m'être trouvé sur un chantier où on m'aurait amené un détenu qui n'avait pas travaillé suffisamment. J'aurais alors donné l'ordre de prendre une perche et de battre cet homme. Il en serait mort et on l'aurait ramené au camp chargé sur une brouette. » Il prit alors un ton solennel pour ajouter : « Sur mon honneur et ma conscience, je n'ai jamais eu connaissance de ce cas. Je ne suis pas un sadique. Croyez-moi, monsieur le président, je vous en supplie. J'étais animé des meilleures intentions. » Des murmures de réprobation s'élevèrent alors dans la salle. Buck allait trop loin. Pensait-il vraiment pouvoir bluffer le tribunal et toute l'assistance ? Le président lui fit remarquer que le dossier contenait des centaines de cas qui prouvaient l'atmosphère de terreur qui régnait à Schirmeck, dont Buck, comme commandant, était personnellement responsable. Buck pourtant insista : « Me croyez-vous réellement capable d'avoir fait toutes les choses dont on m'accuse ? C'est une bête qui ferait cela ! » Le président ne se laissa pas prendre à ce jeu : « Je crois en effet que celui qui a commis de tels actes ne mérite pas le nom d'homme. Il appartiendra au tribunal de déclarer s'il s'agit bien de vous », lui répondit-il.

On passa ensuite aux accusations sommaires qui concernaient surtout les fugitifs repris. Le président commenta : « Certains furent déchiquetés par des chiens. » Nussberger, se sentant visé, rétorqua : « Il n'y avait qu'un chien au camp ; c'était le chien de Müller. Il n'était lâché que la nuit. » Le président néanmoins revint à la charge : « L'ordre n'avait-il pas été donné d'abattre tous les évadés ? » La réaction de Nussberger fut vive : « Non ! » Lui également entendait se défendre bec et ongle, sans ne rien laisser passer. Lui également savait que sa vie était en jeu !

Le président annonça alors qu'il allait passer à l'audition des témoins. Les deux premiers qui se présentèrent ne purent cacher l'émotion qui les étreignit. Ce fut surtout le cas du second, Printz, qui finit par s'exclamer : « Si j'avais un révolver, je tuerais ce Nussberger ! » Le président dut alors le rappeler à l'ordre en lui demandant de parler sans haine. Interné de février 1944 à l'évacuation du camp, Printz, durant ces huit mois, avait vu de nombreuses scènes où les internés ont été battus. Lui-même avait subi des brutalités opérées par Nussberger. « Il m'a fait monter et descendre en pliant les genoux avec son fusil dans le dos. Il m'a frappé avec la crosse sur la tête. » Nussberger reconnaissait l'avoir frappé « tout au plus avec un petit pistolet ». Cette réponse mit à nouveau le témoin hors de lui. « Monsieur le président, ils ont frappé des jeunes gens de 16 et 17 ans ! J'ai vu des corps, dans des boîtes qui servaient de cercueil, couverts d'ecchymoses », rétorqua-t-il.

Le Dr Poirot, de Corcieux, dans les Vosges, fit des révélations intéressantes. Arrivé à Schirmeck en septembre 1944, il avait connu la dure période de la fin du camp avant l'évacuation. Il dénonça le système qui consistait à brimer les corps pour affaiblir les esprits. «Ceux qui ensuite se laissaient inculquer la mentalité nationale-socialiste étaient alors réalimentés», expliqua-t-il. «Buck avait des réactions absolument hallucinantes, tantôt en larmes en écoutant du Wagner, tantôt cruel à l'égard des prisonniers», rappela-t-il. Buck, selon lui, était un homme matériellement intéressé. Il cita ainsi en exemple le cas où il avait exigé de lui, accompagné d'une sentinelle, qu'il donne des soins à la population allemande locale. «Buck passait encaisser les honoraires à la suite de ces consultations», constata-t-il. Quant à Nussberger, il le jugeait comme «un être frustré qui inspirait à tous une grande terreur», mais surtout il le considérait comme «un véritable sadique». «Je l'ai entendu s'exclamer, ravi devant une scène de flagellation : "Pour une fois cela a été beau !"[145] »

Il expliqua que, pour Nussberger, «au camp, il y avait un surhomme – lui –, des petits hommes – les gardiens sous ses ordres – et des esclaves, des sous-hommes – nous les internés». Buck tenta de justifier les faits : «Le docteur Poirot est arrivé le 24 septembre 1944, alors que la situation du camp n'était plus normale et qu'il ne pouvait pas juger de ce qu'il était auparavant.» Puis le Dr Brenckenmann, de Colmar, apporta des précisions sur la nourriture servie dans le camp et dénonça la sous-alimentation des internés. Il relata un fait nouveau qui portait sur l'incorporation de force. Il dit avoir vu deux cents Alsaciens âgés de 17 ans qui avaient refusé de rejoindre les casernes «odieusement maltraités dans un coin du camp, sur les ordres de Buck». Au bout de quinze jours, la plupart d'entre eux avaient cédé. «Les dix ou douze réfractaires qui subsistaient disparurent, sans qu'on sût ce qu'il advint d'eux.»

À l'audience du mercredi 8 juillet 1953, il y eut un très vif échange entre le témoin Morel, ancien infirmier au camp, et Buck, au sujet de la mort infligée à certains malades par le médecin SS Blancke. Pour la première fois, cette affaire médicale fut évoquée devant une juridiction française. Le témoin déclara en effet avoir assisté à l'assassinat d'un homme d'une cinquantaine d'années qui avait été amené au camp de Schirmeck déjà malade. Le médecin SS, responsable de l'infirmerie, avait demandé qu'on lui donne une seringue. Quelques minutes après avoir reçu cette piqûre, le prisonnier décédait. Toujours selon les affirmations du témoin Morel, trois Polonais seraient morts de cette façon, avant leur admission au camp. Buck intervint alors pour expliquer qu'il n'avait jamais donné d'ordre de cette nature au docteur Blancke et qu'il n'avait même aucune qualité pour le faire. Le témoin lui rétorqua qu'en sa qualité de commandant du camp, il ne pouvait pas ignorer ce qui s'y passait. Buck affirma alors que si le docteur Blancke avait décidé de faire cela, il n'aurait pas eu la possibilité de l'en empêcher. Toutefois, s'il en avait eu connaissance, il aurait protesté. Puis il formula l'hypothèse qu'il s'agissait peut-être d'un homme du Struthof, car, dans ce cas, le docteur Blancke « pouvait en disposer comme il l'entendait ». Il jura qu'il lui aurait porté aide s'il l'avait appris. Sur intervention du commissaire du gouvernement, Buck précisa qu'il ignorait que « les hommes qui étaient mis dans une baraque à part, parce que destinés au Struthof, devaient y périr ». Le témoin reprit alors la parole pour expliquer que « les prisonniers étaient traités comme des bêtes » et que « Buck en était responsable en tant que chef de camp ». Cependant, il reconnaissait n'avoir pas entendu Buck donner l'ordre de maltraiter des prisonniers et ne l'avoir pas vu non plus en brutaliser. Il ne croyait pas que Buck soit responsable de toutes les bastonnades, mais il lui semblait que « sa responsabilité ne pouvait faire de doute pour la plupart d'entre elles ».

Le témoin Moritz expliqua avoir été soumis à « un exercice physique très pénible[146] » et avoir été frappé « par le commandant avec des clefs que celui-ci tenait en main ». Il l'avait vu frapper cruellement un jeune Albanais sous prétexte qu'il avait fumé un mégot. D'après lui, les internés étaient envoyés au Struthof pour y passer au four crématoire. Ainsi, il avait vu monter le jeune Stoll dans le camion cellulaire. Lors de ce transfert, un gardien lui avait dit : « Tu as vu ce qui s'est passé, Stoll passera par la cheminée, tu ne le reverras plus ! » Selon ses dires, Buck assistait à l'embarquement des détenus et accompagnait souvent, avec sa propre voiture, le camion cellulaire.

Lors de la déposition de Schlagenhaufen, interné à Schirmeck du 19 août 1942 au 2 septembre 1944, eut lieu un nouvel échange verbal très incisif avec Buck au sujet de l'exécution des frères François et Emile Sowa. Le témoin les avait vus maltraités, mais ce ne fut que plus tard qu'il avait appris que Buck avait assisté à leur pendaison. Il soutint que Buck donnait son avis au sujet des détentions, mais ne pouvait dire s'il donnait également son avis au sujet des exécutions. Buck demanda alors à intervenir : il reconnaissait s'être rendu à la prison où étaient incarcérés les frères Sauvat et ce, en compagnie du commandant du BDS et de trois autres officiers de même grade que lui. Au moment de quitter les lieux, un des officiers avait voulu frapper un des frères Sauvat. Il déclara s'être opposé à cette violence et avoir ensuite quitté la prison. Il déclara avoir assisté à l'exécution, mais ne pas l'avoir ordonnée lui-même.

D'après le témoin, les deux frères Sauvat étaient défigurés tant ils avaient été maltraités et Buck ne s'était pas opposé à ces brutalités. Il aurait même menacé le témoin de représailles s'il dévoilait quoi que ce soit. Buck reprit alors la parole pour dire qu'il n'avait eu aucune discussion avec le témoin et qu'il n'avait jamais donné d'ordre pour qu'il soit sanctionné. Mais le témoin persista dans ses affirmations. Buck, dit-il, l'avait menacé en ces termes : « Vous voulez jouer ici au monsieur très fin ? Eh bien moi, je vais faire en sorte que vous y perdiez l'ouïe et la vue. » Buck bondit alors, hors de lui. Il protesta en disant qu'il lui avait été rapporté que le témoin n'était qu'un tire-au-flanc, qu'il ne voulait pas travailler. Il s'était contenté de lui faire des observations et de l'envoyer dans un commando sous bonne garde[147].

Ainsi, au fil des témoignages, la vraie nature du camp de Schirmeck transparaissait-elle. Il devenait clair qu'il ne s'agissait pas d'un lieu de détention banal, mais qu'il s'inscrivait parfaitement dans l'univers concentrationnaire nazi. Certes, il avait ses particularités – comme d'autres camps. Mais son régime était terrifiant et il s'y passait des crimes très graves que Buck avait du mal à masquer. Ce dernier savait également que, de l'interprétation des dépositions dépendaient son degré de culpabilité et donc sa peine. Il ne pouvait plus demeurer évasif ou muet, il voulait démontrer sa bonne foi. Les anciens internés ayant subi ses brutalités voulaient obtenir un châtiment exemplaire pour qu'eux-mêmes puissent tourner cette page douloureuse de leur vie, et qu'enfin les parents et amis des victimes martyres puissent faire leur travail de deuil.

PARIS, JUILLET 1953

À l'ouverture de la troisième audience, le 9 juillet 1953, le président Chadefaux donna donc lecture d'un télégramme de la fédération nationale des déportés, internés, résistants et patriotes ainsi libellé: «*Au président du tribunal militaire de Paris – Interprètes de la vive émotion des rescapés du camp de la mort et des familles des disparus, causée par la cassation des procès des bourreaux de Schirmeck. Demandons justice au nom des patriotes morts dans les camps. Dans l'intérêt de la France, de la liberté et de la paix, les bourreaux de Schirmeck, Buck et Nussberger, doivent être impitoyablement châtiés pour les crimes affreux commis contre les personnes humaines*[148]». Puis, on revint au défilé des témoins. Marcel Schreiber cita le cas du Polonais Kurowsky qui avait été affreusement torturé. Lui-même reçut les coups de poing de Buck. Il accusa Nussberger d'avoir donné l'ordre de tuer Bernard et Malaizé et il maintint que Müller les avait exécutés. «C'est lui-même qui me l'a rapporté», ajouta-t-il. Marcel Sonntag refit le récit de l'assassinat du Polonais Woltjaneck pour tentative d'évasion. Justin Weiss avait vu comment le garde de son mirador avait abattu Woltjaneck. Celui-ci fut tué en présence de Buck. Il rapporta également que Wodli, secrétaire général du syndicat des cheminots de Strasbourg, fut martyrisé à l'intérieur de la baraque par un agent de la Gestapo assisté par le Wachtmeister Wunsch, également en présence de Buck. Ce dernier se contenta de répondre en allemand et en scandant les syllabes: «Jamais personne n'a été tué dans le camp[149].»

Armand Offner relata l'assassinat des jeunes Jung et Peter qui furent contraints de montrer à Buck comment ils s'étaient évadés du camp. À la fin de la reconstitution, précisa-t-il, Buck fit un petit geste et les deux adolescents furent emmenés dans le bois où ils ont été fusillés. Buck, après quelques instants d'hésitation, finit par reconnaître les faits: «C'est exact, j'ai donné l'ordre d'exécuter ces jeunes gens.» Yvonne Ludoescher raconta le calvaire de son fils Pierre, âgé seulement de 16 ans et onze mois lorsqu'il arriva à Schirmeck et qui ne survécut que cinq mois à sa libération, puisqu'il décéda le jour de Noël 1942. «Trop d'organes vitaux avaient été atteints», expliqua-t-elle. Pointant son index vers Buck, elle dit encore à la barre: «Voilà un homme qui a une dizaine de vies sur la conscience. Il ne peut nier qu'il ne savait pas tout ce qui se passait dans le camp. Je demande justice non seulement au nom de mon fils, mais aussi de tous les internés qui sont morts là-bas ! » Le président lui exprima sa compassion.

L'audience s'acheva par l'audition de trois témoins de moralité cités à la décharge des accusés. Walter Kapp, avocat à Stuttgart, vint faire l'éloge de son ami d'enfance Karl Buck. Il osa même relater qu'en 1942 ou 1943 son frère et un autre avocat s'étaient rendus à Schirmeck et que Buck leur avait fait goûter un repas normal d'interné. Il leur avait semblé que la nourriture n'était pas pire que celle servie alors dans la Wehrmacht. L'auditoire prit cette déclaration comme une provocation. Des voix, des cris s'élevèrent dans la salle. Le président Chadefaux dut intervenir pour rétablir le calme et menaça d'expulser de la salle toute personne qui manifesterait son opinion. Enfin, Herman Gitsch et Adolf Gross attestèrent pour finir que Nussberger n'était pas redouté sous l'occupation par les Allemands antinazis qui le connaissaient.

Le vendredi 10 juillet 1953 fut la dernière journée d'audience. Dès l'ouverture de la séance, on évoqua l'affaire du réseau Alliance. À la fin de la présentation des faits, Buck manifesta le désir de faire une déclaration. Le président Chadefeaux lui donna donc la parole : « Au camp de Schirmeck étaient logés, expliqua-t-il, une centaine de membres du réseau Alliance. Dès l'interrogatoire terminé, ils ont été transférés au Struthof[150], sur ordre formel de Berlin. Je n'ai donc appris que plus tard que ces personnes avaient été exécutées. Huit à dix jours après leur transfert, j'ai reçu les objets de valeur ayant appartenu à ces prisonniers, avec mission de les adresser à Strasbourg au siège de la police. » Buck considérait donc que, dès leur sortie du camp, il n'était plus responsable de ces gens. D'ailleurs, il lui était interdit d'entretenir des relations avec les personnes transférées au Struthof. Il avait donc dû transmettre tous les documents les concernant à Strasbourg. Ainsi n'avait-il fait qu'héberger les membres du réseau temporairement, sans les intégrer réellement aux effectifs du camp. Il n'y avait donc eu aucune préméditation de sa part pour la disparition de ces résistants. Il n'avait commis aucun délit dans cette affaire. Pouvait-on le croire ? Disait-il vrai ? Buck avait, dans ses rapports, si souvent maquillé la vérité qu'il était difficile d'admettre qu'il n'avait joué aucun rôle dans l'extermination des membres du réseau Alliance.

Puis le président, en vertu de son pouvoir discrétionnaire, demanda la lecture des dépositions de la plupart des témoins absents. Après quoi, le ministère public, les accusés et leurs défenseurs furent invités à présenter leurs observations. Le commissaire du gouvernement, le commandant de justice militaire Flicateaux, rendit tout d'abord hommage « aux Alsaciens qui ont opté contre l'assassinat et la torture, pour la liberté et la justice », et qui furent opprimés pendant quatre longues années. Il stigmatisa ensuite les crimes commis par les deux accusés. Malgré l'horreur que ces actes inspiraient, il annonça solennellement que « la justice française n'était nullement animée par de quelconques sentiments de vengeance ».

Analysant la culpabilité des accusés, il dit son sentiment que les témoins eux-mêmes avaient fait une distinction entre la responsabilité de Buck et celle de Nussberger. L'un avait une autorité supérieure à l'autre dans le camp, et cette différence devait se retrouver dans les peines infligées. « En ce qui concerne Buck, conclut-il, je n'aperçois aucune circonstance atténuante en sa faveur. » Pour Nussberger, on pouvait, estimait-il, lui accorder de légères restrictions de responsabilité. Il demanda donc de confirmer le jugement précédent et, pour Nussberger, de ne pas le condamner à une peine inférieure à celle des travaux forcés à perpétuité.

L'intervention des défenseurs visait à obtenir une réduction de la peine et surtout à éviter la peine capitale. Leurs plaidoiries tentèrent même d'obtenir l'« excuse absolutoire », question supplémentaire qu'on devait soumettre au tribunal. Mᵉ Talon parla en premier. Il fit part de son « respect » et de son « admiration » pour tous ceux qui ont souffert à Schirmeck. Puis il désigna le « vrai » coupable qui, selon lui, était le régime concentrationnaire lui-même. À ce sujet, il lut quelques passages du livre d'Arthur Koestler, *La Lie de la Terre* (1941), décrivant l'état lamentable d'un camp d'internement français pour étrangers implanté au Vernet en Ariège. Mais celui de Schirmeck était des plus abjects, car il résultait d'un pouvoir totalitaire. Dans sa démonstration, Nussberger, son client, n'était qu'un exécutant écrasé par le poids de sa hiérarchie, un pion sur un échiquier.

Me Eisele et Me Meyer parlèrent en faveur de Buck qui, selon eux, n'avait fait qu'obéir à des ordres. Si dérapages il y avait eu dans ce camp, ils résultèrent du comportement des gardiens qui n'étaient pas placés directement sous ses ordres. Les deux accusés eurent la parole en dernier. Buck déclara alors : « Je regrette sincèrement tout ce qui a été évoqué et je plains les malheureuses victimes, mais il n'était pas en mon pouvoir d'empêcher cela. En tout cas, je me considère comme responsable de tout ce qui a pu se passer à Schirmeck, et je prie donc le tribunal de bien vouloir en décharger mon subordonné Nussberger qui n'a agi que sur mes ordres, selon les ordres que j'avais reçus moi-même. »

Ces regrets étaient-ils sincères ? Buck reprenait la même attitude qu'à Metz, presque héroïque, assumant ses responsabilités. Comment le jury allait-il réagir devant ce comportement audacieux, mais risqué ? Nussberger se contenta de dire qu'il faisait siennes les conclusions de ses avocats et n'avait rien à ajouter. Le président Chadefeaux clôtura alors les débats et le tribunal se retira. Cent cinq questions lui étaient soumises, plus une supplémentaire sur les circonstances atténuantes. Après délibération, le verdict tomba : Karl Buck était condamné aux travaux forcés à perpétuité et Karl Nussberger à vingt ans de travaux forcés et à dix ans d'interdiction de séjour. Tous deux avaient sauvé leur tête puisque à la majorité des voix le tribunal leur avait reconnu des circonstances atténuantes. Ce jugement devint définitif le 15 juillet 1953. Les accusés avaient atteint leur objectif.

Il avait fallu quatre procès pour en arriver là. Usant de tous les moyens possibles, les deux principaux responsables des atrocités commises au camp de Vorbrück-Schirmeck avaient fini par infléchir la justice. Le temps, l'évolution politique des relations franco-allemandes, la distinction qu'on faisait désormais entre les différents camps : tous ces éléments firent bouger le fléau de la balance à leur avantage.

Pour Karl Buck, la peine fut ensuite commuée en quinze ans de réclusion le 7 décembre 1953. Il bénéficia d'une libération conditionnelle le 2 avril 1955[151]. Le 6 avril 1955, Buck fut libéré de la maison d'arrêt de Loos (Nord) et immédiatement expulsé en Allemagne. Le 7 avril 1955, à 3 h 30, il transita par la gare de

Strasbourg où on le photographia lors du changement de train. Il se fixa à Rudersberg, à une trentaine de kilomètres de Stuttgart. Était-ce parce que Buck avait établi à Welzheim, à dix kilomètres de Rudersberg, un camp de repli de Schirmeck à l'automne 1944[152] ?

Quant à Karl Nussberger, il reçut la faveur d'une remise de six ans de travaux forcés par décret en date du 12 novembre 1954. De ce fait, il accéda à la libération conditionnelle le 15 janvier 1955. Il fut donc relâché à cette date et expulsé vers l'Allemagne où l'on perdit sa trace[153]. Tous deux n'avaient, pour leurs horribles crimes, connu que dix ans d'emprisonnement et avaient à trois reprises, malgré les condamnations, sauvé leur tête !

La grâce accordée par les Britanniques dès la première condamnation à mort, avait faussé l'appréciation de la justice, altéré l'intime conviction des juges. Les victimes avaient le sentiment d'avoir été oubliées, à nouveau sacrifiées sur l'autel de la raison d'État. Les souffrances endurées ne pesaient plus guère face au rapprochement européen. On les invitait ainsi à tourner la page, à effacer de leur mémoire les années brunes et les jours noirs passés dans la vallée de la Bruche. Le pouvaient-ils ? Meurtris dans leur chair, marqués à jamais, ils étaient rongés par la révolte. L'injustice était trop grande. Leur seule consolation résidait dans les dix ans d'emprisonnement que le chef du camp et le chef des gardiens avaient néanmoins effectués. Certains de leurs subalternes n'avaient pas bénéficié de cette chance. Eux étaient tombés sous les balles d'un peloton d'exécution alors que leurs chefs avaient sauvé leur peau...

Cette même année 1955 fut également celle où le dernier Malgré Nous fut relâché des camps de prisonniers soviétiques.

Mentionnons encore que le tribunal permanent des forces armées de Metz, par jugement en date du 3 février 1954, condamnait encore deux anciens gardiens. Josef Bucher, né en 1898, charpentier de profession, originaire du Wurtemberg, et Egon Adolf Schiessle, né en 1899, employé de commerce, respectivement à dix et vingt ans de travaux forcés[154]. Tous deux étaient jugés par contumace. Cette décision fut prescrite le 12 février 1974, sans qu'on ne soit jamais parvenu à se saisir de ces individus[155]. Mais avait-on vraiment essayé ?

DEUXIÈME PARTIE

Les bourreaux du Struthof

CHAPITRE VI

Le procès des gardiens à Metz
5 juin-2 juillet 1954

Juger les gardiens du Struthof allait être une affaire délicate. Le Struthof était considéré comme un camp d'extermination ; les méfaits y étaient fréquents et quasiment institutionnalisés. La vie des internés n'avait pas grande valeur. Gardiens et kapos s'y étaient comportés comme des sauvages. Les brutalités, les actes de maltraitance ou de barbarie y étaient quotidiens.

Le nombre des SS affectés à la surveillance du camp ainsi que l'effectif des détenus avaient beaucoup varié selon les années, mais ils étaient toujours restés très élevés. Les internés au Struthof provenaient de l'Europe entière, les Français n'y étaient qu'une minorité et les Alsaciens une poignée... Pour autant, la compétence de la justice française n'était pas discutée : la terre souillée de ces crimes était bel et bien alsacienne, donc française.

L'enquête judiciaire a donc duré des années avant d'aboutir à un dossier suffisamment étayé pour conduire à un procès. Ainsi l'ordre d'informer délivré le 13 mars 1945 comportait-il déjà 99 noms de personnes susceptibles d'être inculpées. Le 24 novembre 1945, ce chiffre grimpa à 206[156]. L'historien Robert Steegmann estime à au moins 1 250 les individus soupçonnés par la justice française ou allemande d'avoir participé aux méfaits commis au camp[157]. C'est patiemment et résolument que le commandant Jadin, juge d'instruction auprès du tribunal militaire, collecta les informations sur les délits au Struthof.

Il eut beaucoup de difficultés à débusquer les commandants successifs du camp. Le sort semblait vouloir les faire échapper à la justice française. Hans Hüttig, nommé responsable du Struthof en construction le 31 mars 1941, qui dirigea le camp jusqu'au 24 avril 1942, était alors introuvable. On avait perdu, à partir de 1945, la trace de son successeur Egon Zill qui avait occupé ce poste jusqu'au 4 octobre 1942, mais avait ensuite rejoint les unités combattantes des Waffen SS en 1943. En revanche, Josef Kramer, qui avait succédé à Zill jusqu'au 12 mai 1944 et imposé le régime sans doute le plus dur, avait été capturé. Après le Struthof, il avait sévi à Auschwitz-Birkenau, et finalement terminé sa carrière de tortionnaire à Bergen-Belsen. Arrêté par les Britanniques, il avait fait l'objet d'une demande de transfert par les autorités françaises dès le 14 août 1945[158].

Le commandant Jadin se rendit lui-même à Celle dans le Hanovre où Kramer était alors incarcéré. Il put y procéder à un interrogatoire succinct. L'ancien commandant du Struthof y avait avoué, dit-il, « une grande partie des crimes » commis au camp, « notamment 80 exécutions par gaz asphyxiant et un certain nombre de pendaisons et de fusillades ». Naturellement Jadin demanda qu'il soit interrogé et surtout jugé à Strasbourg, car « ce procès était attendu avec impatience par toute la population alsacienne qui ne comprendrait pas que le réquisitoire contre lui soit prononcé devant un banc vide d'accusé[159] ».

Mais ce ne fut pas chose facile. Le 28 septembre 1945, le service de recherche des crimes de guerre, à Paris, informait le juge d'instruction militaire de Strasbourg que, pour le moment, « il n'était pas possible d'obtenir des autorités britanniques la remise de Kramer dont le procès se déroulait actuellement en zone anglaise[160] ». Le 18 octobre 1945, le commandant Jadin revint à la charge en s'adressant directement au tribunal militaire britannique de Luneburg. Par courrier, il fit savoir qu'il devait à tout prix interroger Josef Kramer à Strasbourg afin de pouvoir « clôturer l'information contre lui et 113 de ses complices ». Cette confrontation lui permettrait de déterminer le rôle de chacun et donc leur éventuelle culpabilité. Enfin, il expliquait que « si la peine de mort était prononcée contre lui à Luneburg et s'il était procédé à

Le camp de concentration de Natzweiler-Struthof en novembre 1944.

son exécution avant qu'il ne soit interrogé à Strasbourg », l'enquête judiciaire qu'on lui avait confiée « apparaîtrait comme nettement insuffisante et incomplète[161] ».

Malgré cette insistance des autorités françaises, Kramer fut en effet condamné à mort le 17 novembre 1945 par le tribunal militaire britannique et exécuté le 12 décembre 1945 sans qu'on l'ait transféré à Strasbourg. On ne peut que déplorer cette mauvaise coopération entre les justices de pays pourtant alliés. Mais ce dysfonctionnement a été plusieurs fois constaté et il a même permis à certains criminels de guerre d'échapper à tout procès[162].

La justice militaire française, qui ne pouvait plus atteindre Kramer, se rabattit sur Fritz Hartjenstein, l'avant-dernier commandant du Struthof. Il en avait porté la responsabilité du

12 mai au 11 novembre 1944, date à laquelle il quitta le Struthof pour se rendre à Guttenbock sur le Neckar. Il avait été fait prisonnier par les Américains le 8 mai 1945, alors qu'il avait rejoint une unité combattante.

L'ouverture du procès

C'est le 5 juin 1954, peu après 9 heures, que peut enfin s'ouvrir dans la salle des assises du palais de justice de Metz le procès des tortionnaires du Struthof.

Le tribunal militaire permanent est présidé par le magistrat Ernest Franck, président de chambre, détaché de la cour d'appel de Colmar. Il est assisté de trois généraux, Naguez, Kauffeisen et Chatenaud, de six colonels, Triquigneaux, Calmais, Durr, Brissot, Lebas et Noël. Le tribunal doit juger 83 inculpés dont 21 seulement sont présents[163]. Leur défense est assurée par dix avocats français et quatre avocats allemands. L'accusation est portée par le colonel Guyon et le capitaine Henriey.

Après la traditionnelle prestation de serment des présidents et des neuf juges militaires, la longue liste d'appel des 83 inculpés cités, l'installation des présents par ordre hiérarchique sur trois rangs, les débats peuvent enfin commencer.

Le président Franck les ouvre par une déclaration préalable: «La ferveur et le recueillement ont marqué les cérémonies qui ont eu lieu dimanche au Struthof», rappelle-t-il. «Ce même esprit doit prévaloir ici, afin que les débats puissent se dérouler avec la sérénité qui doit les caractériser.» Puis il enchaîne: «Greffier, veuillez donner lecture de l'exposé des faits!» Le ton est donné; la salle, archicomble, comprend que le président ne tolèrera pas le moindre dérapage. La cause de ce procès est pour lui et ses assesseurs d'une telle gravité, que pour rendre une saine justice, l'ordre strict et la discipline la plus rigoureuse paraissent indispensables.

Le greffier lit alors les vingt pages dactylographiées, sans interligne, de l'acte d'accusation. «Une longue et horrible énumération de milliers d'actes inhumains perpétrés dans ce camp de la mort, au milieu de sites sauvages, sévères où, trois ans durant, la cheminée du four crématoire lança vers le ciel, comme si elle voulait le défier,

Retour au camp après le travail à la carrière, lieu de nombreuses et violentes brutalités, d'exécutions parfois.

son long panache de fumée noire... » écrit en commentaire Roger Baechler, l'envoyé spécial des *Dernières Nouvelles d'Alsace*[164]. À la mention de leur nom, au fil de la lecture de l'exposé des faits, les accusés, à tour de rôle, se lèvent brièvement comme le leur a demandé le président.

À l'audience de l'après-midi, le tribunal commence à examiner la personnalité et le rôle tenu par chacun des inculpés. Hans Hüttig et Fritz Hartjenstein, respectivement premier et dernier commandants du camp, sont interrogés en priorité.

Hans Hüttig, né en 1894, originaire de Dresde, avait eu une instruction limitée à l'école communale. Il était devenu droguiste. Il aurait voulu faire une carrière militaire mais avait, semble-t-il, échoué à l'examen d'entrée d'une École de cadets. C'est la guerre qui lui offrit donc la possibilité de devenir soldat : dès 1914, il s'engage dans les troupes coloniales. Blessé en 1917, il se retrouve prisonnier des Anglais, hospitalisé au Caire. Il rentre au pays en 1920, souffrant de sa blessure et moralement affecté par la défaite allemande.

Il connaît une vie difficile, occupant de petits emplois. Marié en 1921, il aura deux enfants. Il adhère à l'association d'anciens combattants Stahlhelm (Casque d'acier) en 1925. L'année suivante, il tente d'ouvrir une boutique de photographe. Mais il est contraint de la fermer dès 1930 avec les premiers effets de la crise en Allemagne.

C'est cet échec, semble-t-il, qui le fait entrer au parti nazi en mai 1932. Le président, en effet, l'interroge spécialement sur les motivations de son adhésion au nazisme. Ce fut « en raison du développement politique et économique en Allemagne à l'époque ». En janvier 1933, il rallie la Allgemeine SS, toujours avec l'idée, semble-t-il, d'effectuer une carrière d'officier. Unterscharführer (sous-lieutenant) en novembre 1933, il suit une formation à Dachau en 1935. Celle-ci lui permet d'accéder au rang d'officier comme Obersturmführer (lieutenant) en 1937.

Quand, en 1941, Hans Hüttig prend la responsabilité du Struthof en construction, il doit recruter de la main-d'œuvre. Il se rend alors à Sachsenhausen pour sélectionner ces « ouvriers ». Le président reprend ce passage de sa déposition : « Vous les avez choisis solides et en bonne santé, n'est-ce pas ? Afin qu'ils puissent fournir un travail soutenu ? Comment se fait-il alors que 80 d'entre eux aient été renvoyés quelques semaines plus tard, dans un état physique lamentable ? »

Hüttig, gêné, répond : « On m'en avait donné d'autres que ceux que j'avais choisis. » Le président insiste : « De quelle nationalité étaient les déportés que vous aviez choisis ? » Hüttig reste évasif : « Je ne m'en suis pas préoccupé. » Le président lui rappelle alors certaines règles du droit international des personnes : « Connaissiez-vous l'existence de la convention de La Haye ? Elle interdit de forcer au travail des nationaux étrangers en temps de guerre. En ne respectant pas cette convention et bien que l'Allemagne la violât, vous étiez personnellement responsable ! »

Cet échange agace l'ancien commandant du Struthof : « Rien ne m'a permis d'identifier la nationalité des détenus », tente-t-il

Fiche d'un détenu politique « Nacht und Nebel », lors de son entrée au camp de Natzweiler-Struthof en mars 1944. Sa nationalité française est clairement indiquée.

| Konzentrationslager | Natzweiler | Art der Haft: | Franz. | Gef. Nr.: | 8608 | 7 |

Name und Vorname: Platot, Marcel
geb.: 2.1.25 **zu:** Chalons s/ Saone Dep. Saone et Loire
Wohnort: Chalons s/ Saone, 9 rue Pinette
Beruf: Kesselschmied **Rel.:** r.k.
Staatsangehörigkeit: Franz. **Stand:** ledig
Name der Eltern: Charles F., whn.in Chalons s/Saone W.Q. **Rasse:**
Simone geb.Degueursse 1930 in Chalons s/Saone verst.
Wohnort:
Name der Ehefrau: --- **Rasse:**
Wohnort: ---
Kinder: --- **Alleiniger Ernährer der Familie oder der Eltern:**
Vorbildung: 8 Jahre Volksschule
Militärdienstzeit: --- **von — bis**
Kriegsdienstzeit: **von — bis**
Grösse: 162 **Nase:** gradl. **Haare:** dunkel **Gestalt:** mittel
Mund: aufg. **Bart:** --- **Gesicht:** längl. **Ohren:** normal
Sprache: franz. **Augen:** braun **Zähne:** 1 fehlt
Ansteckende Krankheit oder Gebrechen: keine
Besondere Kennzeichen: keine
Rentenempfänger: nein

NN

Verhaftet am: 14.10.43 **wo:** Chalons s/Saone
1. Mal eingeliefert: 24.3.44 Na. **2. Mal eingeliefert:**
Einweisende Dienststelle: Sipo Paris
Grund: Polit.
Parteizugehörigkeit: --- **von — bis**
Welche Funktionen: ---
Mitglied v. Unterorganisationen: ---
Kriminelle Vorstrafen: ---

Politische Vorstrafen: ---

Ich bin darauf hingewiesen worden, dass meine Bestrafung wegen intellektueller Urkundenfälschung erfolgt, wenn sich die obigen Angaben als falsch erweisen sollten.

v. g. u.   Der Lagerkommandant

Platot Marcel

KL/42/4.43 500.000

d'expliquer. Puis ses réponses deviennent de plus en plus brèves. Il se contente de lancer des « *Nein !* » ou des « *Jawohl !* » sans autre forme de politesse... Le président le pousse ainsi dans ses derniers retranchements.

De l'acte d'accusation et des renseignements recueillis auprès des témoins, il résulte qu'au Struthof régnait, dès l'ouverture du camp sous l'autorité de Hüttig, un régime concentrationnaire d'extermination. Naturellement, l'accusé l'a nié tout au long de l'instruction. Le président Franck évoque par exemple une scène terrible : à la suite d'un vol, tous les internés ont dû se tenir au garde-à-vous dans la cour par une température de -12°. Puis, tous les quarts d'heure, on les avait forcés à retirer une nouvelle pièce d'habillement. Après quelques heures, les malheureux étaient complètement nus. Cinq d'entre eux moururent sur le champ, 18 autres succombèrent des conséquences de leur exposition au froid glacial. Parmi ces derniers, dix n'étaient pas des nationaux allemands.

Le président demande alors à Hüttig s'il ne disposait pas d'une brochure du Reichsführer SS (Heinrich Himmler), datée de janvier 1941, qui indiquait expressément que les sanctions collectives étaient interdites. Hüttig déclare qu'il ne connaissait pas ce texte, mais ajoute : « Je considère moi-même les sanctions collectives comme injustes ! » Le président, étonné, rétorque : « Comment une telle chose fut-elle alors possible dans votre camp ? » Hüttig botte en touche : ce jour-là, il était « absent ». Le président Franck lui rappelle alors qu'il a été prévenu de la scène à 10 heures du matin, qu'il était arrivé au camp vers 11 heures, et que la séance de torture avait duré jusqu'à midi, avant que les détenus ne soient alors envoyés au travail sans aucune nourriture.

« C'est faux ! » proteste Hüttig, « J'ai des témoins ! » Le président, impassible, augmente la pression : « Avez-vous pris une sanction quelconque à la suite de ces faits ? » Réponse de l'intéressé : « Pour moi, la responsabilité en incombait au Schutzhaftlagerführer

Le four crématoire du Struthof, où étaient brûlés les corps des personnes qui décédaient au camp, par exécutions, mauvais traitements ou maladies. C'est aussi là que furent incinérées les victimes des expérimentations médicales.

Kramer ! » Cette phrase fait bondir le président : « Un joli jeu de ballon, commente-t-il, vous renvoyez la responsabilité sur Kramer qui, pourtant, était votre subordonné. À qui la faute ? Ni à l'un ni à l'autre ou à tous les deux peut-être ? Kramer en était responsable, dites-vous, il méritait donc une sanction. L'avez-vous prise ? »

Hüttig, poussé dans ses derniers retranchements, avoue son impuissance : « Je ne pouvais rien contre Kramer, il dépendait administrativement d'Oranienburg ! » (un grand camp du Brandeburg). Le président conclut : « Aucune sanction n'a donc été prise ! J'en prends acte ! » Hüttig sent son explication insuffisante et ajoute : « J'ai demandé par écrit une sanction à Oranienburg à plusieurs reprises. Je n'ai jamais eu de réponse. Finalement, j'ai été muté en Norvège par mesure disciplinaire, Kramer m'ayant dénoncé comme étant trop humain. » Rappelons que Josef Kramer a été exécuté fin 1945 ; c'était donc pour Hüttig accabler un mort. Quant à sa bonté de cœur vis-à-vis des déportés, aucun des anciens internés présents dans la salle ne pouvait le croire. Dix ans de recul par rapport aux événements lui avaient permis de se fabriquer une bonne conscience et, peut-être, de se convaincre lui-même de sa grandeur d'âme. Le tribunal ne se laissa pas berner.

Premières questions

Le jeudi 17 juin 1954, ouvrant la séance, le président Franck indique qu'il va poser quelques questions aux inculpés. Il interroge en premier Wolfgang Seuss, le Rapportführer (chef du rapport au camp) et SS Hauptscharführer (adjudant) qui, avec son frère Josef, faisaient régner la terreur parmi les déportés[165].

Le président : « Seuss, les déportés qui ont été exécutés au Struthof étaient-ils passés devant une juridiction régulière ? Ont-ils eu la possibilité de présenter leur défense ? » Réponse de Seuss, un peu gêné : « Je ne sais pas, monsieur le président ! » Le président, toujours insistant : « Ont-ils eu un avocat ? Un avocat ou un prêtre ont-ils accompagné les suppliciés au lieu de leur supplice ? ». Seuss, de plus en plus mal à l'aise : « Je ne crois pas, monsieur le président ». Le président, déterminé : « Trouvez-vous cela normal, légal ? » Seuss ne répond plus.

Le président se tourne alors vers Robert Nietsch, un gardien cynique : « Nietsch, je vous pose la même question ». Réponse de l'intéressé : « Ce ne sont là que des questions juridiques. À l'école primaire et à l'école de perfectionnement professionnel, je n'ai eu aucun enseignement juridique. D'ailleurs, ma conviction politique m'interdisait de me considérer comme responsable de quoi que ce soit. » Le président se tourne vers le Hundestaffelführer (conducteur maître-chien) Franz Ehrmanntraut : « Ehrmanntraut, que pouvez-vous dire à ce même sujet ? » Celui-ci, qui sévissait notamment au chantier de la cave à pommes de terre, tenta de donner une explication : « À mes yeux, l'autorité du camp représentait en l'occurrence l'autorité judiciaire. Et si j'avais demandé une explication quelconque, c'est moi qui aurais été fusillé. » Le président interpelle alors Herbert Oehler, un des gardiens les plus brutaux du camp du Struthof, déjà condamné à mort par le tribunal de Rastatt en 1947. « Oehler, qu'en pensez-vous ? » Celui-ci lui adresse une réponse logique : « Si on m'avait appliqué cette forme de justice, j'aurais dit que c'est une injustice. »

Le président poursuit ses questions : « Fuchs, quelle est votre opinion ? » Albert Fuchs, un des principaux accusés dans ce procès, déclare, convaincu : « C'est injuste !... » Le président, poursuivant son passage en revue des accusés du premier rang, passe alors à Fritz Hartjenstein.

« Hartjenstein, avec vous nous pouvons élever le débat. Qu'avez-vous à dire sur cet aspect de la question ? » L'ancien SS-Sturmführer (commandant) du camp du Struthof, répond de manière très administrative : « En tant qu'homme, soldat et officier, il m'était impossible de ne pas considérer les ordres reçus de la plus haute instance du Reich comme absolument légaux. Je me suis conduit en homme, en soldat et en officier. » Le président Franck conclut péremptoirement : « Je vous le concède pour le soldat et l'officier, mais j'émets de graves doutes pour ce qui est de l'homme. Vous serez libre d'apporter des preuves et vos dires au cours des débats. »

Ces premiers échanges démontrent que, pour les accusés, les meurtres commis et les actes de barbarie n'étaient perçus que comme des actes administratifs normaux, accomplis dans la légalité. « La lâcheté d'une telle défense fait penser au fait que ces hommes, ou plutôt ces fonctionnaires du crime, étaient, en grande partie, des embusqués, dont les seuls titres de gloire et de courage s'inscrivaient en énormes lettres de sang dans la terrible histoire du régime concentrationnaire national-socialiste allemand », devait en déduire Roger Baechler, l'envoyé spécial des *Dernières Nouvelles d'Alsace*[166].

La suite de l'audition des accusés amène à la barre Ernst Hoffmann. Ce gardien faisait partie de ceux qui avaient pu être promus Blockführer (chef de bloc). Ce sera aussi le cas des deux accusés qui lui succéderont, Rudolf Knechtle et Heinrich Wagner. Hoffmann, lui, était entré aux SA en 1931. Une année plus tard, on l'accepte au Parti national-socialiste et en 1935 il devient SS. Il arrive au Struthof en mars 1942 comme simple gardien. Il est promu assez vite Blockführer mais est relevé de ses fonctions pour inaptitude par Wolfgang Seuss. On l'affecte alors au service postal des déportés. Frustré, aigri, il semble passer sa mauvaise humeur en maltraitant les détenus. Devant le tribunal, il est accusé de sévices et de participation à l'exécution de déportés.

Rudolf Knechtle, lui, avait adhéré au Parti national-socialiste en décembre 1930. « Quelles étaient vos raisons pour cette adhésion ? » lui demande le président Franck. « C'est mon professeur de comptabilité qui y tenait ! » explique l'accusé. Réponse décevante, qui traduit son manque de personnalité. Selon l'acte d'accusation, il est impliqué dans l'extermination le 7 septembre 1944 des 106 membres du réseau Alliance et de 35 maquisards vosgiens. Il nie tout.

Heinrich Wagner, lui, avait été volontaire pour les SS en 1940. Il avait été affecté au Struthof dès août 1941. Un an plus tard, il était passé Blockführer. En 1943, il avait suivi à Munich une formation comme maître-chien. Le président Franck relève une ambiguïté du dossier : « Les renseignements vous concernant sont partagés ; les uns disent que vous n'avez jamais frappé ni lâché votre chien, d'autres vous accusent d'avoir participé au matraquage de déportés français *Nacht und Nebel* (Nuit et brouillard). Reconnaissez-vous ce dernier point ? » Réponse sèche de Wagner : « Non, monsieur le président ». Wagner rejette toute accusation, y compris celle d'avoir commis des sévices envers des prisonniers russes.

Puis la cour entend Nikolaus Busch, l'ancien chef du camp annexe d'Obernai. Il n'a jamais adhéré au parti hitlérien. Père de trois enfants, il est libéré du service militaire en 1940 pour charge de famille. Néanmoins, il est incorporé dans la Waffen SS en 1942. Après un passage à Mauthausen, il est muté au Struthof. Déjà condamné à mort pour ses agissements au camp de Schoenberg, il est accusé de violence sur la personne d'un détenu. Le dossier le présente comme un individu extrêmement brutal, ce qu'il dément.

On change de catégorie avec Ernst Jäger. On est en présence d'un kapo, un détenu de droit commun de nationalité allemande. En 1929, lors d'une rixe, il tue un membre des SA. Il est condamné à huit ans de réclusion. À l'expiration de sa peine, on le maintient en prison puisqu'il ne peut attester d'un domicile fixe. Comme il refuse de travailler, les services pénitenciers hitlériens le stérilisent en 1938. Le président Franck reconnaît ce parcours particulier : « Vous êtes une victime, pourquoi avez-vous maltraité, torturé et tué d'autres victimes au Struthof ? » interroge-t-il. Réponse d'Ernst Jäger : « Je n'ai maltraité personne. Au contraire, c'est moi qui ai reçu des coups ! » Condamné aux travaux forcés à perpétuité pour sa conduite dans d'autres camps de concentration allemands, il apparaît comme un être fruste, entièrement soumis à la volonté des gardiens.

Lui succède à la barre l'ancien intendant du camp, Herbert Dillmann, qui avait le grade d'Obersturmführer SS. Le président l'interpelle : « Vous êtes officier, votre responsabilité fut donc plus grande que celles des autres. » Réponse spontanée : « Oui, monsieur le président, mais uniquement pour les affaires administratives de mon ressort. » Cette restriction met le président Franck hors de lui : « Mais, Bon Dieu, vous vous retranchez derrière des paragraphes, des lettres mortes ! Les déportés pourtant étaient des êtres de chair et de sang – et vous-même, n'êtes-vous pas un être de chair et de sang ? » L'accusé, embarrassé, demeure muet. Le président reprend : « On vous présente comme un dilettante. » Dillmann fait observer, qu'en effet, il n'était pas au courant de ce qui se passait dans le camp. Comment pouvait-il affirmer froidement son ignorance ? N'était-il pas provocant d'oser s'exprimer ainsi ?

Bien sûr, il nie toute participation au gazage des 87 Juifs, puisqu'il refuse d'endosser la moindre responsabilité pour les méfaits qui ne dépendaient pas de sa compétence administrative.

L'audience de l'après-midi commence par l'interrogatoire d'Emil Mayer. Cet ancien chef de la compagnie des gardes du camp était membre du parti nazi et de la SS depuis 1931. Sa conduite durant la guerre lui a déjà valu une condamnation à deux ans de prison à Hambourg. Cependant, il faut relever qu'il s'était présenté spontanément aux autorités françaises à Baden-Baden. En fait, il a été inculpé parce que Seuss l'a fait figurer sur une liste des gardiens présents lors d'une exécution.

Questionné à ce sujet, Mayer se tourne vers son accusateur : « Seuss, vous ne pouvez prétendre que j'étais là ce jour-là ! » Cette apostrophe directe oblige le président à le rappeler à l'ordre et à reposer lui-même la question à Seuss. L'envoyé spécial des *Dernières Nouvelles d'Alsace* relève alors : « Celui-ci [Seuss], posément, de manière détachée, répondit que les noms figurant sur l'état en question lui avaient été indiqués tels quels... »

Mayer revient alors à la charge : « Monsieur le président, je possède des preuves de mon absence du camp à cette date. Cet homme avait fait figurer mon nom sur la liste sans que je le sache, pour toucher à ma place des rations de ravitaillement. » C'était bas et vil, mais tout le monde avait compris que des trafics se pratiquaient dans le camp.

Les autres accusés qui se succèdent à la barre apparaissent de la même trempe. Tous sont inculpés d'homicide ou de violence sur les déportés. Tous nient plus ou moins fortement leur participation aux actes. On écoute ainsi, ahuri, Alfred Haas, le plus âgé des anciens gardiens (65 ans). Souffrant des jambes, il est interrogé assis. Il explique notamment : « Je n'ai donné des coups de pied et des peines qu'à des Russes et des Polonais, mais pas à des Français qui sont des gens plus disciplinés. » Dans sa naïveté, l'accusé témoigne de son engagement national-socialiste. Il avoue ouvertement avoir introduit des considérations racistes dans le traitement des personnes détenues au Struthof. Dans la catégorie des sous-hommes, il fallait ainsi, selon lui, opérer des distinctions.

METZ, JUIN-JUILLET 1954

Le tribunal des forces armées de Metz. Article des DNA du 14 juin 1964.

Karl Rieflin, anciennement SS Hauptscharführer, avait déjà été condamné pour sa conduite dans des camps de concentration en Allemagne par le tribunal de Rastatt aux travaux forcés à perpétuité. On l'accuse désormais de complicité dans 141 homicides. Herrmann Duttel, originaire d'une localité près de Kehl, paraît être une brute finie, alors que Peter Graucholz est nettement moins chargé. Au premier, ancien SS-Unterscharführer, on reproche 107 homicides, au second, originaire de Yougoslavie, simple SS, deux homicides seulement... Il n'y a que Jakob Merker et Jakob Schondelmaier qui, d'ailleurs laissés en liberté provisoire jusqu'au procès, semblent sortir du lot.

Le dernier commandant du camp

Le président revient alors au dernier commandant du camp, Fritz Hartjenstein. Selon l'envoyé spécial des *Dernières Nouvelles d'Alsace*, Roger Baechler, « au cours de sa détention, Hartjenstein avait confectionné un véritable registre, muni d'onglets de repérage, dans lequel il avait marqué, de façon pratique, claire et précise, tous les détails de sa carrière administrative ». Cet épais cahier ne devait jamais le quitter. « Une question lui était-elle posée à la barre ? Un coup de pouce au repère voulu, un regard sur la page et l'accusé formulait sa réponse », comme un comptable consciencieux, organisé, face à un inspecteur des impôts.

Le président rappelle sa carrière. Fritz Hartjenstein, né en 1905, a fait des études secondaires, mais ne les a pas achevées. Issu d'un milieu d'artisans, il pensait trouver sa voie dans l'agriculture ; ainsi devient-il valet de ferme en 1921, tout en poursuivant sa formation à l'école agricole de Hanovre. En 1926, il change d'orientation et entre dans l'armée, la Reichswehr. Après douze années de service et malgré ses efforts pour devenir officier, il est versé dans la réserve en 1938.

Instructeur dans les SS-Verfügunstruppen, il accède au grade de SS-Unterscharführer (sous-lieutenant). La guerre va lui permettre de devenir officier. En 1942, il passe SS-Sturmbauführer (commandant) d'une unité devenue entre-temps des Waffen-SS, peu de temps avant d'être muté à Auschwitz. En novembre 1943, il prend le commandement du camp de Birkenau, puis celui du Struthof le 5 mai 1944.

Il arrive au Struthof le 18 mai 1944 et dirige le camp jusqu'à son évacuation en novembre de la même année. Le 23 janvier 1945, il reprendra du service dans une unité combattante sur le front tchèque où il sera fait prisonnier par les Américains le 8 mai 1945.

Sa présence au Struthof fut marquée par une recrudescence des exécutions notamment en juillet et en septembre 1944. Très discipliné, il témoignait de peu de personnalité. Si sa carrière avait été chaotique, c'était, selon lui, la conséquence d'un règlement de compte dont il avait été la victime.

Fritz Hartjenstein, prenant son commandement en mai 1944, avait, lors d'un rassemblement solennel des internés, proclamé publiquement l'interdiction de tout châtiment corporel. Il rappelle donc cet engagement à la barre et déclare prendre l'entière responsabilité de tout ce qui s'est passé sous ses ordres. Pourtant, il rejette celle des sévices infligés à des détenus puisqu'il n'a jamais, dit-il, porté la main sur un prisonnier du camp. Lorsqu'on évoque les exécutions arbitraires, il rétorqua qu'il n'y a jamais assisté.

Le président s'étonne de cette attitude. « Vous êtes magnifique dans vos explications », lance-t-il à l'ancien commandant du camp, « mais où est l'aspect humain des choses ? On frémit à l'idée de ce qui serait arrivé si Hitler avait gagné la guerre ! » Puis, se tournant vers l'accusé, il ajoute : « Je m'aperçois que je prêche à un mur ;

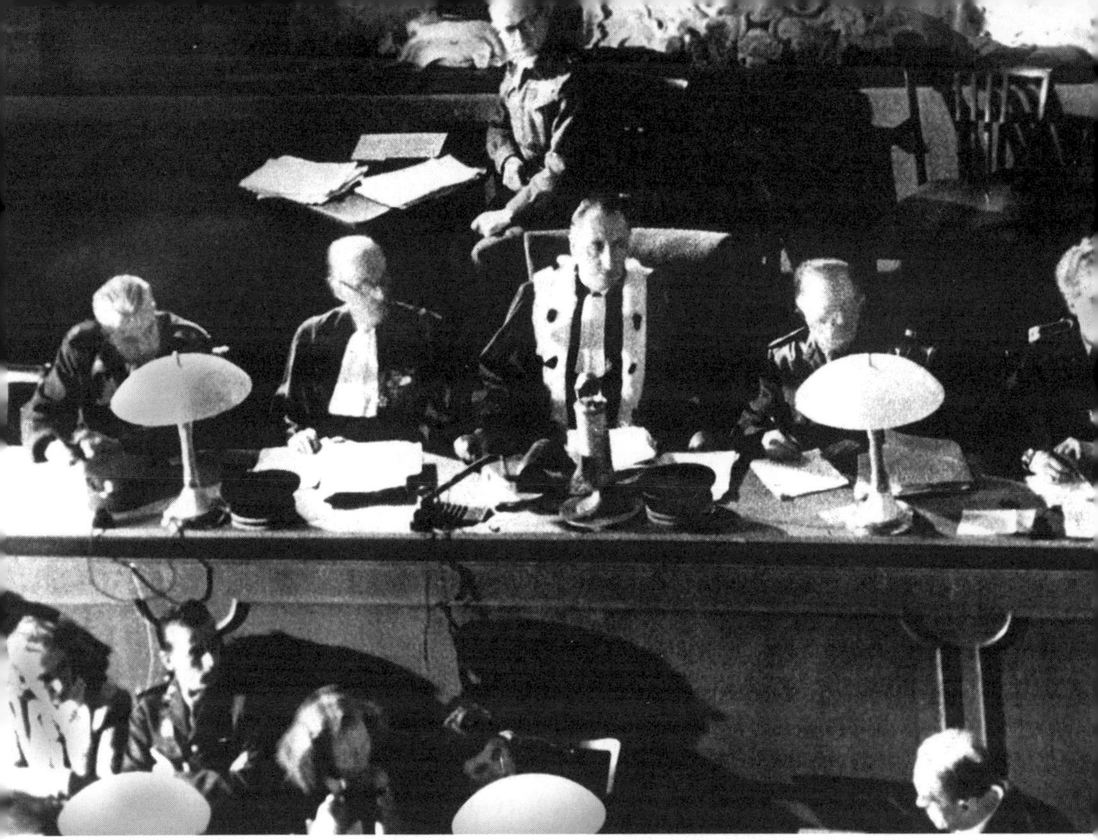

Le procès des responsables des kommandos annexes du Struthof eut lieu à Rastatt, en zone d'occupation française en Allemagne.

L'ensemble des accusés au procès de Luneburg, 1946. Josef Kramer porte le n° 1 sur la poitrine.

COLLEGE PARK (MD), NATIONAL ARCHIVES / COLL. LISE POMMOIS

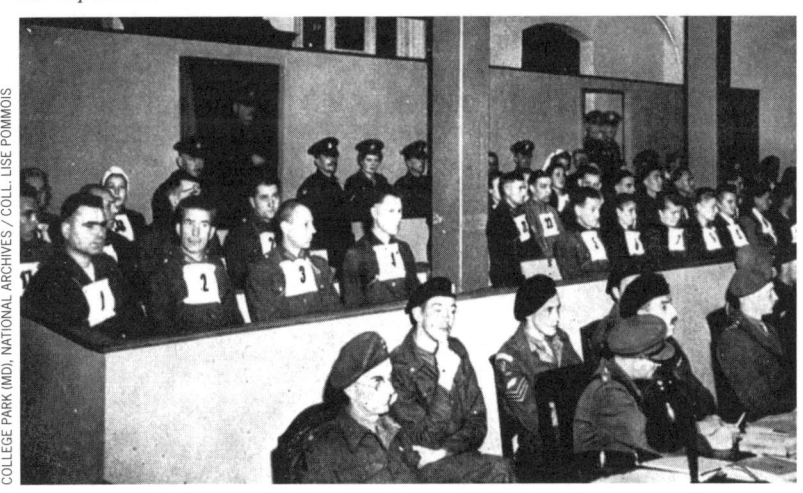

vous êtes totalement fermé. Vous trouvez des arguments lorsqu'il s'agit de votre peau, mais ces arguments vous sont exclusivement réservés. Pour la vie de ceux dont vous disposiez, totalement rien ! »

Après avoir relevé ce paradoxe, il tente de le prendre à défaut : « Votre villa était à proximité du camp. N'avez-vous jamais entendu les cris, les hurlements des victimes que l'on torturait sous votre responsabilité ? » Hartjenstein, très distant : « On n'entendait rien quand les fenêtres étaient fermées. » Le président, insistant : « N'êtes-vous pas allé dans le camp pour voir ce qui s'y passait ? » Hartjenstein se retranche alors derrière des considérations administratives : « J'avais 38 camps à diriger et je me déplaçais constamment[167]. » Le président, insatisfait, revient à la charge : « Le régime était-il différent dans les autres camps que vous dirigiez ? » Hartjenstein ne sait plus quoi répondre et préfère garder le silence.

Le président se replonge dans le dossier. Il note que, de fin mai 1944 au 7 septembre 1944, il y eut 13 décès. « Hartjenstein, ce chiffre est-il exact ? » Celui-ci jette un rapide coup d'œil à son gros cahier, avant de répondre : « Oui, monsieur le président. » Mais cette statistique ne comprend pas les exécutions, calcule le président. Rien que durant les premiers jours de septembre, il y en eut 142, alors même que les décès des déportés russes et slaves n'étaient pas répertoriés. « Heureusement que vous aviez interdit les châtiments corporels », ironise le président Franck.

Fritz Hartjenstein avait déjà été condamné à mort par le tribunal britannique de Wuppertal en 1946, et par le tribunal français de Rastatt en 1947. Les peines avaient été confondues et ramenées à dix ans de prison. Pour autant, l'homme n'a pas évolué dans son orientation idéologique. Dix ans après les événements, il répond toujours aussi froidement. À une nouvelle question posée par le président, il répond que « la cheminée du four [crématoire] servait aussi d'échappement à l'installation des douches et à celle de la désinfection[168] ».

Les témoins à charge

Le procès entre déjà dans sa deuxième semaine quand commencent les auditions des témoins à charge. Le premier, René Baro, est originaire de Diesen (Moselle). D'emblée, cet ancien

METZ, JUIN-JUILLET 1954

Procès de responsables du camp du Struthof à Luneburg en 1946.
Ci-dessus : Fritz Hartjenstein, l'un des anciens commandants du camp du Struthof, converse avec son avocat.
Ci-dessous, de gauche à droite : Seuss, Straub, Meier, Wochner, Hartjenstein, Berg, Rohde, Bruttel.

déporté donne le ton. Il se souvient parfaitement, dit-il, de la phrase prononcée par Wolfgang Seuss lors de son arrivée au camp : « Vous venez ici pour crever ! » Cette phrase devait le hanter durant tout son séjour. Puis il met en cause tour à tour trois gardiens : Robert Nietsch, Franz Ehrmanntraut et Albert Fuchs. Chacun d'eux nie les faits qu'on lui reproche par un mot sec qui claque comme un coup de fusil : « *Nein !* » Le président s'en offusque. Ce qui laisse les accusés impassibles.

Baro met plus directement en cause Albert Fuchs : celui-ci, accuse-t-il, précipitait les déportés exténués dans les barbelés. Les gardes, postés aux miradors, les abattaient alors. Fuchs fait savoir qu'il ne comprend rien à ce que dit le témoin. On fait donc intervenir l'interprète. Le président commente à l'intention de l'ancien gardien : « Je crains qu'il n'y ait beaucoup de choses que vous ne puissiez comprendre ! » René Baro termine sa déposition en soulignant cependant qu'« avec l'arrivée de Hartjenstein, les sévices diminuèrent d'intensité ».

Lui succède à la barre un autre Mosellan, adjoint au maire de Hagondange, Alphonse Bauer. Celui-ci était affecté à l'infirmerie du camp, ce qui l'obligeait à se rendre de temps en temps dans la salle de dissection et donc à passer devant le four crématoire. C'est ainsi qu'il avait vu, en juillet 1944, qu'on pendait des Polonais par groupe de quatre dans la chambre du crématoire.

Ehrmanntraut, mis en cause, nie évidemment toute participation à ces pendaisons. Mais Bauer continue de l'accabler. À la même époque, poursuit-il, il a vu Ehrmanntraut emmener un jeune Polonais, âgé d'à peine 13 ou 14 ans, dans la carrière de sable, où il l'a exécuté. L'interpellé affirme n'en avoir aucun souvenir. Le président s'exclame : « En avez-vous donc tellement exécuté, de ces enfants de 13 ans, pour que vous ne vous souveniez pas de ce cas précis ? » Puis il se tourne vers l'ancien commandant du Struthof : « Et vous, Hartjenstein, que dites-vous de cette détention d'un enfant de 13 ans ? » Ce dernier, tout penaud, comme un collégien pris en faute, avance une explication : « On nous confiait ainsi, pour leur apprendre le métier de tailleur de pierres, des jeunes gens qui ignoraient où se trouvaient leurs parents. » « Drôle d'école professionnelle ! » commente le président.

Josef Kramer
Le plus dur des commandants du Struthof fut ensuite « promu » à Auschwitz et termina à Bergen-Belsen. Il fut condamné à mort et exécuté.
Photo prise après son arrestation, avril 1945.

Le témoin Bauer, reprenant la parole, met alors en cause Hartjenstein. Il évoque « l'exécution de trois femmes qu'on supposait anglaises et qui furent incinérées au four crématoire après avoir été endormies d'une piqûre de morphine ». Hartjenstein nie énergiquement. Il nie de même pour le massacre du réseau Alliance. Pourtant, Bauer dit l'avoir vu cette nuit-là, « hors de lui et pris de boisson, venant féliciter deux détenus de droit commun » qui, comme kapos, participèrent à cette boucherie. Enfin, le témoin révèle encore au tribunal « qu'il existait au camp un orchestre auquel Hartjenstein se proposait de faire attribuer un nouvel uniforme ».

Me Wiltzer, avocat, dépose alors des conclusions demandant à ce qu'on donna acte à la défense « du fait que l'exécution des trois Anglaises n'est pas retenue par l'acte d'accusation ». En effet, cet élément relevait de l'autorité de la chose jugée, Hartjenstein ayant déjà été condamné à mort pour ce crime par le tribunal de Wuppertal. Il demande également que le tribunal reconnaisse que « le témoin Bauer avait été interrogé sur des faits qui, ainsi, avaient été joints aux débats ». Naturellement, l'accusation demande le rejet pur et simple de ces conclusions. Après une longue délibération, le tribunal donne acte à la défense du fait que l'exécution des trois Anglaises n'était pas retenue dans l'acte d'accusation contre Hartjenstein, mais rejette les deux autres conclusions. En effet, le jugement du tribunal de Wuppertal n'avait pas été versé aux débats et le témoin avait spontanément relaté l'affaire de l'assassinat des trois Anglaises. Dès lors, le tribunal décide de passer outre.

Autre témoin mosellan, Charles Bru, originaire de Serémange, décrit minutieusement la manière dont les membres du réseau Alliance avaient été exécutés. Il explique qu'on les avait menés directement au crématoire où on les avait abattus méthodiquement dès leur arrivée. Quelques-uns des suppliciés avaient néanmoins eu le temps de crier « Vive la France ! » avant de mourir.

Le témoin suivant, Louis Conrath, rappelle comment le gardien Fuchs exhortait les internés au travail. « Je suis un ancien braconnier, disait-il, je ne rate jamais mon coup et dans mon commando personne ne s'évade » ; puis il enchaînait : « Maintenant tout le monde au travail ! » Chaque fois que le témoin rappelle les sévices exercés par Fuchs, celui-ci se dresse dans le box : « Inexact ! », « Impossible ! »

« Le témoin se trompe ! » À aucun moment, il ne montre un signe de compassion ou de repentir. « Chaque matin, ajoute le témoin, vers 10 heures, un détenu que l'on prétendait en fuite était abattu ! » Mais « c'était une exécution préparée puisque les Feldgendarmes faisaient des constatations moins de trente secondes après et que les brancardiers se tenaient à l'affût pour emmener le cadavre. Ces exécutions étaient tellement régulières qu'elles ne pouvaient être que préméditées ».

Face à ces faits accablants, les accusés se mettent à ironiser. Lorsque le témoin rappelle que Wolfgang Seuss n'appelait jamais les détenus par leur nom, mais vociférait des injures à leur égard, les traitant de tous les noms, Seuss rétorque : « Oh, ce sont des termes courants dans notre patois bavarois... » Quand on relate les circonstances dans lesquelles les femmes du réseau Alliance furent exécutées, Ehrmanntraut se lève et interpelle le président sur un air faussement naïf : « Mais de quelles femmes s'agit-il donc ? » Le président Franck, outré, lui ordonne de se rasseoir.

L'après-midi, peu avant la reprise de l'audience, une altercation se produit entre l'accusé Jäger et un ancien interné présent dans la salle. Le public, révolté, se dit indigné de l'arrogance de l'ancien kapo. Le service d'ordre doit intervenir pour le calmer. Du fond de la salle, un ancien déporté lui lance : « T'aurait-on rappelé à l'ordre de cette façon au camp ? »

À la reprise des débats se poursuit le long défilé des témoins. Leistenchneider, inspecteur de police à Rambas (Moselle), affirme avoir reconnu formellement Fritz Hartjenstein, Franz Ehrmanntraut, Robert Nietsch et Wolfgang Seuss remontant du crématoire, titubant de fatigue, lors de l'exécution des membres du réseau Alliance. Il se dit également convaincu du fait que des femmes de ce réseau, avant d'être jetées encore vivantes dans le crématoire, avaient été violées. Il explique que jusqu'à 40 corps étaient parfois entassés devant le crématoire. « J'y ai vu des cadavres d'enfants de 10 à 11 ans », fait-il encore remarquer, ce qui provoque une réaction violente de Hartjenstein. Celui-ci lui coupe la parole : « Le plus jeune détenu avait 16 ans ! »

Le témoin Zugmeyer de Hagondange décrit les circonstances dans lesquelles le général Aubert Frère, ancien gouverneur militaire de Strasbourg, trouva la mort au camp le 13 juin 1944 : « Je l'ai soigné à ses derniers moments quand la dysenterie l'emportait. » « Après avoir été lavé et rasé, un prêtre a pu, en cachette, lui donner l'absolution. » Puis le général qui, en arrivant au camp était « un colosse » et maintenant n'était plus qu'« un squelette » est mort « en nous serrant la main ». Touché, semble-t-il, par ce témoignage, le président Franck interpelle alors l'ancien chef du camp : « Hartjenstein, vous aviez sous votre responsabilité un général à cinq étoiles et vous l'avez laissé crever ! » « Oui, crever ! » répète-t-il, alors que l'accusé veut protester.

Le témoin Ernst, originaire de Valmont (Moselle), était chargé de tenir le registre des décès au camp. Seuls y étaient mentionnés les décès des déportés immatriculés au Struthof, précise-t-il. Plusieurs témoins expliquent au tribunal qu'après l'évacuation du camp, même lorsqu'on les affecta à des commandos relevant de Dachau, ils avaient eu moins de sévices à subir et avaient été mieux nourris qu'avant. « L'exercice de la violence dépendait en grande partie du chef du camp », en déduit le président Franck.

Le témoignage de Leclercq, domicilié à Metz, relatant les confidences du kapo Berg, est particulièrement pénible à entendre. Il décrit des scènes insoutenables lors de l'extermination du réseau Alliance. Ainsi « le cas d'une jeune fille de 16 ans qui fut pendue par les seins à des crochets de boucher sous les yeux de sa mère ». Toujours d'après ce témoin, « Nietsch viola certaines femmes avant de les tuer en leur injectant de l'essence dans les veines. » Naturellement, Nietsch nie tout en bloc.

« Visiblement fatigué par les dénégations des accusés après chaque déposition », relève le journaliste des *Dernières Nouvelles d'Alsace*, le président Franck finit par avertir un témoin par avance que Ehrmanntraut rejettera sa déposition. « Il ne va tout de même pas nier m'avoir giflé dès mon arrivée au camp », s'interroge le témoin. Le président : « Je vous préviens qu'il va nier. » Il en fait même un jeu : « Voulez-vous essayer ? » Apostrophant l'accusé : « Ehrmanntraut, avez-vous frappé le témoin ? » Ehrmanntraut se lève : « Nein ! » « Vous avez vu ! » conclut le président. De guerre lasse, après avoir entendu ainsi 18 témoins et les avoir confrontés avec les inculpés, le président lève la séance à 18 h 30[169].

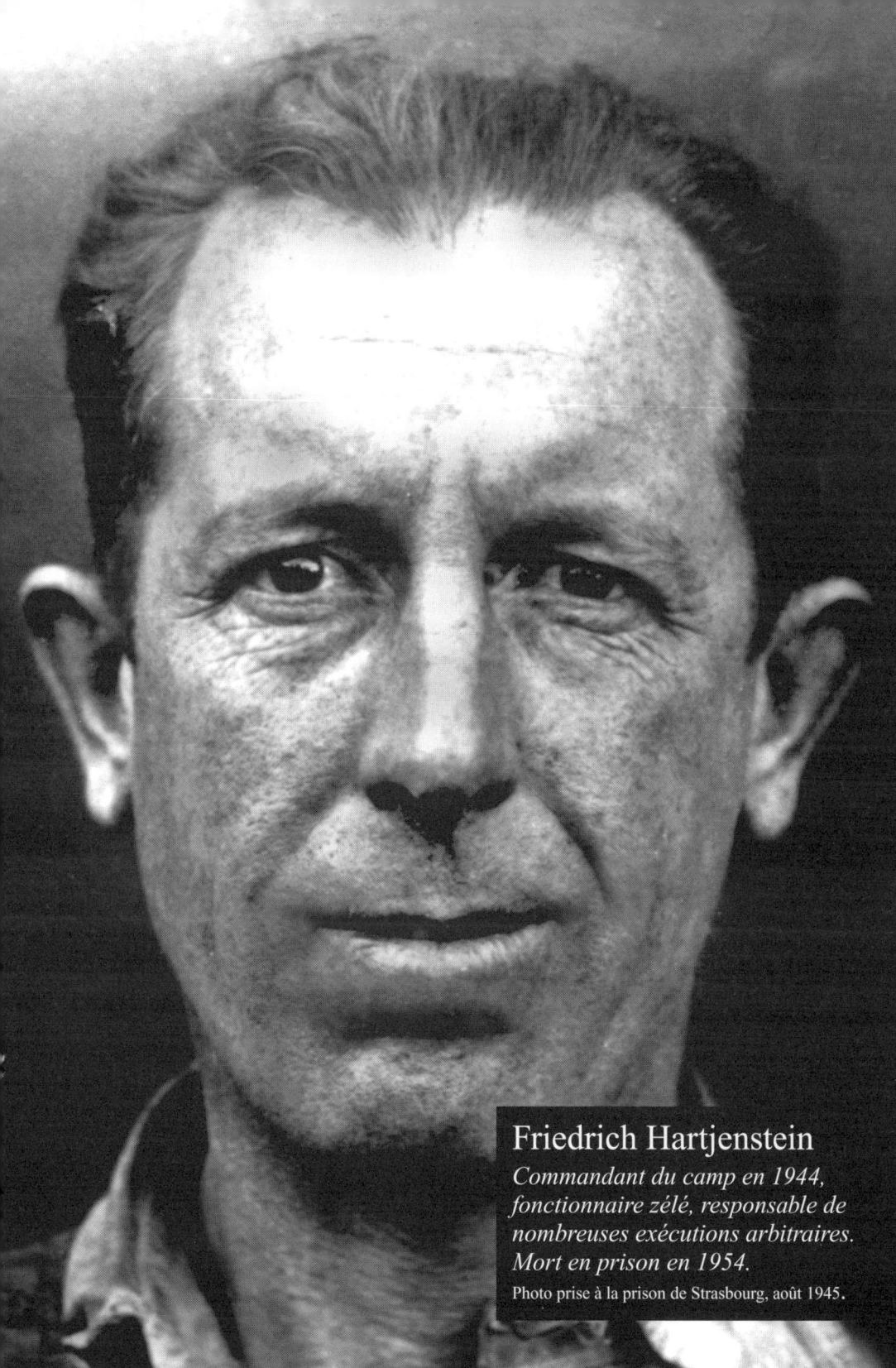

Friedrich Hartjenstein
Commandant du camp en 1944, fonctionnaire zélé, responsable de nombreuses exécutions arbitraires. Mort en prison en 1954.
Photo prise à la prison de Strasbourg, août 1945.

Si la journée du lundi 21 juin 1954 était celle de l'audition des Mosellans, l'audience du mardi 22 juin allait être consacrée aux témoignages des anciens détenus d'autres départements.

Le premier à intervenir est Adrien Bermand, ancien déporté NN (*Nacht und Nebel*) originaire d'Abbeville (Meurthe-et-Moselle). Il désigne Albert Fuchs, Franck Ehrmanntraut et Herbert Oehler comme les SS les plus acharnés à matraquer les NN au camp du Struthof. Il relate notamment le matraquage du 15 août 1943 : « Oehler s'acharna sur le commando pour la construction de la route. Plusieurs internés furent carrément assommés. Un événement semblable eut lieu le lendemain pour le commando de la cave aux pommes de terre. Les blessés furent laissés sans soins pendant plusieurs jours. » Il évoque également le rôle de Fuchs au ravin de la mort, lors de la « ronde des brouettes ». « Les déportés charriaient la terre jusqu'au promontoire au bas duquel se tenaient les sentinelles », explique-t-il. « Du haut du remblai de terre, nombre de déportés du commando de Fuchs étaient précipités vers les sentinelles qui les abattaient en bas à coups de mitraillettes. » Fuchs nie évidemment avoir fait tuer de la sorte le typographe parisien Léon Obron qui s'était écroulé de fatigue comme le soutint le témoin.

Fuchs interpelle le témoin en le qualifiant de « témoin de l'accusation ». Cette expression met le président hors de lui : « Il n'y a ni témoin de l'accusation ni témoin de la défense. Tous sont des témoins. Rien que des témoins. Ils relatent les faits ; un point c'est tout ! » La défense prie alors le président de laisser à Fuchs la possibilité de s'exprimer. Mais ce dernier, pris de lassitude, se contente de répéter « *Nein ! Nein !* » « Vous voyez, reprend le président, un disque de phonographe remplacerait aisément toutes les explications des accusés : « *Nein*, je n'y étais pas ; *Nein*, je n'en sais rien ; *Nein*, j'ai agi sur ordre ! »

Le témoin Winterberger, originaire de Niederhaslach dans le Bas-Rhin, vient alors relater les circonstances qui valurent à tout l'effectif du camp d'être exposé au froid, en 1941, à la suite d'un vol de cigarettes. Par une température de -12°, vingt déportés moururent, s'écroulant dans la cour avant d'être déposés sur le ciment d'un W.-C. On plongea même les agonisants dans une baignoire d'eau glacée pour les achever. La seule réponse que peut fournir Hüttig, commandant du camp à l'époque, est : « Je m'étonne qu'on ait ainsi traité les malades. L'infirmier du camp était un bon chrétien et nous avions un bon médecin ! »

Mais l'explication la plus saugrenue vient d'Ehrmanntraut qui, froidement, face à l'accusation portée contre lui par le témoin Weigel de Strasbourg pour l'assassinat d'un Polonais dénommé Kamela, répond : « J'avais un sosie dans le camp ! » Les débats tournent au vinaigre. Le président ne se maîtrise plus que très difficilement et les témoignages deviennent de plus en plus accablants. Ainsi Georges Feeser, de Nancy, commente comment Ehrmanntraut faisait arracher par son chien les pansements des blessés NN, comment il urinait sur les plaies des détenus exténués étendus sur la place d'appel, comment la cheminée du crématoire rougeoyait et crachait des flammes de cinq mètres de haut durant la nuit où l'on extermina le réseau Alliance.

L'heure de midi interrompt cette longue litanie de méfaits observés par les survivants du Struthof. Lors de la reprise des débats, l'après-midi, la parole est donnée au témoin Spitz, de Ribeauvillé, qui se présente à la barre en tenue rayée. Il révèle que Seuss, surnommé Napoléon par les détenus, décida un jour d'enterrer vivant un déporté qu'il considérait comme paresseux. Ehrmanntraut urinait sur les moribonds qui râlaient la bouche ouverte, une lourde pierre posée sur la poitrine, exposés en plein soleil. Le témoin avait été affecté pendant un temps au commando chargé de transporter les cendres du crématoire au potager des officiers SS où elles servaient d'engrais.

Le témoin René Poirier, de Strasbourg, accuse Oehler d'avoir commis de graves sévices sur les Russes. L'inculpé mis en cause réagit malheureusement en demandant : « Quels Russes ? » Le président, ironiquement, le rappelle à l'ordre : « Je remarque, Oehler, que vous êtes en train de vous endormir ; pourtant il s'agit de votre procès. Alors, avez-vous maltraité ces Russes ? » Oehler, agacé, rétorque : « Monsieur le président, j'ai déjà répondu à cette question. » Le président Franck veut mettre les choses au point : « Vous estimez qu'il est au-dessus de votre dignité de me répondre ? » L'affrontement devient personnel ; le président ne laisse rien passer. Les accusés, devant les témoignages concordants, d'une gravité extrême, ne savent plus quoi répondre, cherchent en vain une nouvelle attitude à adopter. Mesurent-ils les conséquences tragiques de l'image qu'ils offraient ainsi d'eux-mêmes et de l'hostilité, voire même de la révolte qu'ils déclenchent auprès du public ? Leur stratégie frôle désormais l'ignominie.

À l'ouverture de l'audience du 24 juin, avant d'entendre les derniers témoins, le président Franck, à la demande des juges assesseurs militaires, questionne Hartjenstein sur un point précis : « À quel moment a-t-on installé les crochets pour pendre les déportés dans la pièce du crématoire ? » Réponse : « Je ne sais pas. Tout était déjà en place quand je suis arrivé ». Le président insiste : « À quoi servaient ces crochets ? » « Aux pendaisons non publiques », répond Hartjenstein. « Avez-vous assisté à ces pendaisons ? » Réponse cinglante de l'accusé : « Pas à une seule ! »

Il est presque certain qu'il ment. Le président poursuit donc son interrogatoire : « Si je comprends bien, c'étaient des massacres, des tueries en série qui avaient lieu là et non des exécutions légales. Saviez-vous qu'ils avaient lieu ? » Hartjenstein, très gêné : « J'avais des ordres pour ces exécutions. » Le président Franck, outré, revient à la charge : « Le lieu, la manière de ces exécutions, l'absence du chef du camp, tout prouve qu'il s'agissait de meurtres purs et simples et non d'exécutions légales. N'aviez-vous pas peur, Hartjenstein, qu'on prenne un déporté pour un autre ? » L'intéressé répond avec une pointe d'arrogance : « Non, on vérifiait bien l'identité. » Le président, irrité et un brin provocateur : « Mais vous estimiez qu'il était de votre tâche de vérifier vous-même cette identité ? » « Comme soldat... » Hartjenstein ne peut terminer sa phrase, le président lui coupe la parole : « Allez-y avec votre "soldat", mais "comme soldat", si on vous avait étranglé dans votre cellule, comment auriez-vous trouvé cela ? » « D'après les instructions, tente d'expliquer l'accusé, je pouvais me faire représenter par un officier. » Le président, très direct : « Toujours vos instructions, vos paperasses. N'empêche que ces exécutions étaient des assassinats organisés ! »

Puis on reprend l'audition des témoins. Le premier de la journée est le colonel François Faure, domicilié à Paris. Résistant, il avait été arrêté lors d'une mission et s'était retrouvé au Struthof en 1942. Il se souvient surtout des sévices infligés par Ehrmanntraut. Ce dernier, un matin, le voyant sortir de sa baraque pour l'appel, lui dit d'un ton moqueur : « Pas encore mort ? Mais demain, ouste ! Dans le crématoire. » Lors de l'arrivée, en 1943, d'un convoi de déportés particulièrement affaiblis, il se permet de faire la remarque suivante au témoin : « Ceux-là ne résisteront jamais à ce que je vous ai fait supporter en 1942 ! » Et le colonel Faure de conclure : « Ce fut la plus belle citation qu'on nous a jamais décernée. »

La déposition du Dr André Ragot, domicilié à Sens, débouche sur un violent incident d'audience. Le médecin commence par expliquer que le pain distribué aux internés ne contenait pas la moindre trace de blé. Il indique également que « le jour de Noël 1943, il y eut une double ration de pendus ! » Les SS, furieux sans doute de ne pouvoir passer Noël en famille, s'acharnèrent sur les détenus. Il charge tout particulièrement Hartjenstein. Il affirme ainsi, malgré les dénégations de l'accusé, qu'il l'avait vu, le premier soir de l'exécution du réseau Alliance, conduire une femme au crématoire. Il était resté à l'intérieur du bâtiment pendant qu'on y amenait d'autres femmes. Contrairement à ce que prétendait Hartjenstein, le témoin dit avoir vu le commandant du camp assister à des pendaisons non publiques. Devant les protestations de l'intéressé, le Dr Ragot précise : « Je m'étonne que Hartjenstein nie tout ici : j'ai témoigné déjà contre lui à Rastatt, mais là-bas, il était plus crâne, il avait plus de courage. » Sentant que l'affaire tournait au vinaigre, Me Wiltzer, défenseur de Hartjenstein, pose donc une question. Le témoin s'énerve : « Je refuse de répondre à un avocat qui, décoré de la Légion d'honneur, défend des Allemands comme ceux-là ! » s'écrie-t-il en montrant les accusés. Cette phrase malencontreuse provoque l'emportement du président qui craint le dérapage du procès. Il qualifie cette déclaration d'injurieuse pour la défense – ce qu'elle était – et fait valoir que le patriotisme de Me Wiltzer était au-dessus de tout soupçon. Il finit par conclure : « C'est d'ailleurs l'honneur de la justice française de donner des défenseurs à des accusés, contrairement aux procédés nazis ! »

Cet incident reflétait parfaitement le degré d'exaspération auquel on était parvenu, provoqué par l'attitude désinvolte et méprisante des accusés qui niaient l'évidence même.

Georges Ruel, de l'Isle-sur-le-Doubs, raconte au tribunal la chance inouïe dont il a bénéficié. Après une tentative de fuite avortée, il avait été un des rares, sinon le seul, à ne pas être pendu ou abattu. Quand on l'avait découvert caché dans un trou recouvert d'herbe, les SS avaient lâché leurs chiens. « Mais les chiens étaient plus humains que les SS et n'osèrent pas me mordre tant que je ne bougeais pas. » Le témoin avait été ensuite enfermé dans une cellule disciplinaire pendant trois semaines. Il n'avait eu comme seule nourriture que de la soupe, deux fois par semaine.

Charles Vermeulen, de Béthune (Pas-de-Calais), rapporte qu'il faisait partie du convoi de Mgr Gabriel Piquet, évêque de Clermont-Ferrand, fin août 1944. Ce dernier, croyant qu'il allait mourir, avait déclaré à ses camarades : « Si je ne reviens pas, dites bien que je suis mort pour la foi et pour la France. » Le même témoin explique qu'il avait vu, le 2 ou le 3 septembre 1944, la chambre sous le crématoire bourrée de cadavres attendant d'être incinérés. Parmi eux, il avait remarqué le cadavre d'une fillette qui ne semblait pas âgée de plus de 6 ans. Il avait subi également les violences de Ehrmanntraut qui lui avait cassé deux dents. L'accusé nie bien sûr avoir porté la main sur le témoin.

Lors de la reprise des débats, après la suspension du déjeuner, dans une salle qui ne désemplit pas et que l'atmosphère surchauffée de l'été transforme en étuve, le président Franck s'adresse derechef à l'ancien commandant Hartjenstein. Il lui demande s'il avait eu connaissance des exécutions perpétrées par une balle tirée dans la nuque. L'ancien chef du Struthof nie évidemment l'existence de ce mode d'exécution dans son camp. « Toute exécution, tente-t-il d'expliquer, était faite par un peloton. D'ailleurs, ajoute-t-il, les archives du camp précisent qui sont les SS qui composaient le peloton. » Cette réponse fait bondir le commissaire du gouvernement : « C'est faux, ces états n'étaient établis que pour la forme ! »

Roger Chanteloup, domicilié à Paris, vient alors à la barre pour informer le tribunal de la façon dont Ehrmanntraut avait matraqué pendant deux heures le colonel Lisbonne en lui criant : « *Arbeit ! Arbeit ! Herr Major !* » (Travail ! Travail ! Mon colonel !). L'ancien chef d'escadron en retraite, Jean Musso, de Poitiers (Vienne), révèle que, pour humilier les officiers déportés, on les affectait à la

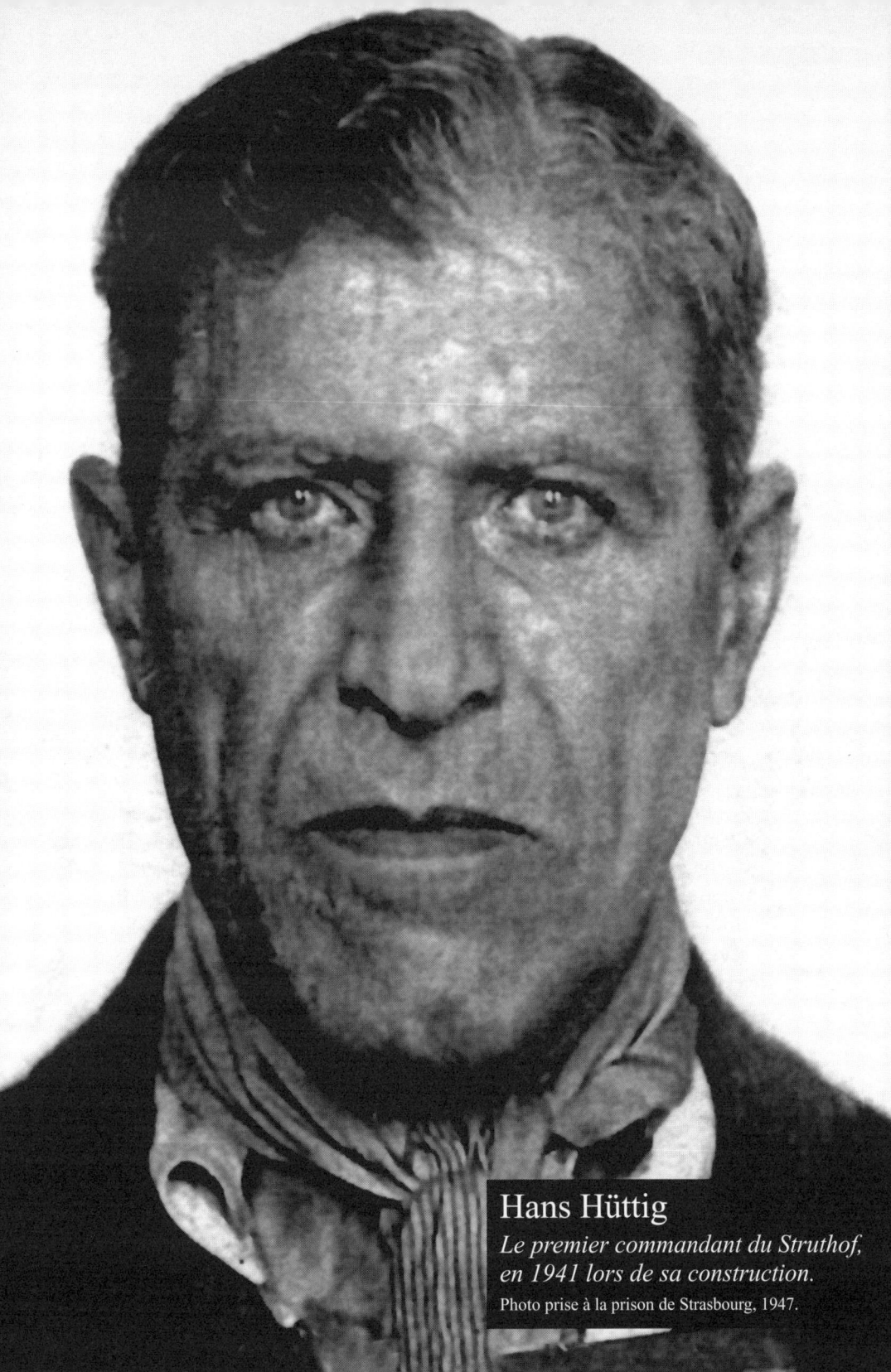

Hans Hüttig
Le premier commandant du Struthof, en 1941 lors de sa construction.
Photo prise à la prison de Strasbourg, 1947.

corvée des fosses d'aisance qu'ils devaient vider avec des récipients minuscules. « Pour avoir chanté *La Marseillaise* et crié ; "Vive De Gaulle !", tout notre commando fut condamné disciplinairement à rester dans sa baraque et à jeûner pendant trois jours ! » Mathurin Morvan classe Ehrmanntraut, qu'il surnomme le Carnassier, comme le premier parmi les bourreaux du camp. « Quant à Seuss, dit-il, il ne se plaisait que lorsqu'il pendait un détenu. »

Cette perversité omniprésente est dénoncée par tous les témoignages. Comment des hommes ordinaires, sans déséquilibre mental, avaient-ils pu se montrer aussi sadiques ? Morvan révèle au tribunal que, lors de leur arrivée, les déportés étaient triés. « J'ai été affecté à la salle de désinfection, à côté du crématoire ; quand un groupe de déportés entrait au camp, Seuss les triait devant nous, les uns à droite, les autres à gauche. Ceux qui étaient dirigés vers la droite, ceux qu'on appelait les typhiques [atteints du typhus ou de la fièvre typhoïde], étaient pendus immédiatement et incinérés ! » « Lorsqu'un détenu désespéré se suicidait, ajoute-t-il, ses camarades de baraque étaient privés de nourriture pendant vingt-quatre heures. »

Les détenus étrangers

Le vendredi 25 juin débute l'audition des témoins étrangers. Le premier appelé à la barre est Joseph Woussen, général-major de l'armée de l'air belge. Il était arrivé au Struthof en septembre 1943, « après être passé par quatorze prisons allemandes », rappelle-t-il. Il faisait partie d'un groupe de cent vingt hommes qui, « après les sévices ordinaires d'accueil », avaient été amenés devant une potence. « L'un d'entre nous a été placé sous le gibet », se souvient-il. « On a été obligé de s'y prendre à deux fois pour tuer la victime, car le nœud coulant avait été mal fait (...). Après sept minutes, Seuss a déclaré : "Er ist kaputt !" (il est foutu !), puis le chef du camp s'était adressé aux autres détenus : "Voilà le sort qui vous attend !" »

Le général belge ajoute qu'on procédait également à des pendaisons à l'extérieur du camp. Jamais il n'avait vu une exécution revêtir des formes légales. Fréquemment, explique-il, on lançait les chiens sur un déporté dont on voulait se débarrasser. « J'ai vu un jour un jeune Français, véritable loque humaine, qu'on a livré aux chiens qui le déchirèrent à coups de crocs ! »

Coup de théâtre : le hasard a voulu que la victime échappe à la mort. Elle se trouve dans la salle d'audience. Le président fait donc avancer le témoin Ruel. C'est un grand moment d'émotion qui touche profondément l'auditoire. Les deux témoins se dévisagent. Le général donne une chaleureuse accolade au rescapé. Terminant sa déposition, le général Woussen ajoute : « Quand je suis arrivé à Buchenwald en octobre 1943, j'ai pu constater que Buchenwald était un paradis comparé au Struthof. » Tout est dit. Un murmure approbateur se propage à travers le prétoire.

Le docteur Joseph Lavoué, de Dinard (Ille-et-Vilaine), dénonce ensuite le régime d'extermination qui régnait au Struthof. « À l'infirmerie, nous aurions pu sauver énormément de déportés si nous avions eu les médicaments nécessaires. Mais sauver des malades aurait été la négation du camp ! » Le Dr Boogaerts complète le propos. Comme médecin, il pouvait, dit-il, assez librement se déplacer dans le camp. Il avait pu voir ainsi les exécutions par pendaisons à des crochets au plafond de la chambre du crématoire. « Pour le seul mois de juillet 1944, j'ai noté 54 exécutions sans autres témoins que Seuss, Nietsch ou Ehrmanntraut », calcule-t-il. « Ces exécutions avaient une apparence d'assassinats secrets et clandestins », lance alors le président aux accusés mis en cause.

« Elles avaient lieu dans un local officiel d'exécution », rétorque effrontément Hartjenstein. « Non, c'était un lieu de boucherie humaine ! » réplique le président. Le ton monte une fois encore. L'arrogance des anciens gardiens SS exaspère l'auditoire autant que le tribunal. À tout bout de champ, on frôle l'incident d'audience ; le président a de plus en plus de mal à garder son sang-froid en imposant le silence à la salle.

La situation devient pathétique lorsque le Dr Boogaerts évoque le cas d'un jeune Polonais de 14 ans : « Plusieurs nuits avant son exécution, il avait été enfermé dans la prison du camp et remplissait le camp de ses cris déchirants : "Mama ! Mama !" » Des larmes coulent sur les joues de certains auditeurs, des têtes se courbent sur le banc des accusés. « Pour être complet, ajoute le témoin, je dois dire, en revanche, qu'il existait au camp des SS capables de sentiments humains. » Il cite ainsi le Dr Plazza et l'infirmier Brutel : « Ils nous ont procuré des médicaments et permis de soigner les blessés. »

Nietsch, indique le témoin, envoyait sur le chantier des déportés pourtant déclarés inaptes au travail par le Dr Plazza. Cette remarque fait réagir le président : « Voyons, Hartjenstein et Nietsch, vous prétendiez que si vous envoyiez les moribonds au travail, c'était parce que le médecin les déclarait capables de travailler. Le témoin nous dit le contraire ! » Hartjenstein, interpellé, tente de se justifier : « C'est grâce à mon accord que l'infirmerie a été agrandie et... » Il ne peut terminer sa phrase, le président lui coupe la parole : « Vous ne répondez pas à mes questions. Je constate que vous acceptez les dépositions des témoins sous bénéfice d'inventaire. Quand les dépositions vous sont favorables, vous les acceptez, quand elles vous chargent, vous les rejetez. »

Se tournant alors vers Nietsch, il l'apostrophe : « Nietsch qu'avez-vous à répondre ? » L'observateur des *Dernières Nouvelles* note : « Nietsch s'embarqua dans une longue explication sans rapport avec la question. » Le président l'interrompt brutalement : « Vous me répugnez, Nietsch, quand vous lancez des fleurs aux déportés. (...) C'est trop tard aujourd'hui. Vous êtes piteux. Je ne sais pas si vous dites la vérité. La semaine dernière vous avez dit que vous n'envoyiez les malades sur les chantiers qu'après accord du médecin. Le Dr Boogaerts nous dit le contraire. Vous êtes maintenant au pied du mur. C'est vous qui avez fait mourir les déportés en envoyant travailler les moribonds. » L'accusé se rebiffe : « Laissez-moi me défendre, monsieur le président. On m'empêche de parler. Vous ne tenez pas la promesse que vous avez faite au début de laisser les accusés se défendre comme ils l'entendaient. » Le président se sent agressé : « Vous pouvez vous défendre, mais non pas nous raconter des histoires. »

Le docteur Boogaerts, poursuivant sa déposition, affirme que Hartjenstein a bien assisté à l'exécution des membres du réseau Alliance. « Je l'ai vu après la première nuit de carnage remonter vers le haut du camp complètement ivre et, en ma présence, nommer "détenu d'honneur" un kapo qui avait bien travaillé... » « C'est faux, rétorque l'intéressé, je n'ai jamais été ivre et surtout pas devant mes hommes. » Le docteur Boogaerts signale encore au tribunal que 500 kilos de vivres contenus dans des colis de la Croix-Rouge norvégienne avaient été confisqués secrètement par les gardiens SS et consommés par eux au lieu d'être distribués à leurs destinataires. Cette déclaration fait réagir l'accusé Dillmann, responsable de l'administration du Struthof : « J'apprends ici, dit-il sur un air faussement naïf, aujourd'hui, au procès, ces irrégularités. Si elles ont été commises, je les ignorais et je les réprouve. » Ainsi, une demi-tonne de nourriture aurait pu être détournée sans que l'intendance s'en rende compte... De fait, ce gros volume de colis provenant de Norvège avait forcément piqué la curiosité des gardiens. Le piège se resserre sur les accusés. Nietsch comprend le danger et tente de faire dévier les débats. Il se dresse dans le box et crie au complot. Il interpelle le président : « Si je puis faire quelque chose pour diminuer la haine entre la France et l'Allemagne en donnant ma vie, alors condamnez-moi à mort ! » Il s'ensuit un incident significatif de l'atmosphère qui pèse de plus en plus lourdement sur le procès.

Les accusés se considèrent comme persécutés par la justice française. Ils veulent convaincre l'auditoire qu'ils ne sont que des boucs émissaires. Cette attitude apparaît indécente vis-à-vis de leurs victimes présentes dans la salle. Le président réagit donc instantanément face à cette dérive. « Il n'est pas question de haine contre l'Allemagne ou toute autre nation ! Vous êtes sur le banc des accusés, non pas en tant qu'Allemand, mais parce que auteur de crimes contre l'humanité. Si vous voulez transformer le procès en une question franco-allemande, vous vous trompez ! »

Le président Franck prévient le témoin suivant, Harry Wittke, élu social-démocrate du Holstein et donc de nationalité allemande. « Il ne s'agit pas ici du procès de l'Allemagne comme l'a prétendu un des accusés », lui précise-t-il. « Je sais qu'en Allemagne vous avez eu horreur de tous les crimes contre l'humanité. Vous-même, vous avez été écrasé par le régime concentrationnaire nazi. » En effet, ancien interné, le témoin est au-dessus de tout soupçon. Mais il commence par donner son propre avis sur la responsabilité des accusés. Le président sent le danger – pas question que ce témoin outrepasse son rôle – et il le ramène dans le droit chemin : « Gardez vos appréciations, c'est au tribunal de juger et nous n'avons pas besoin de leçon. » Le témoin revient donc aux faits et relate un échange qu'il avait eu avec Nietsch après l'exécution de trente femmes juives grecques. Le témoin étant chargé d'enregistrer les décès, il avait demandé au gardien la cause et le lieu de décès qu'il devait indiquer pour ces personnes exécutées dès leur arrivée au Struthof. « Indique qu'elles sont décédées lors de leur transport », lui avait suggéré Nietsch. « De quel transport s'agit-il ? » demande alors le témoin. « Inscris : transport au ciel ! » avait ricané Nietsch. Naturellement l'interpellé nie les faits. Le témoin alors se braque : « Je ne puis accepter d'être traité de menteur par un des accusés ! » Le président calme le jeu : « Vous n'êtes pas mieux traité que les autres témoins. Tous ont été traités de menteurs par les accusés. Soyons magnanimes et laissons-leur ce moyen de défense que le tribunal appréciera. »

Le témoin Wittke, reprenant son récit, accuse alors Ehrmanntraut d'avoir infligé deux cents coups de nerfs de bœuf à un Polonais, mort le soir même de ce supplice. L'intéressé mis en cause se contenta de répondre : « J'ai agi sur ordre ! » Cette formule offusque le témoin : « Agir sur ordre ? Oublie-t-il qu'il se voulait l'homme fort, que tout devait "craquer sur son passage", comme il disait ? » Et Wittke ajoute : « J'ai fait un examen de conscience avant de venir ici, je n'ai rien pu trouver à la décharge de Ehrmanntraut, pas le moindre geste d'humanité. » Puis il se tourne vers l'accusé et le menace : « S'il continue à nier, je lui enverrai mon poing dans la figure ! » Le président, vu l'heure avancée – il était alors 12 h 45 – préfère suspendre l'audience jusqu'à 15 heures, plutôt que de risquer un nouvel incident.

À la reprise, Harry Wittke reprend le fil de sa déposition. Parlant de l'accusé Mayer, il estime que cet homme était bon et réconfortait les détenus. « Le dimanche, quand Mayer avait la responsabilité du camp, il y faisait monter des rations nettement exagérées pour les SS, et il me donnait les restes de pommes de terre et de goulasch pour les répartir entre les déportés. » En revanche, sur Oehler, il n'a que des renseignements déplorables à fournir. Ainsi venait-il à la cuisine manger les rations des déportés. « Comme il fallait bien qu'il dépense ses forces, il allait matraquer les détenus par cinquante à la fois ! »

Oehler se dresse alors à son banc et crie d'une forte voix : « Non, Wittke n'était pas un déporté politique, c'était un vulgaire déporté de droit commun, un criminel ! » Le témoin, profondément touché par cette remarque inattendue, s'étrangle d'indignation. Après un moment d'hésitation, il s'élance vers Oehler. Les gendarmes doivent s'interposer. Les injures pleuvent. Témoin et accusé brandissent leurs poings par-dessus les képis des gardes qui les ceinturent. Les forces de l'ordre ont du mal à les tenir à distance l'un de l'autre. Des déportés dans la salle prennent fait et cause pour le témoin et le font savoir à haute voix. Le président debout agite sa clochette et menace de faire évacuer la salle. « Il est indigne que de tels incidents se produisent devant l'opinion mondiale représentée ici par la presse », déclare-t-il. « Une saine justice doit être rendue et il est inconcevable que dans un prétoire français le public participe aux débats. » Dès lors, il suspend l'audience.

Cinq minutes plus tard le tribunal revient dans la salle. « J'espère que de tels incidents ne se reproduiront plus », déclare le président de manière solennelle et il rappelle à tous qu'au début du procès, « pour honorer la mémoire de ceux qui ne sont plus, on avait promis que les débats se dérouleraient dans le calme ». Il rend hommage aux déportés français et sarrois qui ont déposé avec « une dignité et un calme remarquables ». Il conclut : « Je regrette cet incident. » Hartjenstein se sent alors obligé d'intervenir en disant sur un ton très digne : « Monsieur le président, je vous remercie pour la compréhension avec laquelle vous menez les débats. » Mais ce complément, venu de l'ex-chef du Struthof, tombe à plat et résonne comme une fausse note dans ce prétoire.

La parole est alors donnée à Wilhelm Thorion, venu de Vestre-Aker (Norvège), qui fut déporté *Nacht und Nebel*. Il commence par constater que sur les 504 déportés NN norvégiens du camp, une bonne centaine étaient morts en déportation. Il décrit de manière très réaliste le régime qu'on infligea aux prisonniers. Il cite notamment le cas de trois Russes exposés devant leur baraque pendant des semaines, « les menottes aux mains, tant et si bien que leurs poignets n'étaient plus que des lambeaux de peau rongés par les vers ». « À mon arrivée au camp, dit-il encore, nous n'étions plus que treize, huit de mes compagnons étaient morts. Dès notre arrivée, Ehrmanntraut nous a violemment frappés. J'étais atteint de dysenterie et il me traitait de cochon. Un jour, pendant le travail, il m'a fait mordre par son chien. L'animal m'attrapa au mollet où j'avais un phlegmon, voici les traces ! » Et le témoin Thorion, relevant son pantalon, découvre sa jambe devant le tribunal.

Puis, désignant l'accusé Jäger, il déclare : « Celui-ci, nous l'appelions le Taureau. » « Au commando de la carrière de pierre, il était toujours assis sur un tronc d'arbre que nous transportions et il nous frappait à coups de manche de pioche. » Relatant le massacre des membres du réseau Alliance, le témoin se souvient de « l'odeur de chair brûlée » qui régnait alors dans le camp et qui devenait insupportable « car le crématoire fonctionnait sans arrêt ». Mais « ce qui nous humiliait le plus », avoue-t-il, « c'est que nous étions commandés par des détenus de droit commun comme Jäger, avec le niveau intellectuel d'un enfant de 9 ans, qui se vengeait de son infériorité en nous torturant ».

Puis Mathias Elsen, de Steinheim (Luxembourg), se présente à la barre. Il relate au tribunal le supplice qu'il a enduré au seul prétexte de s'être entretenu en français avec un dénommé Schoepflin, un Alsacien de 16 ans. Cet acte avait été considéré par les gardiens comme un crime et il avait été « suspendu par les bras ramenés derrière le dos ». Le jeune Alsacien avait subi la même torture. « Pendant six jours et six nuits, j'ai dû rester debout, menottes aux mains, devant la baraque avec l'adolescent. » « Mais, ajoute-t-il, la preuve que Seuss agissait de sa propre initiative et non sur ordre, c'est qu'il nous cacha dans les W.-C. le jour où Kramer, alors chef de camp, a inspecté les lieux. »

Le témoin Elsen avait même dû signer un imprimé par lequel il reconnaissait avoir préparé une tentative de fuite, pour sans doute, justifier les punitions infligées par Seuss. Ce dernier reste impassible dans son box. Il demeure distant comme si cette affaire ne le concernait pas. Le président lève la séance à 18 h 30 et annonce la reprise des débats pour le lendemain matin à 9 heures[170].

Les témoins cités par la défense

Au onzième jour du procès, il est prévu d'entendre les témoins cités par la défense. Le public est tenu en haleine par l'annonce de cette journée, se demandant bien quels arguments on pourrait avancer en faveur des accusés. Les charges accumulées par les témoins précédents étaient tellement écrasantes que la mission paraissait impossible à réaliser.

Le premier à être entendu est Richard Walter, demeurant à Legelshurst en pays de Bade. Il explique au tribunal que l'accusé Duttel se trouvait à Legelshurst en septembre 1944 lors de l'exécution des membres du réseau Alliance. Cependant, il ne peut en préciser le jour, ce qui diminue fortement la portée de son témoignage. Les deux témoins qui suivent ne peuvent pas non plus apporter les précisions souhaitées. Sur interpellation, ils finissent par avouer que Duttel était un «bon nazi», mais qu'il n'a fait de mal à personne. Bien au contraire, disent-ils, «il rendait service aux gens dans le besoin». Un domestique de Duttel témoigne ensuite dans le même sens.

Willy Rottenhoeffer, de Rastatt (Bade), avait été détenu politique au camp du Struthof. Il avait souffert énormément lors de son admission, dit-il, sans pouvoir se remémorer quel SS l'avait alors maltraité. «Le chef du camp Kramer nous inspirait une vive terreur et nous essayions de nous cacher dès qu'il apparaissait», se souvient-il. «En revanche, dès l'arrivée de Hartjenstein, on nous informa que les sévices cesseraient et que nous devions déposer plainte en cas de mauvais traitements afin de faire punir les coupables.» Le journaliste des Dernières Nouvelles fait observer aux lecteurs que cette phrase avait été débitée mécaniquement et qu'en réalité le témoin n'avait plus de souvenirs précis. Ainsi, à l'audience, il ne peut même plus reconnaître Hartjenstein qu'il appelle d'ailleurs le «second commandant». Comme exemple d'améliorations du sort des déportés, instaurés par Hartjenstein, il cite d'abord les concerts donnés par les détenus le dimanche! Il tente aussitôt de se rattraper en ajoutant : «Je sais aussi qu'à partir d'un certain moment, il n'y eut plus d'exécutions publiques.» Étonné, le président interroge : «Ah, et où donc avaient-elles lieu alors?» «Au crématoire.» Le président revient à la charge :

« Estimez-vous que c'était un avantage ? » Réponse spontanée du témoin : « Oui, parce que c'était moins pénible pour nous. » Le président Franck conclut : « Vous avez une drôle de conception des choses, parce qu'au crématoire on pouvait liquider quantité de monde sans témoins gênants ! »

Lui succède à la barre l'avocat de Hartjenstein au procès de Rastatt, Me Ludwig Roth, qui avait été déporté politique au Struthof à la suite de l'attentat manqué contre Hitler le 20 juillet 1944. « À mon entrée au camp, reconnaît-il, j'ai été un objet de curiosité de la part des autres détenus qui me demandaient des renseignements sur la situation en Allemagne. "Vous avez de la chance, me dirent-ils, qu'il y ait un nouveau commandant, car, avec l'ancien, on vous pendait haut et court immédiatement, dès votre arrivée." » Il estime donc que le passage du commandement entre Kramer et Hartjenstein avait en effet provoqué une atténuation du régime de terreur qui régnait au Struthof. Mais lorsque le président l'interroge sur la cheminée du crématoire qui, en septembre 1944, lançait des flammes hautes de cinq mètres, l'avocat répond : « Je croyais que c'étaient des archives du camp qu'on brûlait. » « Elles dégageaient pourtant une drôle d'odeur, ces archives », fait remarquer, excédé, le président.

Le témoin suivant, Karl Jaeger, d'Osterbronn près de Heilbronn, en Forêt-Noire, est prévenu par le président Franck dès sa présentation à la barre : « Dites bien toute la vérité ! » lui lance-t-il. « Certes, tous les témoins ne disent rien que la vérité, mais ils oublient de dire toute la vérité ! » Cette remarque jette un froid qui ne permet guère au témoin de s'exprimer pleinement. L'ancien adjudant SS de la compagnie de garde du Struthof, Hubert Lisken, de Düsseldorf, explique quant à lui à la barre qu'il s'était renseigné sur le commandant Hartjenstein dès son arrivée en 1944 et qu'il n'a entendu dire sur lui que du bien. Le président Franck veut alors en savoir plus : « À quelle source avez-vous pris vos renseignements ? » « Chez Staub », répondit l'ancien adjudant SS. « C'était le SS chargé du crématoire », commente le président. Le témoin alors se rebiffe : « J'ai aussi interrogé des déportés français qui ont déclaré être très satisfaits du commandant du camp. » Cette affirmation provoque du remous dans la salle. L'épouse d'un député,

METZ, JUIN-JUILLET 1954

Envoyés spéciaux, photographes : la presse régionale relate avec beaucoup de détails les audiences du procès de Metz. Article des DNA du 16 juin 1954.

en signe de protestation, quitte alors le prétoire en claquant la porte de la salle d'audience. Le président menace une nouvelle fois de faire évacuer la salle.

Mais cet incident ne perturbe pas le témoin Lisken qui poursuit sa déposition : « Un kapo m'a déclaré qu'il ne souhaitait pas d'autre chef que Hartjenstein. Par contre, Seuss, tout le monde le souhaitait au diable. » Il prétend également, avec une grande assurance, que Hartjenstein était absent du camp lors de l'exécution du réseau Alliance.

Karl Heck, de Francfort-sur-le-Main, cité pour la défense de l'accusé Gernsbach, ne le reconnaît même pas dans le box et avoue ne rien pouvoir dire sur son compte. En revanche, il charge les accusés Fuchs et Haus. Le président fait observer alors que, curieusement, les témoins cités par la défense ne se plaignent que rarement des conditions de vie dans le camp. Il se permet de leur demander : « Mais enfin, j'espère que vous n'avez pas envie de retourner au Struthof ? » Le public apprécie la plaisanterie. Von den Bank, un déporté bavarois[171], parle même d'un régime concentrationnaire « léger » pour qualifier le camp. Cet adjectif fait bondir le président : « En auriez-vous la nostalgie ? Vous avez de l'audace d'appeler "léger" un régime qui fit mourir de froid vingt déportés pour un vol qu'ils n'avaient pas même commis. » À cet instant, le colonel Gastaldo, commandant la subdivision militaire de Besançon, se lève dans la salle et demande à être entendu comme ancien déporté au Struthof. Le président Franck, en vertu de son pouvoir discrétionnaire, décide en effet de lui donner la parole. Sa déposition, émouvante, est terriblement accablante pour les accusés. Elle remet les choses en place.

Pourtant Erich Kruse, de Dortmund, intervenant pour la défense, déclare lui aussi n'avoir subi aucun sévice. « Vous avez tout de même souffert, je suppose ? » interroge le président. « J'ai été indemnisé pour ces souffrances par le gouvernement allemand », répond, penaud comme un élève prit en défaut, ce témoin. Il ne peut rapporter aucun fait matériel précis pour alléger la responsabilité des accusés, notamment celle de Hartjenstein qui l'avait pourtant fait citer. Le tribunal trouve qu'il a entendu assez de niaiseries pour cette journée, et le président lève l'audience à 17 heures[172].

Les tortionnaires du Struthof devant leurs juges
« NEIN! ORDRES REÇUS... » ALIBIS...
constituent le système de défense des accusés au cours de la deuxième journée du procès

METZ, 16 juin. — Le sinistre défilé des accusés à la barre a commencé aujourd'hui, deuxième jour du procès des tortionnaires du Struthof, à Metz. Cinq des gardes-chiourmes du camp d'extermination ont été interrogés, au cours des deux audiences de la journée.

Dans l'après-midi, le capitaine Henriet, commissaire du gouvernement, a informé le tribunal que deux des accusés en liberté provisoire, Othon Wagner et Joseph Braun, tous deux domiciliés en Sarre, ne sont présentés au greffe du tribunal, avec un retard, dont ils ne sont pas responsables. Les juges se sont retirés avec leur président, M. Franck, pour statuer sur l'admission ou la non-admission de ces deux inculpés, que l'on ne attendait plus.

Après quelques minutes de délibération, le tribunal a décidé de disjoindre le cas de ces accusés, qui passeront en jugement séparément. L'importance des débats et l'état d'avancement de la procédure engagée, ne permettant pas de revenir en arrière pour inclure régulièrement les deux hommes dans le procès en cours.

La matinée a été consacrée à l'interrogatoire de l'ancien « Schutzhaftlagerführer », entendez, le responsable de la détention des déportés du camp, Wolfgang Seuss, et de l'ancien « Arbeitseinsatzführer », c'est-à-dire dirigeant des travaux effectués par les déportés, Robert Nietsch.

Nous n'avons guère encore parlé du physique des accusés en général. Disons donc qu'ils ont bonne mine (sans jeu de mots), et que leurs vêtements sont propres. Mais dix ans d'emprisonnement n'ont pas pu effacer les stigmates d'une nature, d'un état d'esprit et d'un caractère qui ont amené ces hommes devant la justice.

Inconsciemment, on essaye de les voir en uniforme et on prend peur. Le plus âgé a 65 ans, le plus jeune 31. Pas de tête de criminels, en réalité. Mais l'évocation des civils, que l'on voit maintenant dans l'uniforme SS, dont le col, on s'en souvient, était frappé de la tête de mort, suffit à recréer l'épouvante qu'ont subie les millions de victimes des camps de concentration et de cauchemars du Troisième Reich allemand.

Seuss, le chacal

Hier matin, Wolfgang Seuss a été le premier appelé à la barre. Il est de sa accent nurembergeois n'arrive pas à masquer le « SS-Hauptscharführer » qu'il a été. Verbe bref, front et menton fuyant, yeux profondément encavés. Tels sont les caractéristiques de cet homme qui, physiquement, a tout d'un chacal.

L'acte d'accusation mentionne pour la première fois l'activité de Seuss en 1943, lors de l'exécution de deux patriotes alsaciens, Anselm Herrbach et Joseph Reibel, il commanda le peloton. Son nom est cité fréquemment en rapport avec celui de Kramer Karl, le terrible prédécesseur de Hartjenstein, à la tête du camp. Ses vices, ses actes de barbarie, ses exécutions, ses tortures, figurent à son horrible actif tout au long de l'exposé des faits et font de lui le principal accusé parmi les sous-ordres.

Six longues pages sont exclusivement réservées à l'énumération de ses forfaits. Seuss ne nie pas en bloc, il n'est guère en mesure de le faire d'ailleurs. Il rectifie un détail, nie un fait, en reconnaît un autre, évoque le patronage sanglant de son supérieur, Kramer, etc.

UN RENTIER...

Robert Nietsch, interrogé ce matin, en deuxième lieu, fait figure de « bon père de famille », d'« honnête artisan, d'un affreux hasard a retiré de la vie privée pour le mettre à l'antichambre de l'enfer. Nietsch nie tout, ou à peu de choses près.

Pourtant, lui aussi est fréquemment mentionné dans l'exposé des faits, le plus souvent, en collaboration avec Seuss. Lui aussi a droit à cinq pleines pages de l'acte d'accusation qui énumère de très nombreux homicides volontaires, coups et tortures. Nietsch, nous l'avons dit, était le responsable des travaux effectués par les déportés et on sait dans quelles conditions ils ont été faits au Struthof. Mais Nietsch n'a rien fait de répréhensible, dit-il. Il était humain, compréhensif, et nullement désireux de faire « du rendement ». « En somme, lui dit le président Franck, vous étiez rentier là-haut ». Ce à quoi, Nietsch a acquiescé en souriant.

L'HOMME AU CHIEN

Le premier interrogé de l'après-midi a été Ehrmanntraut l'un des « Blockführer » de Seuss, comme les deux autres accusés qui ont passé à la barre après lui cet après-midi. Ehrmanntraut a une figure de cauchemar, la voix rauque et basse. Il était au Struthof l'homme au chien », on lui avait fait suivre à Munich un cours spécial pour conducteur de chien policier.

« Je dois vous dire que les renseignements que contient le dossier à votre

Ehrmanntraut avait été surnommé « Fernandel » à cause de son faciès. C'est tout sa ressemblance avec le célèbre artiste car, peu intelligent, c'est le prototype de la brute. Son autre surnom « L'homme aux chiens » est plus indicatif de son activité. Sa spécialité était d'uriner sur les plaies que ses chiens avaient faites aux détenus. (Photo G. Bour)

sujet sont atrocement mauvais » lui dit le président.

— Avez-vous quelque chose à dire sous ce rapport ?

« Je comprends très bien » répond l'accusé, « c'était un organe d'exécution. »

L'acte d'accusation est là pour dire que Ehrmanntraut a effectivement joué un rôle non pas d'exécutant, mais d'exécuteur, avec une cruauté digne des meilleures traditions de la SS.

Le président Franck : « On vous accuse d'avoir spécialement plaçé les Français dans la catégorie N. N. ... lisez « à outrance » , c'est les cruautés les plus inhumaines »

Ehrmanntraut : « J'ai effectivement distribué quelques coups de temps en temps sur ordre de Kramer et de Seuss ».

Le président : « Vous étiez armé de nerfs de bœuf n'est-il dit ».

Ehrmanntraut : « Non, je n'avais qu'un gourdin ».

Le président : « Est-il exact que vous avez dit aux Français N. N., lors de leur arrivée au camp : « Vous entrez par la porte, vous sortirez par la cheminée ? »

Ehrmanntraut : « Nein, Herr Präsident ».

Un long murmure se fait entendre dans l'assistance. Des réponses évasives ou négatives succèdent à des questions hallucinantes.

JO, LA MATRAQUE

Après Ehrmanntraut, c'est le Blockführer Herbert Oehler qui vient à la barre. Oehler a été condamné à mort par le tribunal militaire de Rastatt, en raison de ses exactions au camp de concentration de Schertzingen. Au camp du Struthof, il était surnommé « Jo, la Terreur » et « Jo, la Matraque ».

« Comment avez-vous traité les prisonniers ? » lui demande le président.

Oehler : « Le traitement aurait pu être meilleur, si je n'avais pas eu des ordres ».

L'accusé, qui jusqu'à présent avait toujours nié sa participation aux atrocités commises dans le camp a choisi aujourd'hui, comme on dit, la voie des aveux. Aveux très partiels d'ailleurs, se référant à des ordres reçus par un SS respectueux et consciencieux, Oehler, n'a d'ailleurs « que » deux pages de meurtres à son actif dans l'acte d'accusation.

« Les témoins nous diront la semaine prochaine ce qu'ils pensent de vos dires » déclare le président Franck, avant de passer au suivant.

LE « CHASSEUR DE TÊTES »

Le suivant est Albert Fuchs, âgé maintenant de 60 ans, et qui, reconnu inapte au service armé en raison de certaines diminutions physiques, a été affecté aux SS. Le tribunal militaire de Rastatt l'avait condamné à mort en 1947. Mais sa peine a été commuée en travaux forcés à perpétuité. Fuchs est prolixe. Dès son arrivée à la barre, il se lance dans une tirade émue dans laquelle il exprime la pitié que lui inspiraient les détenus du Struthof.

« Cette pitié vient un peu tard », lui dit le président, « ne vous a-t-on pas surnommé le « chasseur de têtes » et l'un de vos camarades dit que vous êtes un « Schweinehund », pleinement responsable de vos actes ?

Fuchs : « Je ne suis pas un « Schweinehund », Monsieur le président ».

Trois pages entières de l'acte d'accusation sont pourtant là pour prétendre le contraire, et les témoins ont leur mot à dire aussi.

Les tortionnaires avaient leur « spécialité ». Pour Fuchs celle du simulacre de tentative d'évasion avec fusillade du prétendu fuyard, fait remarquer le président Franck. Selon Fuchs, il s'est toujours agi d'évasions effectives.

« Mais les trois jours de congé spécial pour le meurtre d'un fuyard vous rapportait, vous les avez pris ? », demande M. Franck, et Fuchs répond : « Oui, mes nerfs souffraient de ces peines, et il fallait alors que je me détende ».

Mercredi, le tribunal poursuivra l'interrogatoire des accusés.

Ce petit bonhomme replet se nomme Fuchs. Il prétend « avoir veillé sur la santé et la nourriture des déportés ». A le voir lorsqu'il prononce cette énormité l'on comprend tout de suite sa réputation de « chasseur de têtes ». Un coup d'œil sur les oreilles, les yeux, la bouche et les mains permet d'évaluer l'individu. (Photo G. Bour)

Dans les DNA du 17 juin 1954 : un compte-rendu « musclé », qui révèle l'état de l'opinion publique en Alsace et en Moselle.

À l'ouverture de la douzième journée du procès, le président lit le télégramme d'un déporté norvégien désireux de déposer devant le tribunal. Cependant, comme les débats vont se terminer bientôt et que tous les problèmes soulevés ont déjà été abordés par les nombreux témoignages entendus, le tribunal estime inutile de prolonger davantage les audiences. L'abbé Maurice Barre, déjà entendu la semaine précédente, est simplement rappelé pour préciser la date d'arrivée au camp de Mgr Piquet, évêque de Clermont-Ferrand.

Puis, on revient aux témoins cités par la défense. On auditionne ainsi Walter Brand, originaire de Waldkralburg (Haute-Bavière), qui a été un des premiers internés au Struthof. « Le travail y était très dur », souligne-t-il. « Heureux de vous l'entendre dire ; hier, certains de vos compatriotes nous ont dit que la vie au camp était presque agréable », commente le président. « Non, le travail était très dur », reprend le témoin. Il explique que Nietsch lui avait sauvé la vie en l'affectant à un commando moins pénible que d'autres. Interrogé sur le comportement général des gardiens, le témoin indique : « Tout le monde était sévère, seul Nietsch était humain, autant, du moins, qu'on peut l'être dans un camp. » Peter Julen, originaire de Voelklingen en Sarre, ancien gardien SS du camp, est le dernier témoin à être entendu. Sa déposition ne change pas fondamentalement les choses. Il confirme seulement dans le public le sentiment que ces accusés sont inexcusables.

Les réquisitions

Le tribunal examine alors le cas des accusés en liberté provisoire : Adolf Becker et Wendelin, qui n'avaient pu se présenter à l'ouverture du procès pour cause de maladie. La décision est prise de disjoindre leur affaire de la procédure en cours.

Puis on règle les détails pour la phase finale devant conduire au prononcé du jugement. Ainsi est-il convenu que le capitaine Henriey débutera à 15 heures le réquisitoire, que le colonel Guyon achèvera. La défense demande que les questions de l'« excuse absolutoire de l'ordre donné » et de la requalification des faits en « coups et blessures ayant entraîné la mort sans l'intention de la donner » soient posées. Le président Franck fait immédiatement valoir que l'« ordre donné » n'est pas, aux termes de l'ordonnance d'août 1944, une « excuse absolutoire », mais seulement une circonstance atténuante. Après cet échange, fort courtois, l'audience est suspendue. Il est 10 h 15 et la reprise est prévue à 15 heures.

L'après-midi est donc entièrement consacrée à l'accusation. Le capitaine Henriey, selon l'accord du matin, est le premier à entrer en lice. Il retrace d'abord la longue procédure qui a conduit les accusés devant le tribunal permanent des forces armées de Metz. Il reprend la présentation de la personnalité des inculpés en soulignant que tous étaient d'un niveau intellectuel « très moyen », sauf Hartjenstein, qu'il considère comme « plus évolué ». Ainsi estime-t-il que les accusés avaient été promus à des grades qui les dépassaient.

D'après les archives du camp, deux mille déportés au moins étaient morts au Struthof, souligne-t-il, et ce, sans tenir compte du nombre sans doute très élevé des exécutions clandestines. Aussi, pour éviter que la mortalité n'apparaisse ouvertement trop élevée, la direction avait fait évacuer vers Dachau les moribonds et les déportés trop affaiblis. « Malgré ces manœuvres, les chances de survie d'un interné au Struthof étaient de vingt-huit mois ! » martèle-t-il. Il s'attacha ensuite à démontrer que le Struthof était un camp d'extermination, ce que les installations mises en place et le règlement en vigueur corroboraient. « Un dixième seulement des décès était dû à une mort violente », constate-t-il ; et il s'interroge sur la responsabilité des décès pour les neuf dixièmes restants. Qui était coupable de la mort de ces détenus ? Qui entretenait le régime exterminatoire qui régnait dans le camp ? « Le premier réflexe, dit-il, serait de dire : à crime collectif, responsabilité collective ! (...) Nous jugerons, prévient-il, sur des responsabilités individuelles. »

Ainsi l'accusation d'« association de malfaiteurs » n'était pas, selon lui, un « ersatz » de la responsabilité collective et il ne tenait pas à l'appliquer systématiquement aux accusés alors que les conditions étaient bel et bien réunies.

Il évoque alors le système de défense adopté par les accusés, notamment cette fameuse excuse de l'« ordre reçu ». Il rejette d'emblée cet argument. Il ne pouvait s'appliquer aux accusés « parce qu'ils étaient libres de choisir et qu'ils ont délibérément choisi le mal ». Leur engagement dans la SS devait irrémédiablement les conduire à commettre des méfaits, mais le choix de cette voie ne dépendait que d'eux-mêmes. Ils étaient tous volontaires. « Ils ont donc librement choisi le mal, pour l'exécution d'ordres défavorables aux déportés et pour avoir dépassé des ordres reçus. » Il n'en veut pour preuve que le fait que les accusés agissaient de leur propre initiative pour les exactions les plus cruelles. Les mises en scène de certaines exécutions, les camouflages de la légalité, opérés par eux, l'attestaient.

En revanche, le commissaire du gouvernement Henriey admet une différence. « En ce qui concerne les exécutions perpétrées dans le camp, entourées d'un minimum de formalités, même élémentaires, les hommes du peloton d'exécution pouvaient être trompés et n'étaient pas censés savoir, a priori, qu'ils participaient à un crime. En revanche, les officiers auraient dû reconnaître que certains ordres allaient à l'encontre du droit des gens et ils auraient dû donner leur vie pour un principe supérieur aux ordres reçus. » Ces propos n'étaient-ils pas excessifs ? Ne poussait-on pas ce raisonnement trop loin ? Ayant fait le mauvais choix au départ, ces hommes pouvaient-ils faire preuve d'héroïsme ? Pouvaient-ils encore se référer à des valeurs supérieures à l'idéologie nationale-socialiste ? N'avaient-ils pas déjà démontré leur lâcheté ?

Le colonel Guyon prend alors le relais. Il commence par expliquer que le Struthof était le signe tangible de l'orgueil étalé « en pleine lumière » par l'Allemagne nazie. Il symbolisait ce comportement collectif qui avait provoqué la mort d'hommes en ce lieu pour le seul crime d'être nés Juifs ou de croire encore à la dignité humaine. « Les hommes que nous jugeons, que nous le voulions ou non, sont allemands. Hartjenstein nous a dit que nous, Français, nous avions le bonheur d'avoir derrière nous des générations de liberté et de démocratie, alors que les Allemands ont derrière eux des générations de dictature et d'ordres exécutés. »

Cette explication n'allait-elle pas atténuer les effets des accusations portées ? Jusqu'en 1945, l'Allemagne n'a pratiquement pas connu de régime politique démocratique. Ces hommes auraient donc été éduqués dans un pays qui n'avait pas les mêmes valeurs, les mêmes références que le nôtre. Cela permettrait de comprendre certaines de leurs attitudes : la référence au chef, l'engagement

Wolfgang Seuss
Le terrible adjudant chef SS disait aux nouveaux détenus : « Vous venez ici pour crever ! »

de la parole donnée, le refus d'émettre un jugement personnel. Curieux réquisitoire où le commissaire du gouvernement trouve des excuses aux accusés ! Mais il a l'honnêteté de tout dire et, comme un juge d'instruction, d'instruire à charge et à décharge. Le colonel Guyon s'interroge d'ailleurs lui-même sur les conséquences de sa constatation : « Est-ce pour cela, dit-il, qu'ils ont pu inventer des tortures à rendre jaloux les démons et les appliquer dans les camps comme celui du Struthof ? »

Même si l'idéologie y était pour beaucoup, il estime cependant que la culpabilité ne pouvait être que personnelle. « On a appelé ce procès le "Nuremberg français" », lance-t-il aux juges formant le tribunal. « Mais nous dégageons ici des responsabilités individuelles », avertit-il. Surprenant personnage que ce colonel Guyon qui, pour déterminer la culpabilité de chaque inculpé, compare « la cruauté française et la cruauté allemande ». Cet officier supérieur n'hésita pas à reconnaître que, durant la Seconde Guerre mondiale, nos troupes avaient également commis des méfaits. « Nous avons eu pendant la guerre, nous aussi, des associations de malfaiteurs », reconnaît-il froidement en piquant l'attention du tribunal médusé et du public indigné. Où diable veut-il en venir ? La cruauté française, juge-t-il, tient à « une émanation de la fureur, de la rage, de la démence ». Aussi la qualifie-t-il de « cruauté des nerfs ». « Dans sa cruauté, l'Allemand, au contraire, est passif. Il est monstrueux sans haine et sans colère », déclare-t-il. « Il faudra nous souvenir de cet état psychologique quand il s'agira de déterminer les responsabilités. » Ce langage, à l'évidence, ne convient pas au président Franck. Les gradés qui l'entourent demeurent abasourdis. Le réquisitoire devenu plaidoirie ? Le procès bascule dans la caricature. Cela risque de finir en farce alors qu'approche le moment tragique où les victimes peuvent enfin espérer que justice se fasse.

Le président interrompt donc brusquement la séance à 17 h 45. Il en avait assez entendu et renvoie au lendemain matin à 9 heures la suite du réquisitoire[173].

Au treizième jour du procès, arrive donc la suite du réquisitoire prononcé par le colonel Guyon. La nuit a-t-elle porté conseil ? Ses supérieurs hiérarchiques sont-ils intervenus ? Ou, tout simplement, le commissaire du gouvernement a-t-il prévu d'aborder différemment l'affaire ? En tout cas, dès les premières phrases prononcées, on comprend que le ton a changé. On atteint enfin le cœur du problème. Ainsi, le colonel rappelle-t-il que les inculpés sont jugés sur la base de l'ordonnance du 28 août 1944 prise par le gouvernement provisoire et se rapportant aux crimes de guerre et crimes contre l'humanité perpétrés sur le territoire français. Il insiste sur le fait que «tous les sévices commis au camp l'ont été sous les yeux du commandant, puisque la villa de celui-ci avait vue sur tout le camp». Toutes les exécutions étaient entachées d'une illégalité jugée flagrante, «sauf peut-être celle des treize jeunes Alsaciens de Ballersdorf qui avaient subi une condamnation devant un tribunal d'exception».

En réalité, comme nous l'avons déjà démontré, il se trompait. Ces jeunes gens, vivant dans ce village près d'Altkirch, avaient tenté de s'évader en Suisse le 12 février 1943 pour échapper à l'incorporation de force et avaient été arrêtés après une fusillade qui avait fait quatre morts – trois d'entre eux et un gendarme. Ils avaient ensuite été fusillés. Même cette exécution-là était illégale, le jugement se réduisant à une décision dictée par le Gauleiter aux membres du tribunal, antidatée de surcroît. Ainsi les journaux annoncèrent-ils leur mort avant même qu'on les fusillât !

Fuchs, Ehrmanntraut, Nietsch, Hartjenstein étaient tout spécialement impliqués dans ce genre d'exécutions, réalisées par pendaisons ou fusillades. En revanche, pour les assassinats des déportés soi-disant en fuite, Gersbach, Gaubatz, Fuchs et Merker étaient plus particulièrement mis en cause. Puis, passant en revue les cas les plus marquants de sévices «gratuits» infligés aux déportés, le colonel Guyon en rend responsables Fuchs, Ehrmanntraut, Oehler, Seuss et Nietsch dont les actes étaient couverts par les commandants du Struthof, Hüttig et Hartjenstein. Ces derniers étaient parfaitement informés des agissements de leurs subalternes, ce qui les rendait complices des tortures pratiquées.

Cependant, pour le commissaire du gouvernement, il n'y a pas eu «seulement complicité de la part des commandants, il y eut également des ordres donnés», c'est-à-dire que les commandants du camp avaient été des acteurs directs dans certains cas. Ainsi accuse-t-il Hartjenstein «d'avoir participé personnellement au massacre» des membres du réseau Alliance, qu'il avait organisé

« de sa propre initiative ». Dénonçant « la conjuration du silence que les accusés avaient établi autour de ces faits », le colonel Guyon, se fondant sur les pièces d'archives qu'il avait pu récupérer, estime que le commandant était présent lors de l'extermination des résistants au début du mois de septembre 1944.

À l'issue de ce long réquisitoire, le commissaire du gouvernement propose des peines pour chacun des accusés selon la gravité des faits imputables. Ainsi réclame-t-il la peine de mort pour Hartjenstein, Seuss, Ehrmanntraut, Oehler, Fuchs et Nietsch. Il demande des travaux forcés à perpétuité pour Hüttig, vingt ans de travaux forcés pour Dillmann et Busch, dix ans de travaux forcés pour Wagner, Heinrich, Mayer, Hoffmann, Rieflin, Duttel et Jäger, enfin cinq ans de travaux forcés à l'encontre de Haas et Merker. Il reconnaît des circonstances atténuantes et parle même d'« excuse absolutoire » au bénéfice de Gaubatz et de Gersbach. Pour Knechtle et Schondelmaier, il abandonne même l'accusation et donc les poursuites. Cependant, pour les accusés libres qui ne s'étaient pas présentés à l'ouverture du procès et qu'on jugeait donc par contumace, il requiert dix ans de travaux forcés, sauf pour Dieber, pour lequel il réclame la peine de mort.

En raison de la gravité des faits reprochés aux accusés, il faut relever ce choix, fait par le ministère public, de moduler les peines requises. La peine de mort, en vigueur à l'époque, se concevait pour des tortionnaires sadiques qui avaient chacun plusieurs morts sur la conscience. On peut même dire que l'accusation faisait preuve d'une certaine retenue en prévoyant des travaux forcés à temps pour quelques-uns, en acceptant des circonstances atténuantes pour certains et en abandonnant même toute inculpation pour d'autres. Reste à la défense à s'exprimer et, éventuellement, à exploiter cette forme de mansuétude au bénéfice de tous les accusés, y compris les plus chargés.

La parole est à la défense

Dès que la parole est donnée à la défense, tous les anciens déportés quittent la salle en signe de protestation. Me Eisele, du barreau de Metz, plaide le premier. Il commence par un exposé sur le

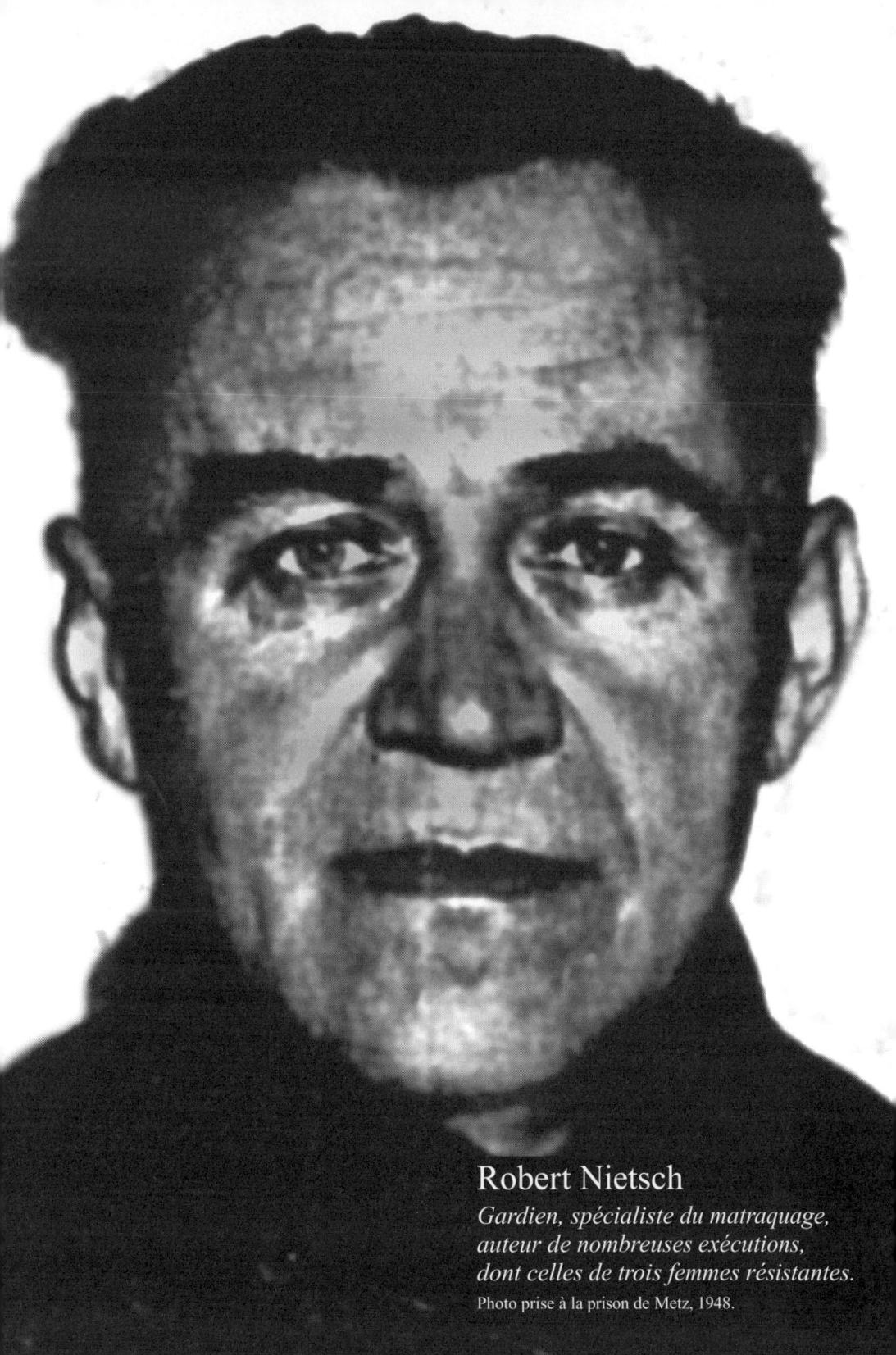

Robert Nietsch
Gardien, spécialiste du matraquage, auteur de nombreuses exécutions, dont celles de trois femmes résistantes.
Photo prise à la prison de Metz, 1948.

système concentrationnaire. C'est, considère-t-il, « un sous-produit de notre civilisation technique, dont aucune nation moderne n'est exempte ». Il ose même affirmer « que certains camps français n'avaient rien à envier aux camps allemands », selon le journaliste des Dernières Nouvelles qui assiste à la séance. Ce dernier relève également que l'avocat « s'est livré sans plaisir à ce parallèle peu flatteur pour la France, et rend responsable de tous ces crimes et sévices l'ambiance concentrationnaire dont les accusés étaient aujourd'hui eux-mêmes des victimes ».

Les propos de l'avocat tombent à plat. Visiblement, il crée un malaise, non seulement dans la salle, mais aussi parmi les membres du tribunal. Le président paraît agacé. Pour la défense de son client Othon Wagner, qui avait bénéficié d'une remise en liberté provisoire après trente mois d'incarcération, l'avocat relève la modération des appréciations formulées par les témoins. Il conclut sa plaidoirie en demandant le renvoi dans ses foyers de « ce pauvre lampiste des chemins de fer badois ».

La défense de Merker est plus difficile à assurer. Une peine de dix ans de travaux forcés est requise contre lui pour des coups et blessures ayant entraîné la mort de deux déportés russes. Mais son avocat l'estime innocent de ces faits. Il en veut pour preuve le fait que Merker se présente libre à ce procès. L'argument est faible, ténu même, mais la cause s'avère tellement difficile à défendre.

L'audience, suspendue à 11 h 30, est reprise à 14 h 30 avec la plaidoirie de Me Barth du barreau de Metz, défenseur d'Edmond Hoffmann et Jakob Schondelmaier. Il commence par rappeler au public que défendre est la tâche qui incombe aux avocats, mais que cela ne signifie nullement l'approbation des agissements commis. Ce besoin de se démarquer par rapport à ses clients traduit parfaitement le malaise qui occupe son esprit. Comment plaider avec conviction dans de telles circonstances ? La mission est quasiment impossible. Son client Hoffmann, que les déportés avaient surnommé la Chèvre, a déjà bénéficié d'un non-lieu devant le tribunal de Rastatt pour ses activités dans les autres camps situés en pays de Bade. Cette situation prouve, selon Me Barthel, que l'on n'est pas en présence d'un tortionnaire pervers. Les quelques coups qu'on lui reproche relèveraient plus d'un moment d'égarement.

D'ailleurs, le commissaire du gouvernement l'a parfaitement compris, suggère l'avocat, en ne requérant que cinq ans de travaux forcés contre lui. Dès lors, le défenseur se permet de réclamer à son égard les circonstances atténuantes et termine sa plaidoirie en demandant au tribunal de suivre la proposition du ministère public qui propose d'abandonner les poursuites envers Schondelmaier.

Me Wolf, avocat également du barreau de Metz, a une tâche plus délicate : il doit plaider au bénéfice de Nietsch que les témoins ont lourdement chargé. Il fait un long détour, cherchant à expliquer « la passivité du peuple allemand » qui aurait facilité « l'extension du nazisme ». Nietsch devenait ainsi une victime de la politique du national-socialisme. Influencé par l'atmosphère sociale qui régnait en Allemagne, influençable par manque de caractère, Nietsch aurait donc été manipulé et n'aurait été qu'un serviteur aux ordres de ses supérieurs. L'avocat reconnaît néanmoins que son client aurait donné « quelques petits coups de pied ». Cette affirmation provoque l'hilarité de l'assistance. Puis Me Wolf s'évertue à prouver « à coup de certificats » que Nietsch n'était pas présent au Struthof lors de l'exécution du réseau Alliance. Mais sa démonstration tombe à plat, son argumentation précédente l'ayant discrédité[174].

À l'ouverture de la quatorzième journée d'audience, Me Eisele demande au président Franck de lui redonner la parole pour quelques précisions, ce qui lui est accordé. À lire le commentaire du jour dans la presse, l'avocat s'est rendu compte que sa plaidoirie n'avait pas été comprise. Il se défend donc d'avoir voulu faire une comparaison entre les camps français et le système concentrationnaire national-socialiste. Il précise simplement qu'il s'était référé à des citations tirées d'ouvrages écrits par Koestler ou le général Guillandot. Il laisse naturellement l'entière responsabilité de ces affirmations à leurs auteurs. Me Eisele affirme en outre que « le gouvernement allemand national-socialiste s'était servi de l'institution des camps pour procéder à l'extermination systématique de certaines catégories d'hommes ».

Il passe ensuite à sa plaidoirie pour Hüttig, Gersbach, Duttel et Busch. Après avoir étudié les registres des décès survenus au camp, il commence par affirmer que « sous le commandement de Hüttig, le Struthof n'était pas un camp de la mort ». D'ailleurs, l'exposition au froid des détenus, qui fit une vingtaine de morts, n'était pas imputable à Hüttig mais à Kramer. D'autre part, Hüttig ne pouvait pas non plus être considéré comme complice de ce crime, puisque les conditions qui régissaient la complicité n'étaient pas remplies. En effet, au terme de l'article 4 de l'ordonnance du 28 août 1944, on ne pouvait être considéré comme complice que si l'auteur principal des faits incriminés était poursuivi. Or dans cette affaire, ce fut Kramer, subordonné à Hans Hüttig, commandant du camp, qui s'en rendit directement coupable, mais celui-ci n'avait pas été poursuivi pour cet acte.

Reste l'accusation d'association de malfaiteurs qui continue à peser sur lui. Me Eisele plaide «le grand âge» de l'inculpé. Il insiste encore sur le fait que Hans Hüttig avait déjà bénéficié d'un non-lieu dans les poursuites engagées contre lui en sa qualité de chef d'un camp de concentration en Hollande, Herzogenbusch, près de Vught. Ainsi n'est-il pas le tortionnaire pervers qu'on présente.

Pour Gersbach, auquel on reprochait «d'avoir abattu un déporté au cours d'une mise en scène de tentative de fuite», selon l'envoyé spécial des *Dernières Nouvelles*, Me Eisele met en doute l'affirmation du témoin accusateur. Selon la topographie des lieux, il juge que la sentinelle ne pouvait voir s'il s'agissait d'une mise en scène ou non. Dès lors, si Gersbach a tiré sur un déporté, c'est qu'il croyait réellement à une tentative de fuite. Il devait donc bénéficier de l'excuse absolutoire et être relaxé de ce chef d'accusation, estime l'avocat.

Quant à Duttel, Me Eisele relève qu'il ne fut jamais volontaire pour faire partie d'un peloton d'exécution. Il doit donc également bénéficier de l'excuse absolutoire, ce qui entraînerait automatiquement l'abandon des poursuites. En examinant les registres du camp, Me Eisele affirme que Duttel n'était pas président au Struthof lors de l'exécution des membres du réseau Alliance et que, là encore, il doit bénéficier d'une relaxe. Pour finir, il met en parallèle le peu de charges qui pesaient sur lui et la lourde peine réclamée contre lui, vingt ans de travaux forcés.

«Nul homme n'a le droit d'exiger d'un autre homme qu'il soit un saint, un martyr ou un héros», s'écrie-t-il en guise de conclusion. Ainsi, selon ses dires, il aurait fallu être «saint, martyr ou héros»

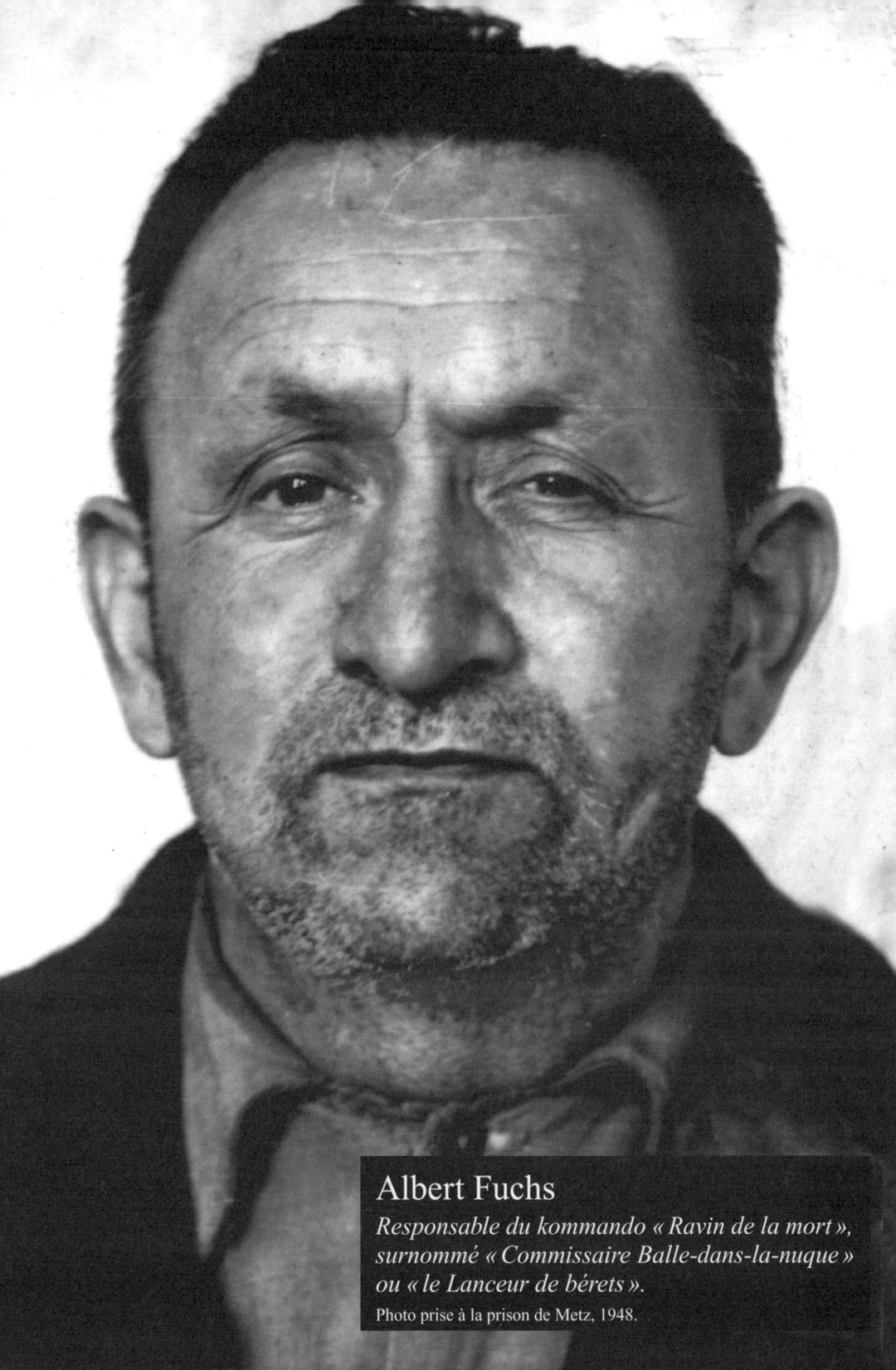

Albert Fuchs
*Responsable du kommando « Ravin de la mort »,
surnommé « Commissaire Balle-dans-la-nuque »
ou « le Lanceur de bérets ».*
Photo prise à la prison de Metz, 1948.

pour faire preuve du courage moral nécessaire afin de se soustraire à l'emprise du milieu concentrationnaire. L'avocat insiste encore sur les dix ans écoulés depuis les faits, sur la prison qu'ont connue les ex-gardiens, qui les a transformés, sur la longueur de ce procès pénible qu'ils subissent. Tous ces éléments, dit-il, ont été autant d'étapes jalonnant leur libération intérieure, qui, aujourd'hui, leur imposent le dégoût du Struthof... Son envolée finale est sublime ; il a bien parlé, il est content de lui, de l'effet qu'il a produit et cela se voit. Il passe donc le relais à Me André Meyer du barreau de Strasbourg.

Celui-ci a pour mandat de défendre Emil Mayer, le chef des gardiens du Struthof. L'avocat tire argument du règlement du camp pour expliquer que son client ne pouvait être tenu responsable des agissements de ses hommes. En effet, dès que ces derniers prenaient leur fonction, « ils étaient placés sous l'autorité directe du commandant du camp et ne dépendaient donc que de lui ». Il met également en exergue les gestes d'humanité dont Emil Mayer et Rieflin firent preuves, selon les témoignages entendus durant ces débats. S'appuyant sur ces éléments, Me André Meyer demande l'acquittement de son client et de Rieflin au tribunal.

Me Nicole Barthélemy, du barreau de Metz, intervient encore avant la pause de midi. Elle brosse un large tableau des souffrances endurées par les déportés du Struthof, ce qui lui permet de relativiser la responsabilité de son client, le kapo Jäger.

Dès la reprise de l'audience de l'après-midi, le commissaire du gouvernement fait savoir au tribunal et aux avocats de la défense qu'il modifie ses réquisitions « en ce qui concerne les accusés de plus de 60 ans ». Il reconnaît ainsi qu'ils ne peuvent être condamnés à des peines de travaux forcés en raison de leur âge. Hüttig, Rieflin et Haas voient donc les peines de travaux forcés demandées contre eux transformées en peines de réclusion. Puis on en revient aux plaidoiries.

Me Seitlinger a la lourde tâche d'intervenir en faveur de Ehrmanntraut sur lequel pèse une forte présomption de culpabilité. Il tente d'expliquer la personnalité de son client dont la perversité a pourtant été dénoncée par tous les témoins à charge. L'avocat, de manière pathétique, décrit son enfance malheureuse. Il révèle que sa mère s'est suicidée alors qu'il n'avait que 8 ans et qu'il en a été traumatisé. Cependant, Ehrmanntraut eut « une vie rangée jusqu'au moment où le chômage le livra au nazisme », souligne son défenseur. Il devint ainsi une victime de la crise des années 1931-1932. « On lui avait fait croire, lui qui était atteint d'un complexe d'infériorité et d'une jalousie maladive envers les intellectuels, qu'il était un pilier du régime. » Il avait subi un déclassement social, désormais le parti le valorisait. Il représentait une autorité, il était enfin devenu quelqu'un. Son « instabilité de caractère » faisait qu'Ehrmanntraut pouvait passer brusquement « de l'exaltation sanguinaire à la prostration ». Cela prouvait, selon Me Seitlinger, qu'il subissait les événements et ne les dominait pas. « C'était un passif, écho vivant de l'atmosphère du camp », dit-il. Après avoir analysé la psychologie de son client, l'avocat demande aux juges de considérer qu'au-delà de ce que pouvait contenir le dossier, c'était « un être de chair et de sang » qu'ils allaient juger.

Comme second défenseur de Ehrmanntraut, Me Barthélemy reprend la parole. Elle fonde sa plaidoirie sur les dernières paroles du général Charles Delestraint, le 19 avril 1945, devant son peloton d'exécution à Dachau : « À vous, je pardonne parce que vous êtes en service commandé, mais j'en appelle à Dieu contre ceux qui ont donné ces ordres. » Ainsi cherche-t-elle à minimiser les actions de son client en se référant aux donneurs d'ordre, à ceux qui avaient mis en place ce régime, à ceux qui décidèrent d'ériger des camps d'extermination, à ceux qui les commandaient.

Me Taron plaide ensuite pour Gaubatz. Il se borne à reconstituer le scénario de la fuite des déportés Grenkamp et Brulay que son client avait abattus. Comme « jeune recrue », estime l'avocat, Gaubatz ne pouvait « qu'obéir sans réfléchir » aux ordres donnés. N'ayant fait qu'appliquer la consigne reçue, il accomplissait le devoir demandé à tout soldat. De ce fait, l'avocat réclame l'acquittement de son client.

Après cette conclusion, c'est Me Wiltzer qui se lève pour Hartjenstein, contre lequel le commissaire du gouvernement a demandé la peine de mort. L'avocat invoque une série de jugements des tribunaux militaires devant lesquels avaient comparu des généraux allemands qui, tous, avaient bénéficié de l'excuse absolutoire. Se fondant sur cette jurisprudence, il revendique l'application de cette même jurisprudence pour son client. Oubliant les exécutions sommaires perpétrées sous son commandement en représailles ou pour l'exemple, il tente ainsi de le disculper.

Enfin le bâtonnier Stoffel, dernier intervenant, sollicite les circonstances atténuantes pour Oehler. Peut-il faire plus ? On sait que Herbert Oehler était « un des gardiens les plus brutaux du KL-Natzweiler », écrira l'historien Steegmann. Déjà condamné à mort par le tribunal de Rastatt, il est l'un des rares accusés à ce procès à n'avoir eu aucun témoin à décharge. Comment défendre un bourreau ? Peut-on décemment lui trouver des circonstances atténuantes ? On ne peut même pas invoquer à son profit un égarement idéologique. Cet homme n'avait aucune conviction. Seul le respect de l'ordre et de la discipline semblait le motiver, et comme il incarnait ces valeurs, en sa qualité de gardien, il s'était cru tout permis jusqu'à infliger les pires sévices ou même tuer des détenus qui n'étaient rien pour lui.

À 18 h 15, le président Franck lève la séance et renvoie le reste au lendemain, pour une ultime audience.

Derniers mots

Le vendredi 2 juillet 1954 est donc la dernière journée d'audience pour le tribunal des forces armées de Metz dans le procès des bourreaux du Struthof. Après quatorze jours de débats, l'affaire touche à sa fin. Peu après 9 heures, le président Franck donne la parole aux accusés.

Hans Hüttig, impassible comme au premier jour, parle en premier. Il exprime des regrets : « Encore une fois », dit-il d'un ton presque solennel, « j'exprime mes regrets les plus profonds pour la scène d'exposition des déportés au froid. » Mais il ajoute tout aussitôt : « C'est Kramer qui a ordonné cette scène horrible ! » Et il affirme même : « J'avais demandé à l'époque des sanctions contre Kramer, mais c'est moi qui ai été déplacé par mesure disciplinaire. » Il n'avait jamais apporté la preuve de ces propos ; même pas un début de présomption. Comme toujours, il termine sa tirade en se considérant comme une victime.

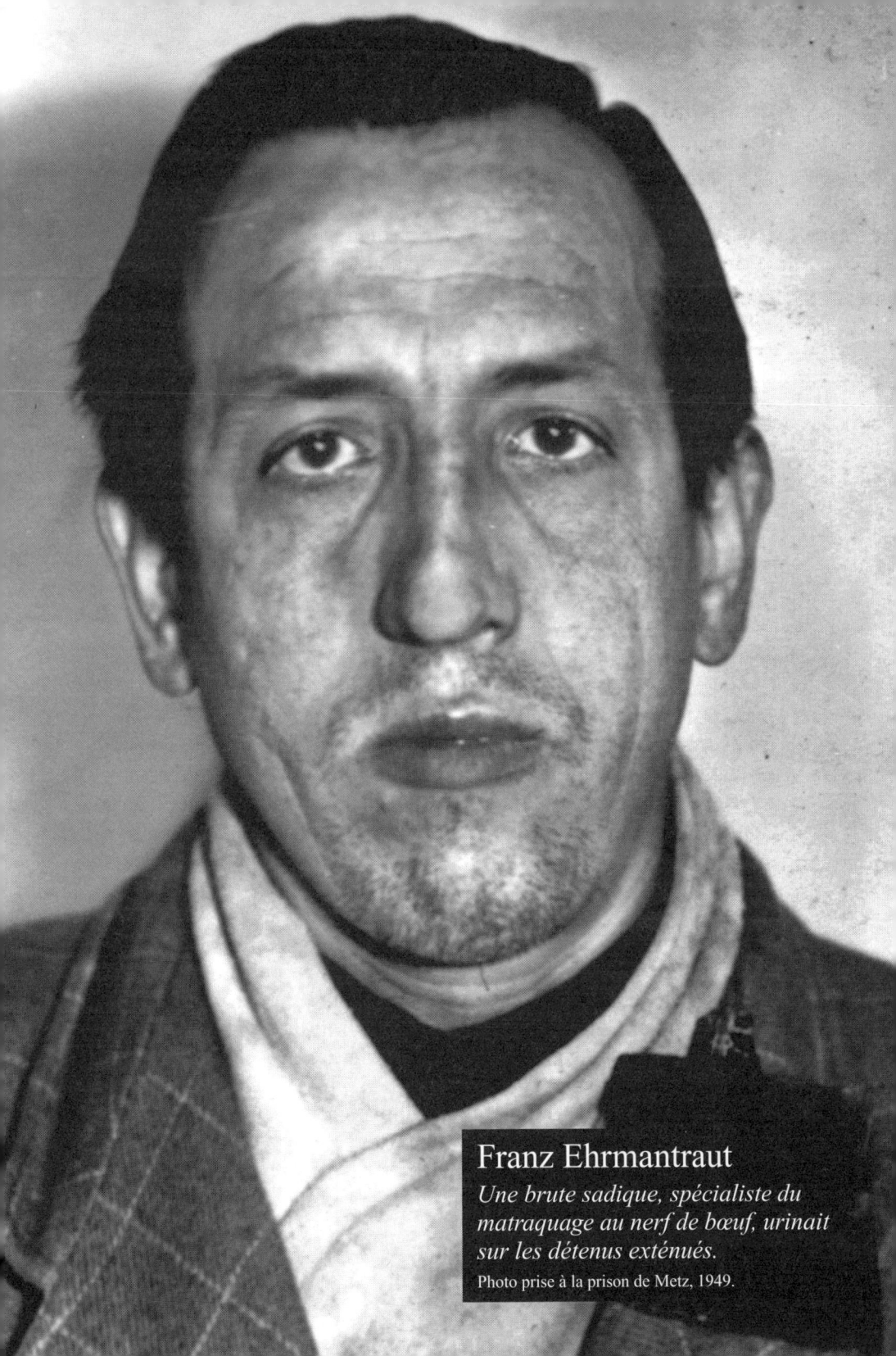

Franz Ehrmantraut
Une brute sadique, spécialiste du matraquage au nerf de bœuf, urinait sur les détenus exténués.
Photo prise à la prison de Metz, 1949.

Fritz Hartjenstein à son tour veut faire une dernière intervention L'observateur des *Dernières Nouvelles* note dans son compte-rendu : « Il était très ému, se raidissant dans sa dignité d'officier pour éviter que les sanglots ne troublent sa déclaration. » Au garde-à-vous, il s'adresse donc au tribunal en ces termes : « Être homme équivaut pour moi à n'avoir pas peur de la vérité. Je regrette les exactions qui ont pu se commettre à mon insu pendant les trois mois et demi de mon commandement au camp. Je ne serais pas digne d'être soldat si je me soustrayais maintenant à mes responsabilités. Je sais que j'ai fait une faute, car j'envisageais les choses comme au front ! Je présumais chez tous mes subordonnés des qualités qui sont normales chez un soldat au front. De bonne foi, je supposais que mes hommes avaient ces qualités. C'était une erreur ! C'est cela ma faute qui, au camp, est devenue une catastrophe. Permettez-moi monsieur le président, de m'incliner devant votre humanité. Je m'en remets à mes juges ! »

Beau discours, mais qui sonne creux ! Il manque de sincérité et de réalisme. Se retrancher « derrière le devoir du soldat » ? L'homme oubliait que le Struthof n'était pas au front, que les déportés n'étaient pas des prisonniers de guerre. La seule faute qu'il avoue fut d'avoir fait confiance à ses hommes ; mais il était le chef du camp, il en avait l'entière responsabilité. Il rejetait sa responsabilité sur les autres. Ce système de défense traduisait sa lâcheté et l'absence totale de remise en cause de l'idéologie qui l'animait au moment des faits.

Herbert Dillmann, le responsable de l'intendance, commence par énoncer : « Je regrette sincèrement tout ce qui s'est passé au camp. » Puis il développe sa pensée : « Qu'il me soit permis à nouveau de dire qu'en ce qui concerne l'administration du camp, j'ai fait tout ce qui était en mon pouvoir. En ce qui concerne les sévices qui me sont personnellement reprochés, je m'en remets aux paroles de mon défenseur. » Ainsi se défaisait-il de sa culpabilité. Dans un cas, ce n'était pas lui. Dans l'autre, son avocat avait fourni les explications qu'il fallait...

Wolfgang Seuss[175], toujours impassible, marmonne sans desserrer les maxillaires : « Je vous prie de croire que toutes les exactions commises par ma faute sur des êtres humains, je les regrette. Je répète que j'ai toujours agi sur ordre. » Il reste ainsi égal à lui-même. Qui considérait-il comme des « êtres humains » au Struthof ? Qui était Schutzhaftlagerführer ? N'était-il pas, lui également, un donneur d'ordre ?

Franz Ehrmanntraut[176], faisant de grands gestes, murmure d'une voix plaintive : « Je regrette d'avoir péché. Je vous demande de vous replacer dans l'ambiance du camp pour me juger. Je vous demande de prononcer une sanction juste et modérée pour prouver à la nation française que je ne suis pas celui qu'on a dépeint à cette barre. » Son attitude relève presque de la provocation. L'ancien Kommandoführer du Kartoffelkeller qui avait tellement maltraité les NN français, ose se référer à « l'ambiance du camp », demander une sanction « juste et modérée » et veut prouver à la France qu'il était différent ! De qui se moque-t-il ?

Herbert Oehler[177] s'exprime dignement : « Je sais ce qui m'est reproché et je regrette amèrement les sévices que j'ai commis sur ordre de Kramer. Connaissant la sanction qui a été demandée contre moi, je vous prie d'être indulgents et modérés dans votre jugement. Je regrette l'incident que j'ai provoqué ici la semaine dernière au cours de l'audition d'un témoin et je vous prie de m'excuser. » Lui, également, se référait aux ordres d'un autre qui avait déjà expié ses crimes et qui ne pouvait donc le contredire. Pour lui-même il demandait la clémence dont il n'a jamais fait preuve au Struthof. Déjà condamné à mort par le tribunal de Rastatt, il avait compris que son attitude vis-à-vis d'un ancien déporté lui était préjudiciable. Il n'empêche que ce tortionnaire particulièrement cruel envers les NN français avait perdu sa belle assurance...

Albert Fuchs[178], l'ancien SS-Unterscharführer du commando dit du « Ravin de la mort » — où des détenus poussant des brouettes de pierre étaient parfois précipités en contrebas par des gardiens et abattus pour « tentative de fuite » —, se contente de s'en rapporter aux plaidoiries de son avocat en demandant au tribunal l'application d'une peine modérée. Duttel, Mayer, Gaubatz, Gersbach, Schondelmaier, Jäger et Busch lui emboîtent le pas et font de même. Hoffmann et Knechtle soulignent qu'ils s'étaient présentés au tribunal alors qu'ils étaient en liberté provisoire. Le fait de se constituer volontairement prisonnier prouve, selon eux, la confiance qu'ils accordent à la juridiction et la « conscience nette » qu'ils estiment avoir. Ils remercient les juges pour la façon dont on s'est comporté à leur égard. Othon Wagner, après avoir demandé au tribunal de pouvoir bientôt retrouver sa famille, exprime l'espoir « que tous ces procès d'après-guerre ne séparent pas la France de l'Allemagne, mais au contraire tendent à les rapprocher ».

Robert Nietsch[179], dont le président avait du mal à arrêter les flots de paroles au cours des débats, s'effondre et pleure au moment de faire sa déclaration. Cependant, il réussit, entre deux sanglots, à balbutier quelques mots : « Je regrette infiniment, dit-il, de n'avoir pu améliorer le sort très dur des détenus. Si nous avons été injustes, vous, messieurs, je vous demande d'être justes. » Sa lucidité étonne le public. Son expression paraît sincère. A-t-il enfin des remords ?

Après les regrets exprimés par Haas, Merker se lève dans le box. « Je ne crois pas avoir reçu une éducation qui m'aurait fait me soustraire à la justice », confie-t-il. « Je souhaite une sanction juste et modérée. » Il est vrai qu'il attribuait à un « hasard malheureux » sa présence devant la juridiction militaire ; Il est le dernier à s'exprimer. Les débats sont achevés.

Le président Franck précise encore que la question de l'excuse absolutoire sera explicitement posée pour Gaubatz, Gersbach et Merker. Pour les autres accusés, elle est incluse dans la question générale de culpabilité. Puis il déclare les débats définitivement clos.

Délibérations et verdict

Le tribunal des forces armées de Metz se retire donc dans la salle des délibérations pour examiner le sort des 83 accusés dont 23 seulement sont présents. Deux autres, arrivés en retard, voient leur affaire disjointe. Néanmoins, le tribunal doit répondre à... 8 700 questions. Il est 9 h 30 lorsque les juges se penchent sur les épais dossiers. Les délibérations dureront toute la journée. C'est vers 20 h 30 que le tribunal, son président en tête, reprend possession de la salle des assises du palais de justice messin. Il y règne un silence de mort lorsque, devant le public debout, le commissaire du gouvernement donne lecture du verdict.

Le tribunal prononce six condamnations à mort : Hartjenstein, Seuss, Ehrmanntraut, Nietsch, Oehler et Fuchs. Il inflige des

Karl Rieflin
Adjudant SS, accusé de complicité dans 141 homicides au Struthof.
Photo prise à la prison de Metz, 1949.

travaux forcés d'une durée de vingt ans à Dillmann et Busch, de dix ans à Jäger, de neuf ans à Duttel, Gersbach et Wagner, de huit ans à Mayer, de sept ans à Gaubatz et Hoffmann, de six ans à Merker. Il condamne à la réclusion à perpétuité Hüttig, à douze ans de réclusion Rieflin et Haas, enfin il acquitte Schondelmaier et Knechtle. Tel est le sort des accusés présents auxquels le commissaire du gouvernement va porter la décision en soirée dans leur cellule en prison. Les 58 autres accusés étaient jugés par contumace : 43 sont condamnés à mort et 15 à des peines de travaux forcés. Par deux « flash infos », l'agence France-Presse annonce le verdict aux médias du monde entier.

CHAPITRE VII

Le procès de Paris
27 avril-17 mai 1955

Pourtant, justice n'était pas définitivement rendue! Les six condamnés à mort du jugement de Metz, invoquant un vice de forme, introduisirent un pourvoi en cassation. À la surprise générale, la Cour de cassation, par un arrêt du 2 décembre 1954, annule à leur encontre les effets de la condamnation. Elle considère en effet que Fritz Hartjenstein n'était pas un prisonnier de guerre, que dès lors, la juridiction de Metz qui venait de le condamner n'était pas régulièrement composée et présidée. Les cinq accusés sont donc renvoyés devant le tribunal permanent des forces armées de Paris.

Ce nouveau procès s'ouvre le 27 avril 1955, rue de Reuilly dans le XIIe arrondissement de Paris. Ils ne sont plus alors que cinq accusés: Wolfgang Seuss, Robert Nietsch, Albert Fuchs, Franz Ehrmanntraut et Herbert Oehler. Fritz Hartjenstein, dont le statut a provoqué cette cassation et ce renvoi, est mort en prison le 20 octobre 1954, quelques semaines avant la décision de la Cour.

L'accusation, devant le tribunal parisien, demeure identique: association de malfaiteurs, assassinats et complicités d'assassinats, empoisonnements et complicités, coups et blessures volontaires. La défense est assurée par Me Taron, Me Stoffel, Me Barthélemy, Me Bartel – du barreau de Metz – par Me Seitleinger – du barreau de Sarreguemines – et par Me Naud, avocat à la cour d'appel de Paris. S'y ajoutent quatre avocats allemands, Kurt, Hardon, Breymeier et Lane, respectivement des barreaux de Speichigen, Bremerhaven,

Hambourg et Mayence. La fonction de commissaire du gouvernement est tenue par le commandant de justice militaire Lernhard et le tribunal est présidé par le conseiller à la cour d'appel de Paris, Niveau de Villedary. Ce dernier est assisté par le lieutenant-colonel Masson, le commandant Dupont, le capitaine Salman, le lieutenant Richard, le sous-lieutenant Dowal et l'adjudant-chef François[180].

Dix ans se sont écoulés depuis les faits qui leur sont reprochés. Dix longues années qui ont changé la face de l'Europe et du monde. Le rapprochement franco-allemand est déjà engagé. La plupart des prisonniers de guerre allemands sont rentrés. L'Allemagne, depuis 1949, est divisée en deux États souverains. Pour la République fédérale, Adenauer réclame les derniers prisonniers encore détenus pour crime dans les prisons françaises. Outre-Rhin règne enfin une vraie démocratie. L'Allemagne de l'Est, elle, n'est pas reconnue par les Occidentaux. L'antagonisme des blocs divise le continent européen et dégénère en guerre froide. Bref, tout est différent. De plus, à Paris, on est bien loin de la vallée de la Bruche, très loin du Struthof...

La mort de Hartjenstein change également la physionomie du procès. Désormais, parmi les accusés, il n'y a plus aucun ancien commandant du camp. Il devient plus facile de se retrancher derrière les ordres reçus et d'accuser la hiérarchie.

Dès l'analyse de la personnalité des inculpés, on se rend compte que ce n'est plus le même procès. Certes, le système de défense des accusés reste le même, mais la manière de diriger les débats a changé. Le public, lui aussi, n'est plus le même. Il réagit différemment.

Les débats vont se prolonger durant près de trois semaines. Du 29 avril au 13 mai 1955, on entend les témoins. Les actes de barbarie déjà évoqués lors du précédent procès sont de nouveau relatés. Aux accusations précises des victimes, les accusés répondent par une négation systématique des faits. Non, ils n'ont pas commis ces actes! Non, ils ne se sentent pas coupables! Non et non, ce n'était pas eux qui... À ce jeu-là, Seuss est le plus cynique: avec un aplomb presque naturel, il nie l'évidence. Il n'a commis aucune des atrocités hallucinantes qu'on lui reproche!

Au dixième jour d'audience, le témoin François Faure confie au tribunal : « J'ai hésité à venir : avons-nous encore le droit de parler après dix ans ? Mais nous avons le devoir de ne pas nous désintéresser de nos camarades disparus. On ne peut pas reprocher à la justice française de juger cette affaire avec un manque de réflexion... » Le temps passé marque les esprits. Mais « le massacre continue », constate-t-il. « Tous les jours des rescapés disparaissent des suites des traitements affreux qu'ils ont endurés[181]. » « Dans le convoi auquel j'appartenais, nous étions 67. Aujourd'hui, nous restons deux survivants ! »

Sur le fond de l'affaire et la culpabilité des accusés, il explique : « Nous savons jusqu'où peut aller l'obéissance d'un soldat allemand. » Mais il demeure convaincu que les SS au Struthof étaient « encore plus brutaux qu'il ne leur était commandé de l'être ». Reste, par exemple, gravée dans sa mémoire cette scène horrible : un jour où, épuisé par les coups reçus, il était tombé à terre, Ehrmanntraut se penche vers lui et lui demande : « Alors, pas encore mort ? Demain, ce sera le crématoire ! »

Albert Fuchs se permet même de traiter le témoin luxembourgeois Henri Binefeld de menteur lorsque celui-ci affirme : « J'ai vu Fuchs tirer dans la nuque de certains de mes camarades ! » Marcel Muller, témoin venant de Morsbach qui, comme détenu, était affecté à l'administration du camp, confirme que « sur les actes, les décès n'étaient pas imputés à des blessures, mais toujours à des arrêts du cœur ou à des troubles de circulation... » Un officier de l'armée belge, originaire de Ixelles, le lieutenant-général Woussen, apporte une autre horrible précision : « En guise de bienvenue, lorsque je suis arrivé au camp, les SS désignèrent un déporté de mon convoi au hasard et le pendirent devant ses camarades. » Cependant, la corde de la potence du Struthof était trop grosse et ainsi les suppliciés mouraient par asphyxie et non par rupture des vertèbres. Ainsi les condamnés n'étaient pas tués sur le coup, mais mouraient au bout de cinq à sept minutes[182].

Pour certains témoins, le temps n'a rien effacé ni même estompé. Ainsi Roger Linet, ancien déporté, devenu député de la Seine, informe le président qu'il lui est impossible de témoigner « sans crainte et sans haine » comme l'y invite la formule du serment à prêter avant sa déposition. « Témoigner sans haine », déclare-t-il à la barre en montrant du doigt les accusés, « ce serait blanchir ces gens qui devraient être tous pendus depuis dix ans[183] ! »

Le vendredi 13 mai 1955, les débats en viennent au réquisitoire du commissaire du gouvernement. Il demande au tribunal de confirmer les peines infligées aux accusés par le jugement de Metz. Le jour suivant, on entend Me Barthel et Me Taron. Le 16 mai 1955, Me Barthélemy et Me Stoffel plaident. L'avocate Nicole Barthélemy revendique pour les accusés l'application de la convention de Genève du 27 juillet 1929[184]. Me Stoffel dépose encore des conclusions visant à faire donner acte à Oehler que les coups par lui portés et les blessures faites sur des déportés NN français avaient bien eu lieu les 14 et 15 août 1943.

Le tribunal délibère donc séance tenante sur ces deux questions. Il rejette l'une et l'autre. Il considère qu'il doit s'en tenir à la qualification effectuée par l'arrêt de renvoi de la chambre des mises en accusation, qui lui donne la légitimité d'agir. Quant à la seconde question, il souligne que la réponse sera donnée par les délibérations au fond qui auront lieu. Le tribunal ayant ainsi jugé « avant faire droit », le président redonne la parole à la défense.

Me Albert Naud, grand pénaliste au barreau de Paris, prononce donc la dernière plaidoirie. Il s'explique d'abord sur sa présence à ce procès comme défenseur : « On m'a fait le reproche d'être ici. Je n'entends pas plaider sur les faits », précise-t-il, « mais démontrer que ces hommes ont été entraînés par un système. » Il avoue néanmoins « une gêne à défendre ces hommes qui ont été nos pires ennemis ». « Mais ces hommes, je le crois, sont comme tout le monde. Seuss est comme les autres hommes, et c'est le drame de mon cœur et de ma conscience de voir que des individus normaux peuvent être ainsi formés par le système. » Le célèbre avocat dénonce alors le mécanisme politique et militaire qui a fait de ces êtres des bourreaux. Le véritable coupable, c'est le Parti national-socialiste, c'est l'idéologie qui fit d'eux des instruments de terreur et de mort. « Le système dépassait des individus », martèle-t-il. Les accusés devenaient ainsi des victimes auxquelles il fallait accorder des circonstances atténuantes.

Après cette envolée lyrique qui termine l'intervention de l'avocat, le président demande aux accusés s'ils ont quelque chose à ajouter. Fuchs est le premier à balbutier quelques mots en pleurant à chaudes larmes : « J'ai 68 ans, je suis père de famille, et je suis séparé d'elle depuis 16 ans. » Seuss regrette ce qu'il a fait et invoque des ordres reçus. Oehler à son tour exprime des regrets : « J'ai fait tout sur ordre du commandant Kramer. » Et il ajoute : « Si ce tribunal devait me refuser la clémence, qu'il l'accorde au moins à ma mère qui a 76 ans ». Enfin Ehrmanntraut s'exclame : « J'ai tiré une leçon du passé et je serais heureux que d'autres hommes en fassent de même. Jugez-moi avec clémence et équité. » Il ajoute, comme toujours, quelques mots de provocation : « Il y a une sorte d'hommes qui ne peuvent et ne veulent jamais pardonner. Je vois en eux ceux qui préparent la voie de Sodome et Gomorrhe ! » Qui vise-t-il ? Ses juges ? On ne le saura sans doute jamais. Les autres s'en remettent à la sagesse du tribunal ou aux dires de leurs avocats.

Le président Niveau de Villedary, avec une grande dignité, déclare alors les débats terminés. Les accusés sont reconduits à leur prison et le tribunal se retire pour délibérer. Il doit répondre à 340 questions avant de pouvoir prononcer son jugement. Après plusieurs heures d'attente, la sentence tombe : Albert Fuchs, Wolfgang Seuss et Franz Ehrmanntraut sont condamnés à mort. Herbert Oehler aux travaux forcés à perpétuité, Robert Nietsch à quinze ans de travaux forcés. La justice s'est enfin définitivement prononcée. Le dossier est donc refermé le 17 mai 1955[185].

CHAPITRE VIII

Le procès du kapo Richard Kuhl
27 mai 1958

Néanmoins, il y eut encore quelques résurgences de cette affaire. Ainsi, le 27 mai 1958, s'ouvrait devant le tribunal permanent des forces armées de Paris le procès de Richard Kuhl, de nationalité allemande. Il était considéré comme un kapo de droit commun, interné au Struthof, et avait été condamné par contumace le 2 juillet 1954 à Metz.

Richard Kuhl était le type même de mauvais garçon que l'on pouvait rencontrer comme kapo au Struthof. Né le 31 janvier 1913 à Francfort-sur-le-Main, engagé dans la Légion étrangère en 1930, il avait servi à Sousse (Tunisie), mais au bout de huit mois, il était parvenu à résilier son contrat, à la demande de sa mère, dira-t-il. Puis, après deux années d'études dans une école technique en Allemagne, il avait trouvé du travail aux chantiers navals de Hambourg et de Kiel. Il avait été interné une première fois à Morfelden le 17 septembre 1938, puis à Buchenwald. Libéré, il avait été repris du 24 octobre 1939 au 8 novembre 1939. Le 17 mars 1940, il avait été de nouveau arrêté et emprisonné à Francfort, puis jusqu'au 21 octobre 1943 au Struthof avant d'être transféré à Buchenwald et à Dora d'où il sera libéré à la fin de la guerre.

Ainsi, avant d'être interné au Struthof, avait-il été condamné à six reprises : pour franchissement illégal de frontière, vol de bois, tentative d'escroquerie, détournement de fonds, et ce, avant 1943. D'abord classé parmi les internés politiques, il fut considéré comme asocial et enfin détenu de droit commun. Après la guerre, il avait travaillé comme chauffeur-mécanicien à bord d'un cargo norvégien. Le 21 septembre 1948, il était venu travailler à Loos en France comme mineur de fond. Mais dès le 27 janvier 1949, il fut condamné à trois mois de prison par le tribunal correctionnel de Béthune pour abus de confiance...

Au Struthof, à l'arrivée de convois d'internés français NN, à la mi-juillet 1943, il passa de la condition de détenu à celle de Vorarbeiter, de kapo donc, et devint l'auxiliaire du SS Franz Ehrmanntraut – notamment pour le chantier du *Kartoffelkeller*. Il s'acharna plus particulièrement sur les intellectuels – prêtres, officiers d'armée, banquiers – et sur les Juifs. À l'infirmerie, pour juger si les internés pouvaient ou non se lever et travailler, Kuhl les frappait à coups de manche de pioche ; ou alors, il montait sur eux, les piétinait, leur urinait dessus. On sait qu'un détenu s'est suicidé pour lui échapper. Au travail, il n'hésitait pas à arracher des pansements aux blessés et leur lançait des pierres dans le dos. Selon les témoins, il aurait plusieurs morts sur la conscience.

Il était inculpé d'association de malfaiteurs et d'assassinats. Le procès dura deux jours, où l'on entendit Franz Ehrmanntraut et Albert Fuchs, sans prestation de serment puisqu'ils étaient frappés d'une peine afflictive et infâmante, ainsi que des témoins anciens déportés, des autorités religieuses, dont des aumôniers de prison, mais aussi la mère et le frère de l'accusé. Le verdict fut la condamnation de Richard Kuhl aux travaux forcés à perpétuité pour les exactions qu'il avait commises au Struthof entre juillet 1943 et avril 1944[186]. C'était le dernier soubresaut judiciaire de cette affaire.

La condamnation de Herbert Oehler aux travaux forcés à perpétuité fut compensée. Le 23 août 1956, il bénéficia d'une remise de trois ans de travaux forcés, et le 2 avril 1957 d'une nouvelle remise de cinq ans. Il fut donc libéré de la centrale de Loos le 16 avril 1957. Robert Nietsch obtint la liberté conditionnelle dès le 20 décembre 1955. Il quitta également la centrale de Loos et fut expulsé en Allemagne le 23 décembre 1955. Les peines de mort qui frappèrent Albert Fuchs et Wolfgang Seuss furent commuées en travaux forcés à perpétuité respectivement le 15 avril 1958 et le 17 janvier 1959, puis ils bénéficièrent d'une remise totale de peine le 31 décembre 1959.

PARIS, MAI 1958

Enfin, Franz Ehrmanntraut bénéficia d'une confusion de peine entre sa première condamnation à mort du 29 mai 1947 à Rastatt et celle prononcée à son encontre le 31 janvier 1955. Puis celle-ci devint une condamnation à des travaux forcés à perpétuité réduite à temps ; enfin pour finir, il bénéficia d'une remise de cinq ans de travaux forcés le 31 décembre 1959. Ainsi, non seulement aucune peine capitale ne fut exécutée à l'encontre des bourreaux du Struthof, mais tous les anciens gardiens se retrouvèrent libres dès 1960, après douze à quinze années d'emprisonnement au pire.

Page ci-contre : Table de dissection dans le bâtiment du four crématoire du camp du Struthof. Photo réalisée après la libération du camp : un soldat américain pose à côté d'un membre des FFI.
COLLEGE PARK (MD), NATIONAL ARCHIVES/COL.LISE POMMOIS

TROISIÈME PARTIE

Les « médecins de la mort » des camps du Struthof et de Schirmeck

CHAPITRE IX

Le procès des « médecins de la mort » à Metz
16-22 décembre 1952

En enquêtant sur les actes criminels commis par les agents de la Schutzpolizei, les Schipos à Schirmeck, ainsi que les comportements répréhensibles des gardiens SS du Struthof, on découvrit les agissements délictueux de certains médecins.

Il apparut assez rapidement que ces derniers se subdivisaient en deux catégories. Les uns, chargés en théorie de soigner les déportés malades, pratiquaient des actes criminels pour éliminer les inaptes au travail. Ils prenaient ainsi l'habitude d'« euthanasier » les « sous-hommes » affaiblis afin, prétendaient-ils, d'abréger leurs souffrances. Tel fut, par exemple, le cas du Dr Blancke, médecin SS du Struthof, qui sévissait également au camp de Schirmeck. Il se suicida après l'armistice de 1945, ce qui mit un terme à l'instruction contre lui.

Les autres étaient des chercheurs, souvent des universitaires, qui tentèrent des expériences médicales sur des internés, soit au Struthof, soit à Schirmeck. Ils enseignaient à la Reichsuniversität de Strasbourg (université du Reich) et utilisaient ainsi des êtres humains non consentants pour pratiquer tests ou expériences. Ainsi les installations des camps devenaient-elles pour eux des annexes de leurs laboratoires. Poussés par l'idéologie nazie, ou enthousiasmés par les résultats attendus de leurs travaux, ils perdirent tout repère déontologique et moral. Les souffrances atroces infligées aux détenus ainsi traités, leur mort lente programmée et observée, ne les dérangèrent pas, signe de leur complet dérèglement éthique.

L'instruction devait donc se placer sur le plan scientifique. Les témoignages des anciens internés étaient insuffisants. Il fallait faire appel à des experts, des spécialistes, des sommités incontestables dont les conclusions devaient faire autorités et éclairer la justice. Cela ne fut pas facile. Des médecins allaient juger des médecins.

Les premiers à rassembler des preuves avaient été des médecins déportés chargés de seconder les hommes de santé de la SS, et qui dirigeaient les infirmières. Mais comment garder les traces des délits lorsque leurs supérieurs mettaient tout en œuvre pour les effacer ? La difficulté résidait ainsi dans l'identification des actions accomplies.

L'affaire dite du « Struthof médical » était donc d'une tout autre nature que les crimes jugés auparavant. Fascinés par leurs expériences, les médecins et leurs assistants entendaient bien contribuer aux progrès de la médecine. Ils ne reconnurent nullement le caractère criminel de leurs actes. De ce fait, ils crièrent à l'injustice lors de leur arrestation, et trouvèrent scandaleux qu'on les privât de liberté alors que la science avait tant besoin d'eux ! Cette situation rendit l'instruction plus délicate, voire plus complexe. Et en effet, il allait se trouver d'éminents médecins pour prendre leur défense en soutenant que professionnellement, les personnes mises en cause n'avaient pas commis d'actes répréhensibles...

Toutefois, d'autres sommités médicales s'insurgeaient de leur comportement qu'elles considéraient comme monstrueux et revendiquaient contre eux les plus graves sanctions. La controverse enflait notamment au sujet des travaux des universitaires suivants : le Dr August Hirt, professeur, alors en fuite, le Dr Otto Bickenbach, professeur de la polyclinique médicale de l'hôpital de Strasbourg, le Dr Eugen Haagen, directeur de l'Institut d'hygiène – ainsi que leurs assistants Helmuth Graefe, Helmuth Rühl et Otto Bong.

Hirt, réfugié à Tübingen à la fin de la guerre, eut le culot de vouloir polémiquer sur sa « collection anatomique » découverte après la libération de Strasbourg dans les caves du sous-sol de l'Institut d'anatomie de Strasbourg. Il ironisa même lorsque les journaux révélèrent ses crimes. Ainsi, on aurait trouvé des crânes

« d'Égyptiens, de Nègres, de Chinois, de Japonais, d'Allemands, d'Anglais, de Français, etc. », simplement laissés là par les Allemands en 1918. De même, il osa soutenir que la chambre à gaz du Struthof n'aurait été qu'une simple pièce d'épouillage. Finalement, August Hirt se suicida le 2 juin 1945 en Forêt-Noire.

Son cas fut évoqué à Nuremberg lors du procès des médecins nazis. La correspondance secrète qu'il entretenait avec Karl Brandt, le médecin personnel de Hitler, et avec Wolfram Sievers, responsable de l'organisation Ahnenerbe (l'institut de recherche pseudo-scientifique nazi tendant à prouver la supériorité de la race aryenne) fut longuement commentée par le procureur Alexandre Hardy[187]. Eugen Haagen adopta le même système de défense. Il se considérait comme un éminent chercheur dont la justice entravait les travaux de recherches. Ses avocats tentèrent même d'en convaincre les magistrats de Metz. Ils adressèrent notamment une requête de mise en liberté le 30 octobre 1952 au président du tribunal militaire de Metz, Dallin, au bénéfice de leur client, où l'on peut lire : « Le professeur Haagen est poursuivi pour des actes strictement médicaux. On ne lui reproche pas d'avoir tué qui que ce soit. Le problème que soulève sa défense intéresse la médecine et a un aspect incontestablement à la fois philosophique et technique (*sic*). Il est indispensable que le professeur Haagen puisse, dans les bibliothèques spécialisées, se reporter aux ouvrages qui traitent de l'expérimentation sur l'homme et à ceux qui sont consacrés plus spécialement à la recherche d'un vaccin contre le typhus exanthématique. »

Ils revendiquaient donc sa mise en liberté, avec une obligation de résidence à Metz, ou mieux, à Paris « où il aurait à sa disposition les bibliothèques de la faculté de médecine et de l'Institut Pasteur[188] ». Les méfaits commis se réduisaient ainsi, selon les accusés, à un problème d'éthique médicale : jusqu'où pouvait-on aller dans l'expérimentation médicale humaine ? Il ne s'agissait donc plus d'actes de barbarie accomplis sur des internés en camp de concentration. Et lorsque, lors des interrogatoires, ils se retrouvaient poussés dans leurs derniers retranchements, le dos au mur, ils sortaient un argument qui leur paraissait infaillible : « De toute manière, ces gens-là étaient condamnés à mort ! »

L'ouverture des débats

Ainsi, le mardi 16 décembre 1952, s'ouvre devant le tribunal militaire de Metz le procès dit « des médecins du Struthof ». L'acte d'accusation, établi le 28 octobre 1952, relate avec de nombreux détails les méfaits commis. Le commissaire du gouvernement explique ainsi que, durant l'automne 1942, le Dr Hirt, professeur à la Reichsuniversität de Strasbourg, directeur de l'Institut d'anatomie, entreprit une série d'expériences qui consistaient à déterminer la valeur thérapeutique d'une pommade vitaminée contre les brûlures de l'ypérite (le « gaz moutarde »).

Il utilisait, à cette fin, des criminels d'origine allemande qui étaient amenés spécialement au Struthof. Il déposait sur leur avant-bras une goutte d'ypérite et photographiait jour après jour l'évolution de la brûlure. Un certain Charles Schmitt, qui travaillait sous les ordres de Hirt, était chargé de développer les clichés – gardés top secret. Le photographe, interrogé, signala qu'il remarquait sur les photos que les brûlures s'agrandissaient de jour en jour. Vers le cinquième ou sixième jour, des plaies affreuses couvraient presque tout l'avant-bras et même la main des détenus. Vers le douzième jour, les sujets étaient couchés sur le ventre. Ils étaient désormais incapables de tenir leur main à l'horizontal.

Il y eut quinze à dix-huit condamnés soumis à ces expériences dont au moins trois décédèrent : Wilhelm Müssgen, Friedrich Tries ou Dries et Karl Kirn. Leurs viscères furent transférés à Strasbourg, sans doute pour examen. C'est tout ce que l'on sait d'eux. Ils sont morts dans d'horribles souffrances. Ceux qui survécurent enduraient de terribles douleurs.

Cette première expérience fut renouvelée peu de temps après et occasionna la mort d'un dénommé Sitorck. Lors de l'instruction, on avait retrouvé à l'Institut dirigé par Hirt l'étiquette du bocal contenant les pièces anatomiques de Sitorck sur laquelle on pouvait lire : « décédé le 7 septembre 1942 ».

Puis Hirt eut l'idée de constituer une collection de crânes des commissaires politiques bolchéviques dont un grand nombre étaient Juifs. À cet effet, il se fit « livrer » en été 1943 une centaine de personnes qui avaient été amenées rapidement du front Est, de manière à se trouver encore en parfaite condition physique au moment de leur arrivée à Natzweiler. Dans le groupe de prisonniers, il y avait trente femmes. Ce convoi fut dirigé vers les bâtiments du Struthof, dans les communs de l'ancien hôtel, à proximité de la chambre à gaz.

Ces personnes furent tuées en trois jours. En premier eut lieu l'exécution des femmes, le 10 août 1943. Les corps furent empilés dans un camion et conduits à l'Institut d'anatomie de Strasbourg où Hirt les réceptionna. Les cadavres étaient alors préparés pour leur conservation par injection massive de formol dans les artères, et déposés dans les immenses cuves à formol de l'hôpital civil de Strasbourg. Les corps y macéraient encore à l'automne 1944 lorsque le front se rapprocha du Rhin.

Hirt voulut alors faire disparaître cette compromettante collection de cadavres et donna donc à son préparateur Bong, de nationalité allemande, l'ordre de faire disparaître les traces du crime. Il lui fallait découper les corps de manière à en faire passer les morceaux pour des débris anatomiques et à permettre leur crémation. L'avancée rapide de la division Leclerc interrompit ce travail de camouflage. L'audition du personnel de l'hôpital a révélé toutes les précautions prises par Hirt pour dissimuler ce forfait : l'arrivée des cadavres avant l'aube à Strasbourg, la fureur de Hirt lors de la livraison tardive du premier lot — les corps des femmes ne furent déchargés qu'à 7 h 30 —, les moyens utilisés pour écarter les gêneurs[189], les réflexions entendues par un laborantin auquel Hirt avait donné l'ordre de préparer les cuves : « Ils tomberont comme des mouches[190] ! »

Pendant ce temps, au camp du Struthof, le professeur Haagen, son assistant Graefe et sa laborantine Crödel se livraient à l'expérimentation d'un nouveau vaccin contre le typhus exanthématique. Ces expériences avaient commencé à Schirmeck en mai-juin 1943 et provoqué la mort de deux Polonais plusieurs jours après l'inoculation du prétendu vaccin.

Le témoin Hirtz, docteur en pharmacie et détenu à Schirmeck, décrivit les expérimentations. «J'estime qu'il était inhumain, dira-t-il, d'avoir expérimenté sur des sujets atteints de taches cachexies. Il était normal de s'attendre à leur mort.» Il dénonça également les mauvaises conditions d'hygiène puisque Graefe avait utilisé la même aiguille pour tous les Polonais.

Puis Haagen avait transporté son champ d'action au camp de Natzweiler-Struthof lui-même. Un premier contingent de 100 Tziganes en provenance d'Auschwitz avait été mis à sa disposition. Le convoi était arrivé à Natzweiler le 12 novembre 1943, mais «dans un état lamentable». L'interné norvégien Georges Rosef, employé à l'infirmerie, affirma que les survivants du voyage avaient été le jour même renvoyés à Auschwitz. Hirtz expliqua que 18 d'entre eux étaient déjà morts à leur arrivée en gare de Schirmeck et que, selon les dires de Haagen, «douze seulement pouvaient participer aux expériences à condition d'être suralimentés pendant trois mois».

Haagen réclama donc un autre convoi de 100 détenus. Il les voulait «de 20 à 40 ans, en bonne santé, et en condition physique telle qu'ils puissent constituer un matériel (*sic*) comparable». Un second contingent de Tziganes fut donc mis à la disposition. Il arriva le 12 décembre 1943. De suite, les arrivants furent mis en quarantaine dans une aile de l'infirmerie[191]. En janvier 1944, sur un premier groupe de 40 Tziganes, Haagen se livra à une vaccination en deux temps. Il leur fit une première injection avec une souche marine dont il pensait avoir atténué la virulence grâce à plusieurs passages sur des œufs embryonnés. Une deuxième injection eut lieu douze jours plus tard avec une piqûre du virus de typhus épidémique atténué par le même procédé. Quarante autres Tziganes, non vaccinés, composaient un groupe témoin.

En février ou mars 1944, Haagen pratiqua sur le premier groupe de 40 sujets vaccinés ainsi que sur le groupe des 40 non vaccinés, une injection d'épreuve par voie de scarification. Cette opération ne produisit aucune réaction sur le premier groupe des sujets vaccinés, mais il n'en fut pas de même dans le groupe des sujets témoins... Pendant huit jours, leurs températures étaient demeurées normales, puis elles montèrent jusqu'à 39-40° chez les sujets non vaccinés. Au premier groupe vacciné, après un certain temps, on inocula le typhus exanthématique de façon à pouvoir juger des effets du vaccin[192]. On constata de faibles poussées de fièvre et de la diarrhée chez certains sujets. Plusieurs frisèrent la démence, mais pas un sujet ne mourut. Après guérison, ils furent dispersés dans les commandos de travail et certains furent maintenus au camp pour servir de cobaye dans la chambre à gaz du Dr Bickenbach.

L'instruction avait établi que Haagen était l'auteur principal de l'empoisonnement des 40 sujets témoins, mais Graefe, son assistant, avait opéré les injections expérimentales, il était donc co-auteur. Cependant l'extradition de Graefe, qui s'était réfugié en secteur d'occupation britannique en Allemagne n'a jamais pu être obtenue[193].

En décembre 1943, le professeur Bickenbach, directeur de l'Institut de biologie de la faculté de médecine de la Reichsuniversität de Strasbourg, venait d'achever ses travaux préparatoires pour la prévention des effets du gaz phosgène. Son produit avait été mis au point par expérimentation animale au fort Ney à partir d'un médicament bien connu, le duotrapine. Il choisit le camp de Natzweiler pour passer à l'expérimentation sur l'homme. La prise devait s'opérer par injection intraveineuse et par voie buccale. Le professeur Hirt, grâce à ses relations avec Himmler, président du Conseil de recherche du Reich, et avec Sievers, introduisit Bickenbach dans ce milieu. Il obtint ainsi la mise à sa disposition d'un certain nombre de détenus allemands choisis, semble-t-il, parmi des condamnés de droit commun relégués et « volontaires » pour ce genre d'expérience.

Les essais eurent lieu dans la chambre à gaz construite en face de l'hôtel du Struthof où, quelques mois plus tôt, Hirt avait assassiné 87 Juifs pour sa collection anatomique. Une première expérience fut réalisée en décembre 1943 sur une vingtaine de détenus protégés par la duotropamine qui leur avait été administrée en injection intraveineuse et par voie buccale. Onze autres expériences suivirent avec des doses différentes de gaz phosgène. Les sujets devaient eux-mêmes briser les ampoules à gaz et se déplacer à l'intérieur de la chambre à gaz où ils restèrent exposés pendant vingt minutes environ.

Ces expériences, au cours desquelles tous les sujets étaient protégés par des masques à gaz, ne provoquèrent aucun décès. Cependant, sur quelques détenus, on observa l'apparition d'un œdème pulmonaire.

Un mois plus tard, le 15 juin 1944, Bickenbach devait se livrer à une seconde série d'expériences dans des conditions beaucoup plus brutales. Ainsi, il introduisit huit sujets témoins dans la chambre à gaz en même temps que des sujets protégés. De surcroît, Bickenbach doubla les doses de gaz utilisées. Les sujets de la première série lui étaient fournis par l'administration du camp sur l'ordre de Hirt qui, n'ayant pas trouvé de volontaires, les avait choisis lui-même au hasard parmi les Tziganes. Ce contingent ne subit aucun examen préalable, de telle sorte que plusieurs tuberculeux pulmonaires allaient ainsi servir de sujets d'expérience, ce qui retirait toute rigueur scientifique à cette opération et toute valeur à ses résultats.

Les sujets, au nombre de douze, étaient amenés quatre par quatre dans la chambre à gaz. Le premier du groupe était protégé par injection intraveineuse, le deuxième par voie buccale, le troisième et le quatrième n'étaient pas protégés, mais recevaient une injection intraveineuse d'eau salée, un subterfuge que Bickenbach avait trouvé pour les rassurer. En fait, les deux derniers étaient sacrifiés, mais l'appréhension de la mort aurait pu modifier l'expérience. La première exposition à la chambre à gaz avec une concentration de 760 cm^3 provoquait un œdème du premier degré chez les deux sujets témoins. La deuxième exposition s'effectuait avec une concentration de 1 180 cm^3 avec un œdème du premier degré. La troisième exposition amenant la concentration à 5 400 cm^3 entraînait la mort de trois sujets et un œdème du troisième degré chez le sujet protégé de la seule manière efficace, c'est-à-dire par injection intraveineuse.

Le 9 août 1944, Bickenbach récidivait avec une dernière expérience sur quatre sujets pour déterminer la concentration où la protection cesserait d'être certaine. Il ramenait donc la concentration à 2 275 cm^3, ce qui tua l'un des sujets témoins qui était tuberculeux. Le peu de rigueur scientifique de cette dernière expérience fut mis en évidence, ce qui réduisit à néant sa force probante. Outre ce décès d'un détenu, elle provoqua une maladie grave chez un deuxième. Bickenbach était assisté par le Dr Helmuth Rühl. Réfugié en secteur britannique, celui-ci n'a pas pu être extradé.

Bickenbach n'admettait sa responsabilité que dans la première série des onze expériences. Il était alors, disait-il, le seul maître des opérations ; or celles-ci n'avaient provoqué aucun décès. Les expériences de juin et d'août 1944 lui auraient été imposées, affirmait-il, par Hirt et par Himmler. Ces derniers avaient exigé l'emploi de concentrations plus élevées et la présence de sujets témoins pour donner à ces recherches une force plus probante. Lors de l'instruction, Bickenbach fit part de ses scrupules de conscience et des efforts qu'il aurait fournis pour empêcher ces dernières expériences qu'il jugeait lui-même «criminelles». Il serait intervenu directement auprès de Brandt, le médecin personnel de Hitler, commissaire du Reich à la santé, pour arrêter ces dernières expériences. Mais sa démarche aurait été un échec et n'aurait abouti qu'à lui retirer la direction médicale des opérations, sur ordre de Himmler. Dès lors, il n'y avait participé que «pour éviter le pire», sinon Hirt aurait agi seul et le résultat aurait été encore plus catastrophique. Il estimait donc avoir ainsi «épargné de nombreuses vies humaines».

À cet argument difficilement vérifiable, Bickenbach ajoutait des considérations patriotiques pour expliquer sa démarche. En effet, il estimait que la population allemande n'était pas protégée contre des attaques alliées par gaz, attaques dont l'éventualité lui paraissait certaine. Enfin, il invoqua l'ordre reçu de Berlin comme «excuse absolutoire».

Le procès s'ouvre à Metz devant le tribunal militaire présidé par Derricke, conseiller à la cour d'appel de Douai. Le capitaine Huriez remplit les fonctions de commissaire du gouvernement alors que Me Ebert de Strasbourg et Me Barthélemy de Metz assurent la défense de Bickenbach, tandis que Me Hoffet de Strasbourg et Me de Geouffre de La Pradelle de Paris sont chargés des intérêts de Haagen. La salle d'audience est comble. Des journalistes, des observateurs français et étrangers, des curieux, d'anciens internés, des photographes surtout, se pressent sur les bancs réservés au public.

Le président ouvre les débats en posant la question rituelle en présence d'accusés étrangers: «Possédez-vous suffisamment la langue française pour assurer votre défense?» Bickenbach répond: «Je ne pense pas connaître suffisamment le français pour me faire comprendre.» Haagen enchaîne: «Je parle et je comprends le français, mais j'ai besoin, pour certains termes ou expressions techniques, d'un traducteur.» Le président leur fait alors savoir que deux traducteurs sont à leur disposition. Il s'agit d'un médecin-capitaine et d'un commandant originaire de Metz.

Mᵉ Hoffet provoque alors, involontairement, un premier incident. Il interrompt le président pour se plaindre du « mitraillage » des photographes, considérant qu'on prenait les accusés pour des « cobayes ». Ce dernier terme, plutôt malheureux dans un tel procès, suscite une réaction violente de la part des anciens déportés présents. Le président Derricke a du mal à calmer le jeu. Désormais l'atmosphère est tendue.

Haagen fait plutôt bonne impression. En complet gris clair, il a cependant un aspect « maladif », jugent les journalistes présents. Il est pâle, il a les cheveux gris. Il vient de séjourner deux ans à l'hôpital du Bon Secours à Metz. Il a employé ce temps de repos pour rédiger un livre de bons conseils à l'intention de ses anciens étudiants en médecine. D'emblée, il se donne l'image d'un scientifique humaniste qui, à tort, est contraint de se justifier devant la justice française.

Bickenbach porte un complet gris sombre qui lui donne un air « plus arrogant ». Les observateurs mentionnent qu'il parle un français parfait, sans accent, et qu'il n'utilise que rarement les services de son interprète. Il n'hésite pas à se lancer dans de grandes démonstrations et se montre très habile dans l'utilisation de ses moyens de défense.

Mᵉ Geouffre de La Pradelle, défenseur de Haagen, provoque un second incident. D'emblée, il met en cause l'instruction du procès en regrettant vivement les fuites qui avaient eu lieu. Des pièces du dossier avaient en effet été publiées dans un ouvrage à destination du grand public, ce qui constituait une violation du secret de l'instruction et de la présomption d'innocence dont doit bénéficier tout inculpé. La divulgation de ces éléments avait déjà influencé, plaide-t-il, le tribunal ainsi que le jury, forgeant un préjugé avant même l'ouverture des débats[194]. Cependant, le tribunal, après délibération, rejette ses conclusions et considère que le secret de l'instruction avait été préservé.

L'acte d'accusation concerne six médecins : le Dʳ August Hirt, le Dʳ Otto Bong, le Dʳ Eugen Haagen, le Dʳ Helmuth Graefe, le Dʳ Otto Bickenbach et le Dʳ Helmuth Rühl. Il comprend quinze pages dactylographiées que le greffier lit d'une voix monocorde. Des six accusés, deux seulement sont présents dans le box. Le président

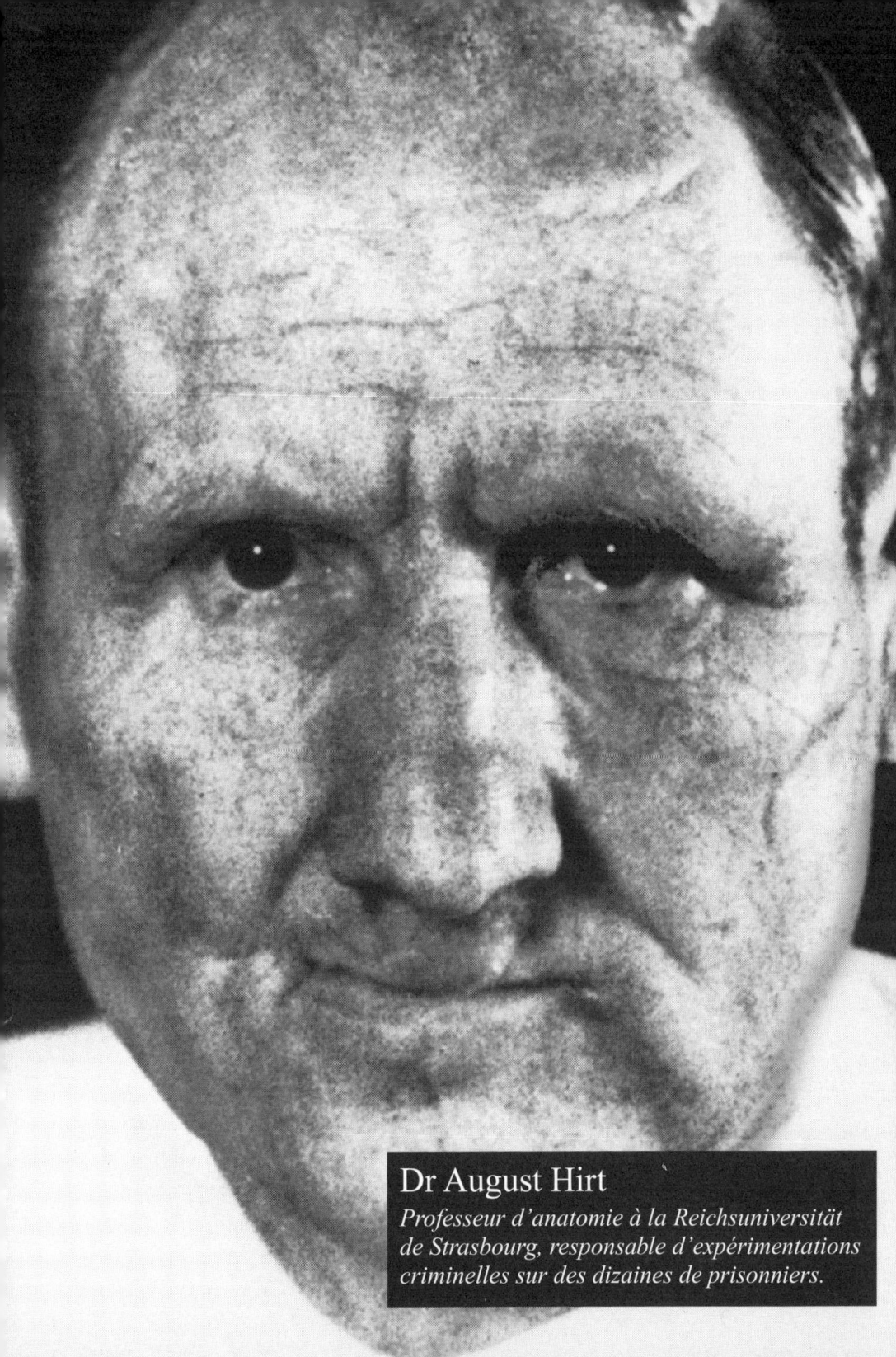

Dr August Hirt
Professeur d'anatomie à la Reichsuniversität de Strasbourg, responsable d'expérimentations criminelles sur des dizaines de prisonniers.

fait savoir que le tribunal entend se transporter sur les lieux, aux camps de Schirmeck et du Struthof. La défense demande alors que Haagen soit dispensé de ces déplacements pour raison de santé. Le tribunal décide de se prononcer ultérieurement sur cette requête[195].

Puis le tribunal passe à l'examen de la personnalité des accusés. Le président Derricke rappelle notamment que Haagen a déjà été entendu comme témoin au procès des médecins à Nuremberg. On apprend ainsi que Bickenbach avait adhéré au parti nazi dès 1933. Mais, selon ses dires, il était resté « un homme de laboratoire ». Après ses études, il s'était lancé dans la recherche. Il affirme avoir toujours eu une « appréhension » pour les expériences sur l'homme. Cependant, en 1939, on lui avait demandé d'étudier les méthodes thérapeutiques pouvant s'appliquer à des personnes blessées par des gaz de combat. Il avait donc utilisé pour cela des animaux. Puis le Dr Brandt lui avait ordonné de passer à l'expérience humaine. Il est alors interrompu par le président qui donne quelques précisions : ce fameux Dr Brandt, médecin de Hitler, avait été condamné à mort à Nuremberg et pendu.

Bickenbach est inculpé d'empoisonnement et d'usage de substance nocive à la santé. L'accusation à l'encontre de Haagen ne porte, elle, que sur l'empoisonnement.

Bickenbach n'a été membre que de la SA et n'a donc joué qu'un rôle politique effacé au sein du parti. Il dévoile avoir travaillé avant guerre pour l'Institut Rockfeller et s'être intéressé aux virus. À Heidelberg, il avait entrepris des recherches sur le cancer. On perçoit une pointe de remords dans cette relecture de sa vie. « Je suis avant tout un médecin, dit-il, et de ce fait je suis un peu naïf. Comme médecin, on doit avoir une grande confiance. J'étais en même temps idéaliste, mais je ne le suis plus aujourd'hui. Je suis devenu sceptique. L'expérience m'a appris quelque chose de meilleur. Je suis de nouveau redevenu un chrétien croyant. Je veux le confesser publiquement, mes études m'ont dans une certaine mesure éloigné de ma foi. Le livre de Weiszäcker m'a fait tourner la tête[196]. La science naturaliste a établi une barrière entre les médecins et les malades. Mes recherches m'ont donné la conviction que l'on pouvait guérir les malades, non seulement avec des médicaments, mais également sur la base des études de recherche. J'étais, à l'université de Munich,

Dr Otto Bickenbach
Professeur de médecine, il utilisa des « cobayes humains » pour ses expériences dans la chambre à gaz du Struthof.

opposé aux expérimentations humaines, mais l'acte naturaliste m'a fait dévier de mon opinion. Ma conscience m'obligea alors à poursuivre le chemin choisi. Je crus que j'aiderais la population civile, spécialement les femmes et les enfants. Mon avenir était seulement construit sur des hypothèses. »

Le président fait lire alors la déposition d'un témoin qui, détenu, avait fait fonction d'infirmier. Il indique que Haagen s'était préoccupé des conséquences des empoisonnements par le gaz phosgène. Ce dernier proteste immédiatement. Il n'avait accepté, dit-il, que des vaccinations qui n'avaient tué personne. Bickenbach revient alors sur ses déclarations. Il avoue avoir menti lors de l'instruction lorsqu'il avait nié avoir eu connaissance de l'expérimentation pratiquée par le professeur Hirt. Il le savait, reconnaît-il, parce que ce dernier lui avait montré six ou sept hommes qui portaient des cicatrices aux bras.

Ses défenseurs interviennent à ce moment-là pour tirer argument du livre qu'ils avaient critiqué préalablement. Il ne s'y trouve aucune mention de la participation de Bickenbach aux expériences de Hirt. Cependant, Bickenbach reprend sa déposition : il précise que ce fut le 17 mars 1942 que Hirt lui fit part de sa découverte concernant la propriété de l'urotropine comme antidote au gaz phosgène, et lui avait indiqué qu'il fallait réaliser l'expérimentation sur l'homme. Pour la première fois, il avait donc été amené à réfléchir sérieusement sur l'expérimentation humaine. Après s'être rappelé que Koch et Pasteur avaient déjà pratiqué la chose en leur temps, il considéra que s'en abstenir pouvait également être un crime. Il se dit aujourd'hui persuadé que l'expérimentation humaine est acceptable dans certains cas, sans savoir où devait être placée la limite de ces cas.

Le procès, dès le premier jour, devient celui de l'éthique médicale. Quels actes sont interdits ? Quelles opérations sont permises ? Comment délimiter les frontières entre ces deux domaines ? Haagen exprime son avis : « Je crois que les expériences humaines sont permises chaque fois que des êtres humains se trouvent en danger. » Le procès risque de déraper et de perdre de vue les victimes de ces médecins bourreaux des internés tziganes et Juifs. Bickenbach fait valoir qu'il n'a opéré ses expériences

Dr Eugen Haagen
Pour ses expériences sur le typhus au camp de Schirmeck, ce médecin a martyrisé de nombreux Tziganes, dont des enfants.

que sur des sujets volontaires même s'il leur laissait miroiter des avantages. Pendant une semaine, il avait suivi les sujets concernés et n'avait constaté aucune maladie, *a fortiori* aucun décès. Enfin il rappelle au tribunal qu'avant toute opération sur les internés, il expérimentait la chose sur sa propre personne. Il serait d'ailleurs lui-même entré dans la chambre à gaz si Kramer – commandant du camp du Struthof – ne l'en avait empêché. Évidemment, ces arguments portent et l'on peut dire que les accusés marquent des points durant cette première journée[197].

Le mercredi 17 décembre 1952, la séance est reprise à 9 heures du matin. Le président, pendant une heure, interroge Haagen. Celui-ci admet alors qu'il travaillait sur l'établissement d'un vaccin en fabriquant un produit dans lequel il n'avait pas pleinement confiance. L'expérience sur l'homme était donc risquée. Aussi, précise-t-il, avait-il choisi des Polonais et non des Allemands pour les expériences. À l'époque, les Slaves étaient considérés comme des sous-hommes au même titre que les Juifs, reconnaît-il. Après cet échange, le président juge le moment venu de se rendre au Struthof sur les lieux du drame.

Haagen, en raison de sa maladie cardiaque, est reconduit à l'hôpital de la ville sous bonne escorte. On lui épargne ce voyage en plein hiver. Le tribunal quitte donc Metz vers 9 heures, mais, à cause des routes verglacées, la longue colonne des véhicules déplaçant une centaine de personnes n'atteint l'ancien camp au-dessus de Natzweiler que vers 16 heures.

Le temps est glacial, le vent pénétrant. Les juges et les personnes les accompagnant, notamment les policiers qui encadrent Bickenbach, se regroupent un court instant dans une baraque pour une brève séance de travail. Le président interroge alors l'assistance : se trouve-t-il là d'anciens internés qui aimeraient témoigner et servir de guide? Une personne de Metz se signale. Le Pr Simonin, médecin légiste à Strasbourg, informe le président qu'il dispose d'une série de photos qu'il met naturellement à la disposition de la justice. Puis, en ressortant, le président dépose un bouquet de fleurs au pied de la grande croix du souvenir qui domine les lieux, avant d'entamer la visite du camp.

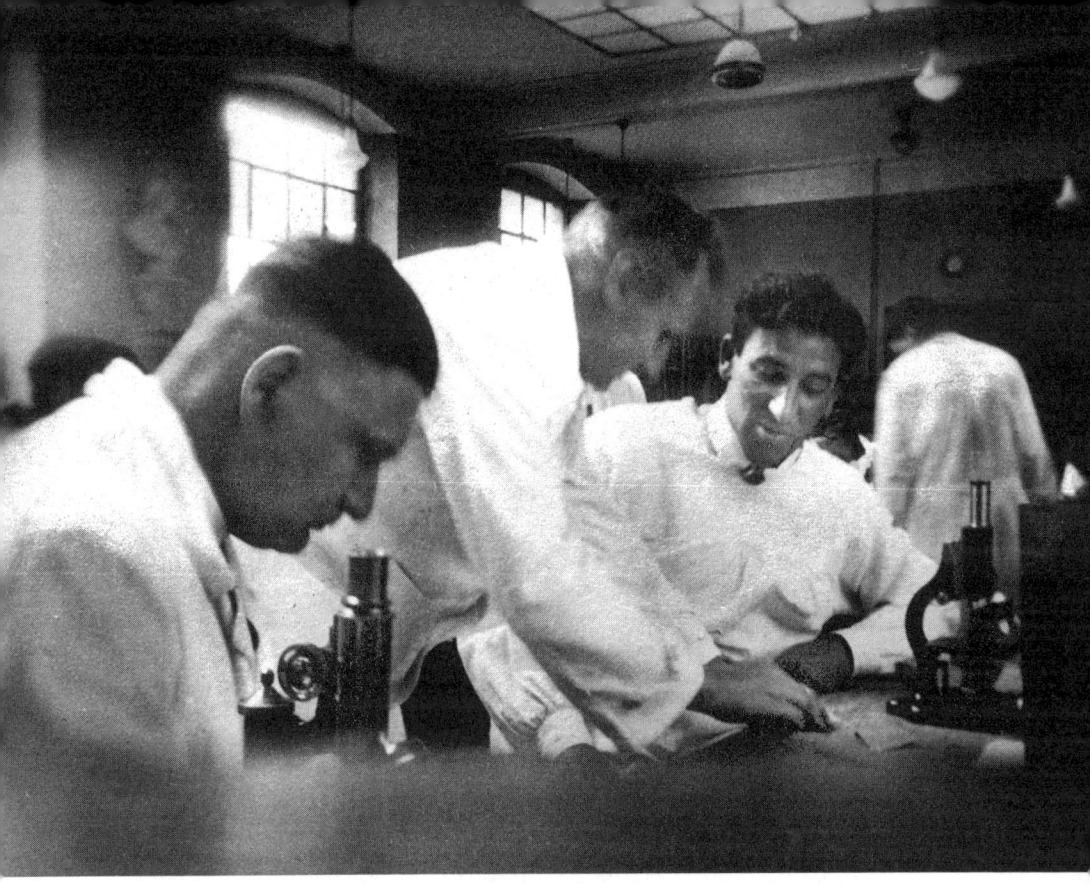

Le docteur August Hirt, professeur à la Reichsuniversität nazie de Strasbourg pendant la guerre, directeur de l'Institut d'anatomie, multiplia les expériences médicales sur les détenus et constitua une collection de crânes pour ses études sur les « races ». Recherché à la fin de la guerre, il disparut de la circulation et ce n'est que plus tard que l'on apprit son suicide en juin 1945 dans la Forêt-Noire.

Sur interpellation du commissaire du gouvernement, Bickenbach explique qu'il n'a séjourné au Struthof que pour ses expériences, c'est-à-dire peu de temps en somme. La première fois, il y avait passé trois jours, puis était retourné à Strasbourg. En juin ou juillet 1943, il était revenu au camp pour trois semaines. Lorsqu'on évoque le cas précis d'un détenu soumis à son expérience, il ne se souvient plus de rien...

Avant de reprendre la route pour Metz, l'ensemble des personnes présentes se réchauffe de nouveau dans une baraque. Là, le professeur Simonin rapporte les faits qu'il a constatés en 1945 en inspectant les installations et les baraques.

Ce déplacement qui se termine fort tard, ne fut pas, semble-t-il, du goût de tout le monde[198]. Le lendemain, un journaliste parisien parle dans son commentaire de « mascarade judiciaire ». Cette expression fait violemment réagir le commissaire du gouvernement qui s'en indigne dès la reprise de l'audience. Me Geouffre de La Pradelle intervient à son tour pour souligner que, pour la défense, ce fut également un « pèlerinage douloureux ». Il insiste également sur le fait que la défense n'épouse pas l'idéologie des accusés. Il la considère comme « française et indépendante ».

Le président lit alors une série de lettres d'anciens internés qui, spontanément, se mettent à la disposition de l'appareil judiciaire afin qu'on puisse faire toute la lumière dans cette affaire. En réalité, on y décèle certains éléments nouveaux, mais aussi d'autres qui semblent se contredire. L'une des lettres souligne le rôle important qu'un certain Dr Eisele aurait joué comme collaborateur du professeur Haagen. Mais comme aucune pièce de procédure ne parle de ce Dr Eisele, Haagen peut proclamer qu'au Struthof il n'y a jamais eu de Dr Eisele ! Dès lors, il fragilise l'ensemble de ces dépositions écrites.

Le calme rétabli dans le prétoire, le président appelle le Dr Simonin à la barre. « Il existe des limites à l'expérimentation humaine », indique ce dernier péremptoirement. Mais il se refuse à juger si Bickenbach ou Haagen avaient transgressé cette frontière. De ce fait, sa déposition n'apporte aucune nouvelle preuve ni pour ni contre les accusés. Sa position laisse le débat ouvert. Il en résulte un duel à fleurets mouchetés entre les avocats et le commissaire du gouvernement.

La controverse médicale

Dans l'après-midi est entendu le Dr Poulson de la faculté de médecine d'Oslo. Il se présente comme ancien déporté au Struthof où il avait œuvré comme médecin. On attend beaucoup de son témoignage parce qu'il était en relation directe avec Bickenbach. Or, le Dr Poulson se montre très prudent, voire même très réservé.

Suit un échange vigoureux avec le président. Celui-ci pose une question provocatrice : « Étiez-vous l'assistant de Haagen au camp du Struthof ? » Le témoin : « Non ! Je n'étais qu'un détenu et en raison de mon métier je soignais les malades. » Le président : « Que savez-vous des activités du Dr Haagen ? » Le témoin : « Je regrette de ne pas avoir sous la main les notices que j'ai confectionnées à l'époque. De ce fait, en raison de ma mémoire défaillante, je ne suis pas en mesure de vous apporter des précisions ». Le président : « Oui, je sais que vos notices ont servi lors des procès de Nuremberg et de Rastatt. (...) Les expériences entreprises par Haagen étaient-elles illégales ? » Le témoin : « Il est difficile, pour un médecin, de répondre à cette question ! » Le président, plus insistant : « Est-ce que Haagen a effectué des injections à des personnes qui, corporellement, n'étaient pas en bonne santé ? » Le témoin : « Je ne peux pas l'affirmer. » Le président : « Avez-vous vu Haagen à l'œuvre ? » Le témoin : « J'étais à peu près toujours présent et je peux même affirmer que les ordres reçus, dans la mesure où ils me paraissaient nuisibles pour la santé, je ne les ai pas toujours exécutés. »

Le Pr Poulson explique alors que le premier contingent de Tziganes était impropre à de telles expériences en raison du mauvais état général des personnes concernées. Le second convoi, en revanche, était composé de gens présentant un bilan de santé satisfaisant. La moitié d'entre eux, soit 40 personnes, avait été vaccinée contre le typhus. La réaction fut faible. Tous, au bout de dix jours, avaient pleinement récupéré. Les mêmes sujets furent soumis un mois plus tard à d'autres expériences. Il s'agissait de tester la lutte immunitaire contre le typhus. Pour un premier groupe, composé de personnes vaccinées, l'opération d'inoculation du virus s'effectua sans conséquences. Dans le second groupe, il y eut quelques cas de démence, mais personne ne mourut.

Le président recentre les débats sur Bickenbach : « Étiez-vous dans la chambre à gaz ? » Le témoin : « Très souvent. » Le président : « Quelles étaient les conséquences des expériences réalisées par Bickenbach dans la chambre à gaz ? » Le témoin : « J'ai entendu dire que des personnes étaient décédées, mais, personnellement, je n'ai vu qu'un seul cas ! » N'était-ce pas déjà un cas de trop ?

Visiblement, le monde médical n'ose pas porter d'accusations directes. On sent une retenue dans ses propos que le président

Derricke n'arrive pas à dissiper. Même le colonel Jude, médecin-chef des laboratoires des armées, reste très prudent. Il explique que les limites aux expériences humaines sont pour les médecins difficiles à fixer. Le Dr Blanc, directeur de l'Institut Pasteur à Casablanca, suggère que Haagen a d'autres principes que nous. Il commença ses recherches, explique-t-il, en utilisant un vaccin contre le typhus qui ne mettait pas la vie des sujets en danger. Il ne passa à l'expérimentation humaine qu'après avoir constaté la réussite sur des animaux. « Comme médecin, on effectue parfois des essais dangereux qui ne se soldent pas toujours par des résultats positifs. Je ne crois pas que, chez Haagen, nous ayons affaire à une démarche sadique lorsqu'il accomplit la vaccination des 40 Tziganes. Il veut simplement placer la réussite de son entreprise au profit de toute l'humanité. » L'affaire se corse. On a l'impression, dans l'assistance, que le corps médical fait bloc autour des accusés. Aucun médecin cité comme témoin ne porte réellement de charge contre eux... La défense, incontestablement, marque des points[199].

Lors de la quatrième journée d'audience, on entend le témoignage du Dr Boogaerts, déporté politique qui avait été envoyé de Sachsenhausen pour prendre la fonction de chirurgien au camp du Struthof. En cette qualité, il avait libre accès à toutes les baraques et il était donc au courant de tout ce qui se passait dans le camp. Il peut ainsi affirmer qu'il n'y eut jamais de volontaires pour les expérimentations médicales. Toutes les personnes soumises à ce traitement étaient choisies d'office. Il relate notamment comment, le 12 juin 1944, un groupe de douze Tziganes fut envoyé à la chambre à gaz où ils furent exposés à des doses graduées de gaz. Après cette expérience, on les renvoya au camp qu'ils atteignirent épuisés. Deux d'entre eux décédèrent dans la nuit dans d'horribles souffrances, et un troisième un peu plus tard. Bickenbach avait parfaitement choisi ces sujets comme cobayes. Avant et après leur exposition au gaz, ils avaient été radiographiés. Bickenbach avait personnellement assisté à l'examen des cadavres. Le 9 août 1944 s'était déroulée une seconde expérience sur quatre Tziganes dont un allait mourir. Celle-ci avait eu lieu dans une baraque juste à côté du bloc du four crématoire, à proximité de la salle d'autopsie.

Le commissaire du gouvernement fait alors remarquer que ces hommes avaient dû passer devant le four crématoire pour se rendre dans la chambrée où se déroulait l'expérience, à proximité de la table d'autopsie... Bickenbach ne pouvait ignorer, après les résultats de la première expérimentation, les dangers encourus par les sujets.

« Si j'ai accepté de témoigner », déclare en conclusion le Dr Boogaerts, « c'est que je suis convaincu que Bickenbach est le meurtrier de quatre Tziganes. » Cette déposition crée la surprise. Elle dissipe toute ambiguïté. Le témoin a une forte conviction et n'a pas hésité à la révéler bien qu'il soit membre lui aussi du corps médical. Le public réagit en l'approuvant.

Me Eber, du barreau de Strasbourg, tente alors de rattraper la situation. Il laisse entendre qu'une certaine confusion peut exister dans sa mémoire. Les anciens déportés quittent alors la salle d'audience, écœurés, et le font savoir. Des cris et des interpellations fusent du public. Me Eber demande au tribunal qu'on mette un terme à ce comportement. Le président a du mal à rétablir le calme. La confusion est à son comble lorsque l'avocat fait savoir qu'en cas de nouvelles manifestations d'opinion durant ses interventions, il demandera une interruption de séance. Une grande partie du public se retire de la salle en signe de protestation. Finalement, la tension retombe. Mais il faut admettre que l'intérêt pour ce procès s'atténue peu à peu. La monotonie et l'indifférence prennent le relais. Les longues explications scientifiques finissent par provoquer des signes de lassitude des juges et du jury.

À la reprise des débats en début d'après-midi, le président invite les anciens déportés présents qui auraient des choses importantes à dire et qui voudraient témoigner, à s'inscrire au greffe. Il réinterroge Haagen. Celui-ci est catégorique : « Je n'avais d'autre but que de mettre au point un vaccin à 100 % efficace contre le typhus. Je peux certifier que je n'ai pas pratiqué des expériences sauvages. Je regrette cependant que la réaction, pour le premier groupe de 40 hommes, ait été trop forte bien que j'aie utilisé des moyens légaux. J'avais de grandes responsabilités à assumer que je ne prenais pas à la légère. Je n'ai pas eu peur d'expérimenter le produit d'abord sur moi-même. Mes travaux étaient dictés par la nécessité. Je dois néanmoins avouer que je n'ai pas toujours tenu compte des douleurs endurées, mais j'y étais contraint. S'ils durent souffrir plus que de raison, cela était dû aux circonstances du moment. Si la guerre s'était prolongée, mon intervention aurait servi à soulager l'humanité. »

On confronte alors les accusés avec l'ancien commandant du camp du Struthof, Fritz Hartjenstein, qui avait remplacé en juin 1944 le commandant Kramer, de sinistre mémoire. Hartjenstein prétend n'avoir connu Bickenbach qu'en prison. Le président lui demande alors qui désignait les sujets des expériences. Cela relevait du médecin responsable de l'opération, répond l'ancien commandant. « S'agissait-il de personnes condamnées à mort ? – Je ne le savais pas, car les noms des condamnés à mort m'étaient seulement transmis pour leur exécution. »

Buck, l'ancien commandant du camp de Schirmeck, lui succède à la barre. Le passé douteux du personnage, lui-même déjà condamné pour crime de guerre et encore sous la menace d'autres inculpations, n'inspire guère confiance au tribunal. Pourtant, il n'a rien à perdre ni rien à cacher dans cette affaire. Sa déclaration apparaît en contradiction avec celle de Haagen. Ainsi, il dément que Bickenbach ait donné l'ordre à Haagen d'effectuer des expériences sur des Polonais à Schirmeck. Du livre des effectifs scrupuleusement tenu par Buck, il ressort que Haagen avait vacciné deux personnes en juin 1944, et que quelques jours plus tard, lorsqu'on devait leur faire une prise de sang, elles manquaient à l'appel. L'accusation considère que les deux personnes étaient décédées, d'où il résulte une longue discussion avec les défenseurs des accusés. Le président invite avec insistance Haagen à dire la vérité. Il lui fait remarquer qu'à plusieurs reprises il avait menti. Mais Haagen, effectivement, n'avoue que les faits qu'on peut prouver par écrit, se retranchant pour le reste derrière sa maladie et sa mémoire défaillante[200].

Samedi 20 décembre 1952, le procès entre dans sa phase décisive. D'anciens internés se sont spontanément présentés au tribunal, demandant à être entendus. On accepte leur audition bien que la défense fasse valoir quelques restrictions, ignorant les arguments qui allaient être développés. Le président Derricke, avant de reprendre les débats, lit un télégramme. Celui-ci confirme que l'un des accusés absents jusqu'alors, Graefe, est en fait décédé : donc l'action publique est éteinte.

Puis, on appelle le député Léon Boutbien[201] à la barre. Il avait été interné au Struthof du 12 juillet 1943 jusqu'en février 1944. Il avait fait partie successivement de plusieurs commandos. Comme médecin, il avait tenté en toutes circonstances de venir en aide à ses compagnons d'infortune. Il parle des tortures et de la faim que l'on infligeait aux nouveaux arrivants comme aux malades. Il souligne que les Français avaient été absolument privés de tous soins. Bon nombre d'entre eux auraient pu être sauvés au lieu de dépérir lentement. Mais il capte surtout l'attention du tribunal lorsqu'il déclare : « J'ai vu également de très près comment on procédait pour ces expériences médicales. » Il confirme ainsi qu'il n'y avait pas de volontaires pour cette opération. « Haagen et Bickenbach n'étaient pas des meurtriers, mais des êtres inhumains ! »

L'expérimentation d'un vaccin contre le typhus sur les 80 Tziganes avait eu, note-t-il, d'autres conséquences désastreuses. Avant cette expérience, il n'y avait eu aucun cas de typhus dans le camp. Or les Tziganes malades, mais guéris, avaient été renvoyés dans des commandos. Ainsi l'épidémie s'était-elle développée dans le camp. Il se souvient également du transfert des cadavres vers le four crématoire. Cet élément contredit directement la déposition de Haagen qui affirmait qu'il n'y avait pas eu de victimes. Le député Boutbien a pu voir les brûlures sur les bras des internés vaccinés par scarification. Il se dit écœuré de la manière dont ces médecins agissaient sans se poser aucune question, sans réaction éthique.

Me Geouffre de La Pradelle finit par l'interrompre, exprimant son regret que le témoin laisse transparaître de la sorte ses sentiments. Il tente d'expliquer que le député Boutbien est guidé par la haine et qu'il essaie ainsi de se venger sur les accusés des traitements qu'on lui avait infligés au Struthof. Le témoin se contente de lui répondre : « J'ai du respect pour votre fonction d'avocat de la défense, mais tiens à vous rappeler que des milliers d'hommes sont morts pour avoir défendu la liberté. » Puis Me Eber de Strasbourg prend le relais. Il commence par une formule assez maladroite pour le Dr Boutbien : « Je salue en vous le médecin, le simple interné qui ne devînt pas l'infirmier... » Léon Boutbien, blessé par ces paroles qui laissent sous-entendre une frustration, l'empêche d'achever sa phrase : « Nous étions tous solidaires, les médecins, ceux qui durent travailler dans l'infirmerie ne pouvaient prendre aucune initiative. Les infirmiers allemands leur imposèrent des compromis. » Le Dr Boogaerts, présent dans la salle, proteste également contre les propos de l'avocat – et finalement le public révèle bruyamment son mécontentement. Pour couper court à cet incident, le président interrompt la séance.

Dès la reprise, Me Hoffet, l'avocat de Haagen, demande la parole. Il se désolidarise des propos de son collègue. Il a de la compassion, assure-t-il, pour tous ceux qui, avec courage, avaient souffert au Struthof. On procède ensuite à l'audition du Dr Chrétien, praticien de Paris. Il rappelle de manière pathétique que sur une centaine d'arrivants français au mois de juillet 1944, une cinquantaine étaient morts par défaut de soins. Se tournant vers les deux accusés, il ajoute : « Et cela, les deux médecins présents le savaient ! »

Ce Dr Chrétien avait dû remplacer le Dr Poulson, alors malade. Il avait pu ainsi suivre l'évolution du mal sur les sujets des expériences. Pour lui, l'expérimentation sur les 80 Tziganes est un crime médical parce que Haagen et les médecins SS firent preuve d'un cynisme exceptionnel. « Les Tziganes ne reçurent aucun soin alors que, pendant des jours, ils se tordaient et criaient de douleur. Haagen se contenta de les ausculter, mais interdit au personnel sanitaire de leur apporter une aide », explique-t-il. Il termine en regrettant que ce procès intervienne si tardivement.

Le Dr Ragot, ancien déporté au Struthof, est appelé à déposer à son tour. Il dévoile la situation sanitaire dramatique découverte à son arrivée au camp, lorsqu'il avait vu une vingtaine de morts ou de mourants que l'on transportait au four crématoire. Puis il relate l'événement suivant : « Un jour, un médecin hollandais a dit à Haagen : "Vous, les Allemands, vous devez perdre la guerre !" Haagen avait répliqué alors : "Si nous devions perdre cette guerre, les Japonais viendraient à notre secours, mais nous faisons confiance avant tout à l'arme secrète du Führer !" »

Lui fit suite le Pr Weltz de la faculté de médecine de Strasbourg. Déporté à Buchenwald, il ne connaissait pas le Struthof. Mais il avait parlé de ces expériences avec un médecin allemand qui s'était suicidé en 1944. « Les méthodes utilisées par les accusés étaient invraisemblables ! » dit-il. Il avait également été cité comme témoin

BICKENBACH AU CAMP
Une évocation de la souffrance et de l'horreur

BIEN que l'accusé Eugène Haagen ait prétendu à l'audience de mardi qu'il n'avait jamais vu de neige au Struthof en hiver, le camp de la mort nous apparut hier matin recouvert d'une épaisse couche blanche et enveloppé d'un brouillard intense que venaient par moment déblayer de fortes rafales de vent.

Le temps a quelque peu changé d'aspect mais on retrouve toujours les baraquements s'échelonnant en profondeur avec, dans la partie la plus basse, la baraque où se trouvaient le four crématoire, la table de vivisection, la réserve des urnes, les chambres de médecins et ce qui reste des dernières victimes, galoches, cheveux, etc., ainsi que, installé dans les dépendances de l'hôtel, la sinistre chambre à gaz de dimensions assez réduites mais qui a vu périr dans des conditions atroces plusieurs centaines de malheureux. C'est sur un chemin déblayé par les Ponts et Chaussées, mais néanmoins rendu difficile, que vers 15 h. 45 le car du tribunal de Metz, précédé par une caravane de chroniqueurs judiciaires, est venu par la route du calvaire.

Un seul accusé sur les deux, Otto Bickenbach, a donc été conduit sur les lieux du sinistre exploit.

Le tribunal se rend tout d'abord à la baraque A où le président M. Dericke demande s'il se trouve d'anciens internés pour témoigner. Un seul se présente, M. Dietz, de Metz, qui ne fit qu'un court séjour dans ce lieu infernal.

Un cortège se forme ensuite qui se dirige vers le monument aux morts du camp, au pied duquel le président dépose une gerbe de fleurs. Après une minute de silence, observée à la mémoire des malheureuses victimes, les membres du tribunal, sous la conduite du capitaine Henriey, substitut du commissaire du gouvernement, se rendent à la baraque où sont le four crématoire et la table de vivisection. Là, le président et le commissaire du gouvernement rappellent les atrocités commises pendant quatre ans sur les malheureux détenus.

L'accusé se décharge sur son « patron »

L'accusé, qu'on avait placé devant la table de vivisection, n'était nullement intimidé. Il répondit poliment et fort prudemment aux questions posées par le président et l'accusation. Il expliqua qu'il n'avait fait que de courtes visites au camp et qu'il y était venu pour examiner des détenus volontaires pour ces expériences. Il se déchargea fort habilement en rejetant tout sur son chef, le professeur Hirth.

La nuit qui commençait lentement à tomber empêcha la visite de la chambre à gaz située à quelque distance du camp. Le tribunal se rendit à nouveau dans la baraque A où le professeur Simonin fit projeter quelques photos inédites qui figurent au dossier officiel et qui ont été prises à l'institut d'anatomie de Strasbourg lors de la défaite allemande.

On vit successivement apparaitre des cuves qui contenaient 81 cadavres d'hommes et de femmes, des squelettes entiers des malheureuses victimes, ainsi que les divers compartiments de la chambre à gaz.

C'est sur cette impression d'horreur que se termina cette visite. Il était 18 heures environ lorsque la caravane quitta le camp de la mort. La nuit tombait et à travers le brouillard n'apparaissaient que les toits des baraquements. On songeait aux victimes qui ne sont jamais revenues de ces hauteurs et auxquelles on avait donné le nom de « nuit et brouillard ». (5125)

Bickenbach devant la table de vivisection. (Dernouvel)

Compte-rendu dans les DNA du 18 décembre 1952 de l'audition du professeur Otto Bickenbach, directeur de l'Institut de biologie de la Reichsuniversität nazie de Strasbourg qui, après des tests sur des animaux, avait décidé de poursuivre ses expériences sur des humains, qu'il alla sélectionner lui-même parmi les détenus du Struthof et qu'il fit exécuter. S'exprimant en un excellent français, froid et arrogant, il choqua le public et la presse par les justifications « patriotiques » de ses actes.

au procès de Nuremberg. Pour lui, le fameux Dr Brandt avait été en grande partie condamné à mort à cause des expériences pratiquées par Haagen. Le président alors, coupe la parole au témoin. Il tient à faire la mise au point suivante : lors du procès des médecins à Nuremberg, le tribunal américain avait condamné à mort le premier des médecins nazis et médecin personnel de Hitler, Karl Brandt. Ce jugement avait été exécuté. La défense proteste alors contre l'affirmation de ces faits : pour elle, le verdict de Nuremberg, prononcé par un tribunal américain, ne lie en aucun cas une juridiction française. Le Pr Weltz fait néanmoins remarquer que le tribunal de Nuremberg s'était entouré de mille précautions afin d'offrir toute garantie de justice.

Le docteur de La Rebyrette, ancien interné du Struthof, reconnaît qu'il avait dû d'abord soigner les malades en cachette. Il avait même été contraint d'utiliser du papier journal comme pansement. Plus tard, il avait obtenu quelques produits pharmaceutiques, mais un kapo lui avait conseillé, sous peine de mort, de n'en rien dire. Un jour, Haagen lui avait ordonné d'effectuer une ponction sur un Tzigane. Il avait demandé pourquoi. La réponse de Haagen avait été lapidaire : « Très intéressant ! » Le témoin rapporte d'autres exemples de cette nature. D'anciens déportés dans la salle donnent de la voix pour confirmer la manière dont on les avait alors traités. Haagen, interpellé, avance : « J'ai fait beaucoup de choses pour le camp, mais je ne peux plus me souvenir de tout ! »

Le docteur de La Rebyrette poursuit alors son témoignage. Un jour, il avait présenté à Haagen des hommes squelettiques qui n'avaient plus que quelques muscles sur les os ; la remarque de ce dernier avait été, là encore : « Très intéressant ! » – et il était parti. Puis le témoin explique que la notion du volontariat avait un sens particulier dans le milieu concentrationnaire. À Dachau, il avait connu des hommes qui acceptaient de faire une sale besogne rien que pour un peu de nourriture en plus. La faim avait complètement annihilé leur liberté de choix ! Pour saboter les recherches des médecins SS, il avait, explique-t-il, falsifié des rapports d'autopsie, y avait ajouté ou en avait soustrait des données. C'était très dangereux. Mais les médecins SS n'y avaient vu que du feu – ils n'étaient pas très futés !

METZ, DÉCEMBRE 1952

Le 17 décembre 1952, le tribunal organise une descente sur les lieux, au camp du Struthof couvert de neige verglacée, pour une enquête complémentaire en présence des magistrats et de la presse. Sur cette photo, on voit Otto Bickenbach, précédé d'une journaliste.

Après lui, on donne la parole au pharmacien d'Erstein, Hirtz, également ancien interné du Struthof. Celui-ci avait remarqué que les Polonais avaient été vaccinés avec une autre souche que celle utilisée pour le personnel soignant. Il avait vu deux Polonais mourir des suites de ces injections. Cette dernière affirmation est contestée par la défense. On écoute encore le récit d'un ancien kapo de Schirmeck, mais il n'apporte rien de neuf. Le président interrompt la séance et renvoie l'affaire au lundi 22 décembre 1952[202].

Le procès entre ainsi dans sa phase finale. On attend le réquisitoire avec grand intérêt. Quelle peine va-t-on demander pour ces médecins égarés ? Quelle responsabilité ont ces savants fous qui avaient utilisé le système national-socialiste pour commettre leurs méfaits ?

Réquisitoire et plaidoiries

Le commissaire du gouvernement évoque d'abord les crimes commis par les accusés absents. Pour Hirt, qui fit gazer 87 Juifs afin de réunir une collection de crânes dans un but purement raciste, il demande la peine capitale. Pour son préparateur, entièrement à sa botte, dont l'obéissance aveugle était érigée en principe, il propose deux ans de prison. Puis il s'intéresse à Bickenbach et à ses prétendues expériences scientifiques. Il constate que celui-ci s'appuyait sur des ordres de Himmler. Mais un médecin, en fait, ne devrait agir qu'en son âme et conscience, selon l'éthique qu'il avait juré de respecter. Bickenbach, qui était allé jusqu'à choisir lui-même ses sujets, était incontestablement responsable des résultats.

De la même manière, il considère Haagen comme coupable. Ce dernier avait pour mission d'aider les patients et de soulager les souffrances des malades, non de leur infliger des douleurs volontairement. Lui, également, avait choisi ses victimes. Le commissaire du gouvernement reconnaît que pour les deux accusés présents, la vie humaine n'avait aucune valeur, du moins celle des Polonais, des Slaves, des Juifs ou des Tziganes. Ces expériences reflétaient des théories racistes du IIIe Reich. Bickenbach comme Haagen croyaient en leur impunité parce qu'ils avaient misé sur la victoire de l'Allemagne. Puis il explique que l'Académie de médecine avait bel et bien considéré que les expériences réalisées dans l'univers concentrationnaire constituaient un crime. Il ne faut pas se placer uniquement sur le plan de l'éthique médical, mais tenir compte du comportement des accusés pour qualifier leur entreprise. On ne peut parler de « cobayes volontaires » que lorsque les sujets s'y sont prêtés par idéalisme humanitaire, de manière entièrement désintéressée. Or, les accusés avaient exploité ces pauvres gens taraudés par la faim et la misère. On ne pouvait donc pas les considérer comme de véritables volontaires, leur libre arbitre n'existant plus.

Haagen avait œuvré au Struthof sans conscience, sans aucun sentiment pour la population concentrationnaire. Bickenbach affichait également une froideur qui traduisait son action criminelle. Par exemple, il avait apporté un jour en salle d'autopsie le cœur d'un individu qu'il venait de tuer quelques minutes auparavant. Ce qui l'intéressait, c'était d'obtenir le plus vite possible un rapport sur ce cas.

Plaçant la culpabilité de l'un et de l'autre à un même niveau, le commissaire du gouvernement termine son réquisitoire en demandant pour tous deux la peine de mort : « Le national-socialisme allemand les avait choisis parce qu'il connaissait leur penchant pour le sadisme. La mort doit être la seule peine correspondant à leurs crimes. »

La séance de l'après-midi s'ouvre par le plaidoyer de Me Geouffre de La Pradelle. D'emblée, l'avocat de Haagen met l'accent sur l'atmosphère particulière qui plane sur ce procès. Cela lui permet de développer la carrière professionnelle de son client et d'insister sur ses qualités de chercheur. Ainsi le tribunal n'a-t-il pas à juger un médecin ordinaire, mais un éminent professeur, un savant dans le domaine médical dont les qualités de chercheur ne peuvent être mises en doute. En 1943, une épidémie de fièvre jaune s'était déclarée en Allemagne et on ne disposait pas suffisamment de vaccins. C'est cette situation dramatique qui avait poussé Haagen à entamer ses expériences. L'avocat regrette toutefois le manque d'humanité de son client. Il a, il en convient, utilisé les hommes comme du matériel parce qu'il était obnubilé par ses recherches et sa volonté d'aboutir à un résultat.

Puis Me Geouffre de La Pradelle se place sur le plan du droit international qui, très longtemps, ignora le droit individuel des personnes et n'était que le droit des relations entre les États. Depuis 1945, cette conception a certes évolué. Désormais, on parle d'une responsabilité individuelle face à la communauté internationale. Même si c'est triste à dire, le fait qu'au Struthof étaient détenus des Tziganes depuis 1944 n'était alors condamné par aucune loi. La Déclaration universelle des Droits de l'homme ne remontait qu'à la proclamation solennelle des Nations unies du 8 décembre 1948. Or le principe de non-rétroactivité est fondamental en droit pénal. En conséquence, on ne pouvait reprocher à Haagen son attitude.

Il demande par ailleurs qu'on pose au tribunal une question subsidiaire qui rende alors possible une condamnation simplement pour « coups et blessures ». Les faits que l'on qualifiait de crimes ne sont, selon lui, que des actes médicaux. « Je vous demande de choisir entre la justice et la vengeance », dit-il en se rasseyant.

Me Hoffet, le second avocat de Haagen, prend alors le relais. Il commence par évoquer la règle du secret professionnel qui incombe à tout médecin. Pourquoi y voir un « complot médical » ? Lui-même dit avoir perdu un enfant à la suite d'une vaccination contre la tuberculose : aucun médecin ne fut déclaré coupable. Puis il décrit l'esprit « germanique » qui animait Haagen et influençait son comportement. Ainsi celui-ci pouvait-il se promener dans le camp du Struthof sans voir la misère humaine qui l'entourait. Haagen ne correspond pas à notre logique latine. On ne peut donc lui reprocher un crime. Ce début de justification provoque une très vive réaction de l'auditoire. On frôle l'émeute et le président doit faire évacuer en partie la salle.

Me Barthélemy, la consœur du barreau de Metz, est la première à parler ensuite au bénéfice de Bickenbach. Elle met en exergue le fait qu'aucune loi écrite ne définit la limite délictuelle à ne pas franchir pour des expériences scientifiques sur l'humain. Bickenbach avait toujours effectué ses expériences sur des personnes préalablement condamnées par des tribunaux allemands pour des affaires non politiques. Dans tous les cas, il est resté en dessous des normes autorisées qui furent fixées ultérieurement par l'Académie française de médecine.

Puis, après une dernière interruption de séance, on donne encore vers 21 heures la parole à Me Eber pour sa plaidoirie. Comme second défenseur de Bickenbach, il demande au tribunal de se déclarer incompétent, car les accusés, comme la plupart des victimes, sont de nationalité allemande. L'affaire ne concerne donc qu'indirectement l'État français, simplement parce que le lieu où les actes reprochés furent commis était en France. Il prétendit donc qu'il fallait relaxer Bickenbach. Dès lors il dérape, se lance dans une longue tirade politique par laquelle il attaque la presse, le tribunal, en y mêlant la crise ministérielle et les inondations... Il termine en lançant aux juges et aux jurés : « Pensez à ce que ferait à votre place un tribunal allemand ! » Cette provocation finale enflamme à nouveau la salle où les protestations fusent[203].

Il est donc fort tard lorsque le tribunal se retire pour délibérer. Après seulement 33 minutes d'attente, le verdict tombe. Otto Bickenbach et Eugen Haagen sont condamnés aux travaux forcés à perpétuité, August Hirt et Helmuth Rühl sont condamnés à la peine de mort par contumace, tandis que Bong, également absent, est relaxé[204].

CHAPITRE X

Le procès des « médecins maudits » à Lyon
11-14 mai 1954

Cependant l'affaire n'était pas terminée pour autant. Comme le supposaient les commentateurs du jugement, Bickenbach et Haagen déposèrent un pourvoi en cassation. Le premier moyen invoqué fut le bon. Les accusés reprochaient au jugement de n'avoir pas « suffisamment constaté » que la décision d'entendre ou de renoncer à certains témoins « avait été prise par le tribunal militaire seul compétent ».

Pour ce motif et sans examiner les deux autres moyens invoqués, la chambre criminelle de la Cour de cassation cassait, le 19 janvier 1954, la décision prise par le tribunal militaire de Metz et renvoyait l'affaire devant le tribunal militaire de Lyon. Les accusés avaient passé une année de plus en prison en attendant le nouveau procès. Haagen en profita pour se marier durant cet intervalle. Les anciens déportés, les familles de victimes des médecins espéraient toujours que justice soit faite.

Le 11 mai 1954, les médecins démoniaques du Struthof et de Schirmeck se retrouvent derechef devant leurs juges. À quelques pas du fort Montluc tristement célèbre pour les tortures infligées aux résistants par les nazis, on va enfin reprendre leur procès. Mᵉ Frédéric Hoffet de Strasbourg ayant décliné l'offre d'assurer une seconde fois la défense de Haagen comme de Bickenbach, ce dernier choisit l'un des plus célèbres avocats français, un ténor du barreau parisien, Mᵉ René Floriot[205], auquel il adjoignit Mᵉ Eber du barreau de Strasbourg.

Haagen bénéficie à nouveau des services de Mᵉ de Geouffre de La Pradelle de Paris, de Mᵉ Beaude de Lyon et de Mᵉ Behling, avocat allemand de Berlin. Mᵉ Nicole Barthélemy de Metz s'est constituée pour les deux accusés. L'acte d'accusation reprend celui de Metz. Aucune inculpation nouvelle n'y a été ajoutée. Les deux hommes sont toujours poursuivis pour « empoisonnement et administration volontaire de substances nuisibles à la santé ». La juridiction militaire est présidée par le conseiller à la cour Moreau et l'accusation revient au commandant Brun, commissaire du gouvernement.

L'interrogatoire d'identité révèle peu d'éléments nouveaux. On apprend néanmoins que Haagen, désormais marié, père d'un enfant, est berlinois d'origine et qu'il fut professeur de bactériologie au profit de la Luftwaffe (l'armée de l'air allemande) au début de la guerre, arme dans laquelle il était médecin-major. Quant à Bickenbach, marié, père de deux enfants, il était rhénan de Cologne et, avant d'être nommé à la Reichsuniversität de Strasbourg, il enseignait à la faculté de Heidelberg.

Gérard Frison, journaliste, envoyé spécial des *Dernières Nouvelles d'Alsace* au procès de Lyon, fait des deux accusés le portrait suivant : « Haagen, qui souffre d'une grave affection cardiaque, doit rester assis, et il répond aux questions du président Moreau d'une petite voix souffreteuse, s'accrochant d'une main à l'accoudoir de son fauteuil pour ponctuer ses phrases. Son compagnon (Bickenbach) est plus massif et plus puissant ; son regard est dur et son visage rond ne s'anime que pour expliquer au juge, au moyen d'un croquis qu'il a dessiné lui-même et qu'il a soigneusement épinglé sur la boiserie du box, comment il expérimenta l'urotropine dans la lutte contre le gaz phosgène employé en temps de guerre[206]. »

Avant l'audition des témoins, Haagen fait une longue déclaration détaillant les recherches qu'il avait menées pour lutter contre le typhus. Il engage ainsi une discussion scientifique, très technique, dans laquelle il fait l'apologie de ses convictions en matière d'expérimentation humaine. Il rappelle ainsi qu'en février 1944, il s'est vacciné lui-même par scarification. Pour prouver que ses travaux étaient réguliers, il n'hésita pas à déclarer que, dans les mêmes circonstances, il recommencerait à se servir d'un groupe d'humains. Selon lui, ces expériences humaines étaient conformes à l'éthique médicale et à la rigueur scientifique. Elles avaient pour seul objectif de faire progresser la science. Bickenbach reprend d'ailleurs à son compte ces affirmations : « La loi suprême du médecin est de guérir, dit-il, j'espère vous persuader que je suis resté fidèle à cette loi. »

Ce dernier, s'exprimant toujours en français, semble professer un cours. Développant toutes ses qualités pédagogiques, il instruit le tribunal de toute l'importance de ses recherches. Cependant, pressé dans ses retranchements par le commandant Brun, commissaire du gouvernement, il se trouve contraint d'avouer que les Tziganes choisis comme sujets témoins n'étaient pas des volontaires.

Sur intervention du même commissaire du gouvernement, Bickenbach explique qu'il ne pensait pas à l'origine procéder à des vaccinations sur d'autres personnes que des détenus du camp. Ce fut, avoue-t-il, sur l'intervention de Hirt que les vaccinations prirent le caractère d'une expérimentation. Il pensait, lui, que le Struthof n'était qu'un camp de travail et que ces vaccinations n'étaient pas dangereuses.

Il relate ensuite les étapes de sa démarche. Mobilisé dans la Luftwaffe, il avait été amené à rechercher des moyens de prévention contre les gaz. Son but était de protéger l'homme contre le phosgène en partant d'un produit bien connu des médecins, l'urotropine. L'accusé avait d'abord étudié cette question avec la littérature spécialisée, puis avait mené des expériences sur des animaux. Guidé par d'autres études de professeurs allemands, il avait constaté que l'urotropine protégeait les animaux contre le phosgène. Puis il avait éprouvé l'efficacité du produit sur sa propre personne et il avait mis ses collègues au courant. On lui avait alors rétorqué qu'il était plus intéressant de trouver un véritable remède plutôt qu'un moyen de prévention. Ce n'était pas son avis, mais comme il a appris que les Alliés avaient emmagasiné des gaz en Afrique du Nord, il s'était senti motivé pour reprendre ses travaux. Au camp, assure-t-il, il n'avait rien fait de criminel ; il n'avait appris que plus tard que des faits criminels avaient pu s'y dérouler.

C'est alors le premier incident de ce second procès. À 16 heures, selon les notes du greffier, pendant cet interrogatoire de Bickenbach, Haagen a un malaise cardiaque. Le président suspend immédiatement la séance et appelle le médecin-capitaine Vigue pour examiner l'accusé. À la reprise, le médecin-capitaine expose au tribunal que Haagen souffre d'une indisposition sans doute passagère, mais que son état de santé ne lui permet plus d'assister aux débats. Il est donc évacué vers un hôpital. Le procès continue donc sans lui.

Pour le reste, cette première journée est décevante. Les observateurs attendaient beaucoup du témoignage du Dr Simonin, médecin légiste à Strasbourg. C'est lui qui, en effet, avait fait les premières constatations à l'infirmerie de Schirmeck, à la salle d'autopsie, au four crématoire, ainsi qu'à la chambre à gaz du Struthof. Mais, comme au procès de Metz, disposant de peu de temps, il se contente d'une déposition rapide. Pris par ses obligations professionnelles, explique-t-il, il doit repartir le soir même pour Strasbourg. Lui succède le professeur Weltz de la faculté de médecine de Strasbourg qui expose avec précision les moyens de dépistage du typhus. À part ces éléments très techniques, on n'a pas appris grand-chose de nouveau sur le fond de l'affaire.

L'audience du 12 mai 1954 débute par le témoignage du professeur Georges Blanc, toujours directeur de l'Institut Pasteur à Casablanca. Celui-ci avait mené des travaux similaires à ceux de Haagen, mais en utilisant des cultures sur œufs. Les débats se font alors très scientifiques. Haagen avait eu connaissance en partie des recherches du professeur Blanc. L'échange fut donc direct. Le témoin estime que les expériences de Haagen étaient discutables « au point de vue efficacité ». Cette remise en cause de la valeur de son travail met l'accusé hors de lui : « Mon vaccin actuel se fait par injection ! » lance-t-il. Après de longues discussions, le professeur Blanc conclut que les réactions se firent pour la vaccination par scarification, mais pas par injection. L'essai sur Haagen lui-même n'avait produit aucune réaction.

Le procès devant le tribunal militaire de Lyon prend ainsi un tour assez différent de celui de Metz. La tension est retombée d'un cran. La salle, moins passionnée, garde davantage son calme.

Ce sont des convictions de scientifiques qui s'entrechoquent. L'affaire devient celle de spécialistes en recherche médicale. Les uns sont pour, les autres contre, chaque camp connaissant à fond les arguments de la partie adverse. Lyon est loin du Struthof et de Schirmeck. Une année et demie supplémentaire est passée. Cela change tout. Cette sérénité donne de l'ardeur aux accusés qui n'hésitent plus à commenter par de longues déclarations les interventions des témoins.

Les dépositions des docteurs Jude, Boogaerts, Chrétien ainsi que celle du pharmacien Hirtz sont en tout point pareilles à celles qu'ils avaient faites à Metz. Le professeur Poulson, domicilié à Oslo, ne se présente pas à la barre, de même que le témoin Alphonse Bauer. Ils estiment sans doute ne pouvoir rien apporter de plus qu'au procès précédent. Le président les excuse donc et décide de passer outre. Du consentement unanime des parties, on renonce à la lecture du témoignage de Bauer, mais, à la demande du ministère public, le greffier lit celui du Pr Poulson. À 18 heures, le président Moreau suspend les débats et ordonne la reprise le lendemain.

Le 13 mai 1954, l'audience reprend à 8 h 30. Dès l'ouverture, le tribunal entend le Dr Frédéric Leitz établi à Blâmont. Le témoin avait été amené durant la guerre à devenir l'assistant du professeur Bickenbach. Celui-ci l'avait chargé d'apporter au Struthof du matériel médical, essentiellement des instruments de mesure. Il avait ainsi eu accès à l'infirmerie du camp. Il n'y avait rien remarqué d'anormal. Il était au courant des expériences du Pr Bickenbach, mais celui-ci lui avait toujours déclaré que les sujets étaient des hommes condamnés à mort. Cependant le témoin s'était aperçu que Bickenbach cherchait à trouver des justificatifs pour ses expériences. Il confirme aussi qu'il avait bel et bien assisté à l'expérience au cours de laquelle Bickenbach s'était lui-même soumis au gaz après s'être traité avec son produit.

L'accusé semble réagir à ces propos. Gérard Frison, le journaliste des *Dernières Nouvelles d'Alsace*, relève que « Bickenbach apparaît plus tourmenté par des problèmes de conscience », que Haagen conserve l'aspect d'un « homme froid, calculateur et précis pour lequel la recherche scientifique primait toute considération morale[207] ». Lorsque le commandant Brun le questionne sur le choix des Tziganes, Bickenbach se trouve un peu désemparé : « J'ai voulu, dit-il, tenter de sauver les sujets témoins, je les tranquillisais dans la chambre à gaz. Ils étaient donc moins angoissés et de ce fait l'absorption de phosgène était moins importante. » Cette explication est pour le moins curieuse. Pourquoi admettre qu'il sabotait en quelque sorte sa propre expérience ? Quelle valeur scientifique pouvait-on accorder à un résultat que l'opérateur cherchait à minimiser ? Le commandant Brun reprend : « Mais pourquoi alors avez-vous choisi des Tziganes dont l'état de santé était déplorable ? Cela faussait l'expérience qui devenait inutilisable ! » Bickenbach proteste : « Les hommes soumis à la chambre à gaz étaient en état de supporter l'épreuve. » Le journaliste observe que, depuis Metz, il a bien perfectionné son système de défense. Désormais, il semble éprouver des scrupules de conscience, ce qui contribue à modifier l'atmosphère qui entoure ce procès.

Le Dr Léon Boutbien, député SFIO de l'Indre, ancien déporté au Struthof, déclare d'emblée qu'on ne peut pas qualifier de « travaux scientifiques » les actes des accusés. Puisque c'étaient des savants, « leur responsabilité est encore plus grande que celle des bourreaux primaires ». Il rappelle la difficulté pour les déportés à témoigner si tardivement de ces activités criminelles. « Les tortionnaires nazis nous considéraient comme des *Untermenschen* (sous-hommes), ils nous ravalaient au rang des cobayes. » « Si vous relâchez ces hommes, lance-t-il au tribunal, ils recommenceront leurs inhumaines expériences. Ils l'ont dit eux-mêmes ! »

Le docteur de La Rebyrette estime également que Haagen et Bickenbach se prêtèrent à des méfaits ignobles. Selon lui, dès qu'on intervient sur un homme qui n'est pas malade et qu'on lui inocule un virus, on commet un crime. En tout cas – il fallait en convenir – on n'agit plus en médecin. « L'obéissance aux supérieurs, lâche-t-il, ne peut aller jusqu'à l'assassinat. » Puis, se tournant vers Bickenbach, il ajoute : « Votre métier était de guérir. Vous l'avez oublié. Vous en rendez-vous compte ? » Un silence dramatique plane alors sur la salle d'audience. Il n'y a pas de réponse.

Le Dr Ragot prend la relève. La question du volontariat ne se posait pas, dit-il, quand on connaît les conditions de vie réservées aux déportés. Il suffisait de leur faire miroiter une libération, même illusoire, pour obtenir leur accord car, ajoute-t-il, « la seule possibilité d'évasion de cet enfer du Struthof était la cheminée du four crématoire ». Phrase terrible qui fait réagir Me Geouffre de La Pradelle, qui a alors un accrochage avec le témoin. Me Floriot prend alors la défense de son confrère, demande que les témoins soient aussi courtois avec la défense que celle-ci l'est avec eux. Le président Moreau a bien du mal à rétablir le calme.

Les deux témoins qui suivent n'apportent aucun éclairage nouveau sur l'affaire. Nietsch, un des gardiens du Struthof que l'on a tiré de sa cellule, se contente de décliner toute responsabilité. Quant au directeur de l'Institut des maladies tropicales de Hambourg, Nauck, il tente de démontrer l'intérêt scientifique des travaux de Haagen, mais ne parvient pas à convaincre l'auditoire. Cet avis est pourtant partagé par le Pr Gard, un urologue suédois, et le Pr Caroline Wywiasky, l'assistant du Pr Haagen, originaire de Lorraine. De même les témoins à décharge de Bickenbach, comme le directeur de l'université de Francfort ou le directeur de l'Institut de recherche de Brooklyn aux États-Unis, ne peuvent ébranler la conviction du public. Pire, on ne veut même pas entendre leurs explications en faveur des accusés.

Le docteur Robert Servatsius, avocat à Cologne, est alors appelé à la barre pour attester l'authenticité d'une déclaration signée par le médecin personnel de Hitler, Brandt, dont il assurait la défense au procès de Nuremberg. Il confirme ainsi que le Pr Brandt lui avait déclaré que Bickenbach lui avait demandé son appui lorsque Himmler avait ordonné la seconde série d'expériences. Puis Richard Scherbecker de Karlsruhe rapporte qu'il ne pensait pas que Bickenbach faisait partie de l'organisation de recherche Ahnenerbe. Il souligne qu'il y aurait eu un désaccord entre Hirt et Bickenbach à propos d'un ordre de recherche sur l'homme. Walter Richuel de Baden-Baden, ancien assistant de Bickenbach, indique que ce dernier avait fortement influencé sa carrière et assure que son principe fondamental était le bien du malade.

L'abbé Gérard Nassheuser, curé à Bochum en Rhénanie, ancien déporté à Buchenwald et à Dachau, dit avoir été renseigné sur l'affaire Bickenbach par son ancien assistant Rühl qui n'ose pas se présenter lui-même. Sous le coup d'une mesure d'extradition, il lui a remis un dossier qui décrit les expériences. Des documents fournis, il ressort qu'ils auraient découvert un moyen de prévention contre le gaz phosgène, que celui-ci avait fait l'objet d'une vérification en laboratoire, et avait été expérimenté sur Bickenbach et ses assistants.

C'en est trop ! Subitement, le prétoire se trouve envahi par d'anciens déportés en habit rayé qui s'installent dans la salle. Ce groupe imposant, par sa seule présence visuelle, manifeste en silence. Le président laisse faire, mais la pression sur le tribunal est réelle. Puis est repérée dans la salle la présence de personnes de nationalité allemande provenant de l'ambassade de la République fédérale allemande à Paris... Le tribunal renonce même, avec l'accord de la défense, à l'audition de certains témoins. L'atmosphère devient de plus en plus tendue et finalement le président préfère lever la séance à 18 heures.

La sentence définitive

Le 14 mai 1954 est le dernier jour du procès. La séance débute par l'audition du père Pierre, directeur de l'Institut Laennec de Paris. Celui-ci insiste sur la « lutte intérieure » qui devait ronger la conscience de ces médecins avant de décider la pratique des expérimentations. Cependant, il reconnaît qu'ils se sont laissé entraîner vers le crime, aveuglés sans doute par leur orgueil qui les poussait à vouloir être les premiers à faire la découverte scientifique qu'ils espéraient.

Il est le dernier témoin. Le président demande alors au commissaire du gouvernement de prononcer son réquisitoire. Le commandant Brun commence par évoquer la vie dans les camps. Il décrit également le fonctionnement de l'université nationale-socialiste de Strasbourg installée en 1941. Il juge que, pour ces médecins-chercheurs, « le Struthof constituait (...) un inépuisable entrepôt de matériel humain ». Il insiste sur le fait que ce furent surtout les internés de la catégorie « Nacht und Nebel » qui eurent à souffrir des atrocités des médecins universitaires allemands. « Les premières expériences, affirme-t-il, avaient été faites par le Pr Hirt, qui avait mis de la pommade à l'ypérite, sur l'avant-bras d'un prisonnier. Chaque jour, avec une minutie démoniaque, il surveillait et photographiait la lente évolution des brûlures. »

Les anciens déportés, en habit rayé, installés sur les premiers bancs, écoutaient dignement sa démonstration. Le typhus ayant fait son apparition sur le front russe en 1943, Haagen décida, poursuit l'officier, de trouver un nouveau vaccin plus facile à produire en Allemagne. Il avait donc inoculé le virus virulent à des hommes « qui ne présentaient pas les symptômes de la maladie ». Il rendit donc malades des sujets sains dans le but de pouvoir en mesurer les conséquences, d'observer l'évolution de la maladie selon le dosage de son produit. Ses sujets n'étant nullement volontaires, sa culpabilité ne faisait pas de doute.

Vis-à-vis de Bickenbach, le commandant Brun se montre « moins violent », selon la presse. Il lui reconnaît une plus grande franchise qu'à l'accusé précédent. Cependant, il rejette énergiquement l'argument des ordres reçus. « Bickenbach a avoué lui-même, rappelle-t-il, qu'il n'aurait encouru aucune sanction en cas de refus. » Il a donc voulu s'illustrer, se distinguer par ces expériences et obtenir au plus vite la reconnaissance de ses pairs pour ses travaux. Mais en aucun cas les « cobayes » qu'il avait sélectionnés ne pouvaient être considérés comme volontaires.

« Permettez-moi de dire, martèle-t-il, qu'entre la mort immédiate par exécution et la mort après un faible sursis, les détenus choisissaient la solution qui leur accordait la vie le plus longtemps. » Ce n'était donc pas un choix, mais une décision dictée par la contrainte. En fonction des situations décrites, le commandant Brun, commissaire du gouvernement, réclame pour Haagen et Bickenbach le châtiment suprême. Toutefois, au cas où le tribunal devait déceler dans cette affaire « de légères circonstances atténuantes », il l'adjurait « de ne pas descendre au-dessous des travaux forcés à perpétuité » pour la peine à leur infliger.

La parole passe alors aux avocats de la défense. Mᵉ Beaude et Mᵉ Geouffre de La Pradelle plaident pour Haagen. La salle est en effervescence lorsque La Pradelle, exhibant un exemplaire de la revue américaine Life, cite un reportage relatant « les expériences tentées aux États-Unis sur les détenus des pénitenciers auxquels on avait inoculé des virus ». Il tente ainsi de convaincre que l'expérimentation humaine était inévitable, et que Haagen a travaillé honnêtement, sincèrement, comme le savant qu'il était.

L'audience de l'après-midi s'ouvre par une brève plaidoirie de Me Barthélemy en faveur de Bickenbach. Elle met l'accent sur l'absence d'intention criminelle, puisqu'il protégeait les sujets témoins par des injections, ce qui démontre que le sort de ces individus ne lui était pas indifférent. Me Eber prend alors le relais. Il fait la lecture de « longues et détaillées consultations juridiques », écrit la presse, cherchant à atténuer la responsabilité de l'accusé. Enfin Me Floriot, le ténor du barreau parisien, prononce pendant deux heures et demie une plaidoirie remarquable. « Comme un tigre dans sa cage, marchant d'avant en arrière dans la salle, avec de grands effets de manches, des intonations indignées adressées face au public », écrit Gérard Frison dans *Les Dernières Nouvelles d'Alsace*, il tente d'ébranler la conviction de culpabilité qui pèse dans la salle. Pour lui, Bickenbach fut un médecin-soldat. Il faisait partie de la Luftwaffe. Il a agi comme un militaire, en accomplissant fidèlement les ordres reçus. « Je le proclame, dit-il, par une véritable aberration, on a confondu à Metz les exterminations de détenus par les gardiens du camp, exterminations que je ne conteste pas, bien au contraire, avec les expériences faites par mon client. » « C'est cette confusion qui amena les débats houleux [de Metz] dont on se souvient », alors qu'à Lyon, « je me plais à souligner que le procès s'est déroulé dans une atmosphère de grande sérénité ».

Pense-t-il que ce satisfecit ainsi délivré au tribunal va rendre Bickenbach plus sympathique aux yeux des juges ? Il y avait pourtant eu plusieurs incidents, et non des moindres, mais le temps ajouté à la distance par rapport aux événements commençait à faire son œuvre. « Messieurs, vous allez délibérer pour fixer le sort de Bickenbach, conclut-il, je vous demande de ne pas oublier qu'il vient de passer sept longues années en prison et que l'acte d'accusation est basé uniquement sur ses déclarations spontanées et rien de plus ! » Me Floriot se rassoit. Il a tout donné, il est épuisé. Bickenbach dans son box demeure songeur. Il pense que son défenseur fait mouche, qu'il touche ces militaires en leur parlant d'obéissance aux ordres reçus.

Un profond fossé sépare l'accusation et la défense. La première demande la peine de mort, l'autre la relaxe pure et simple. Le tribunal doit donc trancher sur des positions diamétralement opposées. Seize questions lui sont soumises dont deux seulement concernaient Haagen[208]. Le verdict tombe après une heure seulement de délibérations. À la question subsidiaire, il est répondu : « À la majorité des voix, il existe des circonstances atténuantes en faveur de Haagen et de Bickenbach. » Les deux accusés sont donc condamnés, l'un et l'autre, à vingt ans de travaux forcés.

Le prononcé du jugement provoque, semble-t-il, « un large sourire » de Bickenbach. Le commentateur écrit même qu'il riait. Quant à Haagen, il reste sans réaction. « Il ne pouvait en avoir, son état de santé était lamentable », indiquait Gérard Frison[209].

Les suites du procès

Cette sentence ne satisfaisait personne. Certes, les deux médecins étaient condamnés. Ils étaient donc bel et bien jugés coupables de crimes d'empoisonnement – en fait de crimes de guerre et de crimes contre l'humanité – mais ils échappaient à la peine capitale. Ils se voyaient infliger vingt ans de travaux forcés pour les atrocités qu'avaient dû endurer leurs victimes. La justice avait tranché. Elle avait divisé en deux entités peines et douleurs.

Haagen laissa ce jugement devenir définitif et vit sa peine réduite à dix ans d'emprisonnement « à compter de l'incarcération de fait », c'est-à-dire du 16 novembre 1946, par décret du 5 janvier 1955[210]. Il bénéficia d'une remise de seize mois d'emprisonnement à l'occasion du 14 juillet 1955[211]. Bickenbach, en revanche, déposa un nouveau pourvoi en cassation. Mais celui-ci fut rejeté par arrêt de la chambre criminelle en date du 29 décembre 1954. De ce fait, le jugement ne devint définitif pour lui qu'après la notification du 21 janvier 1955[212]. Cependant, par décret du 14 juin 1955, Bickenbach trouva sa peine transformée en dix ans d'emprisonnement également à compter de l'incarcération de fait, c'est-à-dire du 18 mars 1947. À l'occasion également du 14 juillet 1955, il eut une remise de dix-huit mois d'emprisonnement. Ainsi les deux condamnés ont-ils été libérés en juillet 1955.

Otto Bickenbach, qui a repris la médecine en Allemagne, a été blanchi par une juridiction professionnelle à Cologne en 1962 ; il est mort le 26 novembre 1971 en Rhénanie du Nord-Westphalie. Eugen Haagen, qui a travaillé à Tübingen comme virologiste de 1956 à 1965, a ensuite rejoint Berlin où il est décédé le 3 août 1972.

CONCLUSION

Mémoire, histoire et justice

Le dimanche 29 mars 1954, le préfet Demange, en grand uniforme, lui-même pourtant ancien déporté, mit le feu aux constructions du Struthof, devant une rangée de drapeaux d'associations patriotiques.

Comment a-t-on pu commettre une pareille ignominie? Bien sûr, les baraques étaient en mauvais état. Bien sûr, on affirmait ne pas avoir les moyens de les restaurer et de les entretenir. Mais cette situation ne justifiait pas la destruction du site, dont on ne conservera que quatre blocs.

Ce comportement s'avère d'autant plus difficile à admettre que le poids des morts, des souffrances endurées, l'histoire vécue et donc le poids de la mémoire attachée à ce lieu, avaient provoqué son classement comme monument historique le 31 janvier 1950. Mais malgré tous ces éléments, le camp partit en fumée dans l'indifférence générale, sans aucune protestation officielle.

C'est dire le changement de mentalité qui s'était réalisé.

Le sort réservé au camp de Schirmeck ne fut pas meilleur. Dès 1953, la municipalité de La Broque décida de le remplacer par un lotissement. Les baraques en bois furent vendues. Le bâtiment en dur, servant autrefois de local d'habillement et d'atelier, devint un collectif au profit de ménages ouvriers. À partir de 1955, le terrain fut découpé en parcelles et offert à la vente pour les amateurs de maisons individuelles. Les derniers vestiges disparurent en 1968 avec la démolition de l'ancienne salle des fêtes et des cellules qu'elle abritait en sous-sol. Seuls subsistèrent l'ancienne Kommandantur et le grand atelier, qui furent réhabilités et cédés à des particuliers en 1992.

Qui se souvient à Strasbourg de l'effroi que l'on ressentait pour une convocation au 18, rue Sellenick ou de la localisation de la Staatshalterei occupée par les sbires du Gauleiter Wagner ? Progressivement, irrémédiablement, tous ces lieux où des crimes de guerre, des crimes contre l'humanité furent planifiés et exécutés disparurent, gommés des souvenirs individuels comme de la mémoire collective, sacrifiés sur l'autel de la réconciliation franco-allemande et de l'Europe en marche. Pouvait-il en être autrement ?

Pouvait-on, dès lors, en demander plus à la justice ? Ne reflète-t-elle pas la mentalité sociale dominante ? Ne subit-elle pas le poids du temps ? N'est-elle pas évolutive en fonction des modifications législatives, elles-mêmes dictées par un changement de société ? Dans tout régime démocratique, la justice s'inspire des demandes exprimées par la population. Aux tribunaux d'appliquer les lois ! Il ne s'agit pas d'établir des sentences populistes, mais de dire le droit. De ce fait, la justice ne peut nullement revêtir la forme d'une vengeance. Elle ne consiste pas à retourner le glaive contre ceux qui l'avait tiré de son fourreau et à leur infliger des blessures similaires. Les morts ne se vengent pas.

Le règlement judiciaire des atteintes portées à l'ordre public républicain en Alsace durant ces années brunes d'annexion de fait, n'avait rien à voir avec l'exercice d'une rancune, l'expression d'une haine et encore moins la mise en œuvre d'une revanche. Le recours à la justice était dicté, tout simplement, par la nécessité de dire le droit face aux événements subis. On voulait connaître les fautifs, savoir qui étaient victimes, qui étaient bourreaux.

Non, l'annexion de fait n'était pas une mesure juste ; non, le droit international, les us et coutumes qui régissaient les rapports entre les États, ne le permettait pas. Oui, il fallait sanctionner cette action, mère de tous les maux qui ont suivi ; oui, il fallait couper les liens illégaux, tissés traîtreusement avec le Reich ; oui, on devait délier les Alsaciens de tout engagement opéré sous la contrainte. On se devait de les décomplexer, de les déculpabiliser. L'a-t-on fait ?

Destruction par le feu, le 29 mars 1954, des installations du camp du Struthof en présence du préfet du Bas-Rhin, Paul Demange, ancien résistant. Seuls quatre blocs furent conservés, comme témoins pour l'Histoire. Il en fut de même pour le camp de Schirmeck, dont les bâtiments furent rasés et aménagés en lotissement pour habitations. Ces décisions, reflets des mentalités de l'époque, paraissent choquantes aujourd'hui.

Cette mission incombait au procès du Gauleiter Wagner et de ses co-accusés. De ce point de vue-là, on peut affirmer et démontrer que l'objectif n'a pas été pleinement atteint. Certes, on a évoqué la situation d'un grand nombre de victimes mais ont-elles trouvé, par la sentence prononcée, leur réhabilitation ? Le sentiment collectif de l'abandon de 1940, l'impression d'avoir été manipulé ressentie par les évacués à leur retour, désormais pris au piège nazi, et surtout la honte des incorporés de force d'avoir porté l'uniforme allemand ont-ils été effacés ? Certainement pas. Ces personnes mettront soixante ans à y parvenir parce que la justice n'a pas réalisé ce travail. L'Alsace a été privée d'un grand procès.

Il faut également s'interroger sur l'équité des sanctions prononcées. Wagner, incontestablement, par la fonction qu'il occupait et surtout par ses actes dépendant tous de sa seule volonté, était le principal coupable et méritait donc la peine la plus élevée. Mais les autres ? Röhn, Schuppel ou Gädecke ? Quel était leur libre arbitre ? Disposaient-ils des mêmes pouvoirs que le Gauleiter en fonction ? Certainement pas ! Leur responsabilité ne correspondait pas à la sienne, et la sanction à leur égard aurait dû être modulée par rapport aux seules initiatives qu'ils avaient effectivement prises.

Ce n'était pas un délit d'opinion que l'on jugeait, mais des actions criminelles. Aussi, le fait d'être un nazi, d'avoir épousé l'idéologie nationale-socialiste, ne faisait pas de ces individus *ipso facto* des délinquants méritant la mort. Bien sûr, les actions découlant de cette manière de penser pouvaient occasionner des actes répréhensibles — encore fallait-il les prouver et pouvoir les leur imputer. Ce n'est qu'à partir du moment où l'on a considéré le nazisme comme une organisation de malfaiteurs qu'on a pu les poursuivre pour ce seul fait. Mais dans ce cas, cette adhésion méritait-elle la peine capitale ?

Ils étaient tous poursuivis pour assassinats et complicité d'assassinats. Il fallait donc prouver l'existence des éléments matériels constitutifs de ces crimes. Les décisions prises par Wagner remplissaient parfaitement ces conditions ; mais pour les autres, la complicité était-elle suffisamment établie ? Bien entendu, il faut souligner que le procès se tenait en avril 1946, c'est-à-dire un an à peine après l'Armistice, alors que les cœurs saignaient encore et que, pour des raisons diverses, tous les Alsaciens n'étaient pas encore rentré au pays. On sait également, qu'à partir de 1949-1950, on accordait plus facilement les circonstances atténuantes ou la grâce. En 1946-1947, on laissait au contraire la justice conduire le condamné devant le peloton d'exécution.

Pourquoi les gardiens des camps bénéficièrent-ils d'une instruction plus longue ? Leur affaire était-elle plus complexe ? N'était-ce pas plutôt l'inverse ? Peu importe, les tortionnaires comme Buck, Nussberger ou Weber, condamnés à mort en 1946 et 1947, ne le furent plus lors du procès de 1953 ! Était-ce le fruit du hasard et de la chance ou bien celui d'une saine justice ajustée à leur cas ? De toute évidence, il faut constater que deux ans plus tard, presque tous les détenus dans cette accablante affaire étaient libres.

Le même constat peut être formulé pour les bourreaux du Struthof. Bien que la justice ait prononcé encore des condamnations à mort dans cette affaire en 1954 et 1955 – ce qui est exceptionnel – aucune ne sera suivie d'une exécution et les condamnés seront libérés au plus tard en 1960. Cinq ans seulement s'écouleront entre leur condamnation à la peine capitale et leur élargissement par grâce présidentielle, un délai extrêmement court !

Il faut rappeler à ce sujet que le chancelier Adenauer a toujours considéré ces condamnés comme de simples prisonniers de guerre. Alors où se situe le crime contre l'humanité ? À coup sûr, cette Justice a été sous influence.

La politique extérieure de la France n'a pas été étrangère à cette inflexion. Mais ce fut surtout la vision que l'on avait des événements qui évolua. La perception historique ne fut plus la même, elle se transforma. L'opinion publique voulait tourner la page. L'Épuration laissait un goût amer ; la dénazification en Allemagne devenait lassante et s'acheva incomplète. Pourquoi faire payer aux exécutants des basses œuvres les crimes fomentés et ordonnés par les chefs qui demeuraient intouchables ? Où étaient passés les Hauss, les Peter, les Bickler ? Tous Kreisleiter sans scrupules, ayant condamné et fait exécuter des civils. Qui les protégeait ?

Sans parler de tous les autres, les condamnés par contumace qu'on ne débusqua jamais ; ceux qu'on localisa, mais qui ne furent pas extradés ; ceux, interrogés, qu'on dut laisser en liberté, faute de preuves, faute de plaignants, et qui disparurent. Enfin, sans parler du nombre indéfinissable de ceux qui ne furent jamais inquiétés pour leurs crimes parce qu'on ignorait qu'ils en étaient les auteurs ou même que ces crimes avaient été commis. Il nous a manqué en Alsace un Simon Wiesel, un Serge ou une Beate Klarsfeld. La volonté d'aboutir, de ne laisser aucun crime impuni, n'a sans doute pas été suffisamment forte.

Et puis la vie a repris ses droits. L'Alsace, la Lorraine, la France entière se sont relevées de leurs ruines. Le rapprochement économique, puis politique, avec l'Allemagne fit le reste. Les

Inauguré en 2005, le Centre européen du résistant déporté rappelle l'histoire et la mémoire de la déportation et des Résistances européennes. C'est un lieu d'information, de réflexion et de rencontre qui introduit à la visite du site du camp de concentration de Natzweiler-Struthof.

données du problème furent bouleversées. L'Europe était en marche, et l'Europe signifiait la paix durable sur les bords du Rhin. Plus qu'une page, ce fut un livre d'histoire tout entier que l'on referma.

Peu à peu, les plaies se cicatrisaient. Il ne s'agissait plus d'en ouvrir de nouvelles. Le 15 juillet 1960, un accord franco-allemand était conclu sur l'indemnisation des victimes du nazisme. Curieusement, les incorporés de force en étaient exclus. Ces derniers reçurent une indemnisation en 1981 par l'intermédiaire de la fondation Entente franco-allemande. Les anciens et anciennes du RAD et du KHD touchèrent eux aussi une allocation en 2008. Toutes ces dispositions contribuèrent à apaiser les esprits. Les sommes versées demeurèrent modestes par rapport au mal enduré. Mais ce qui importait, c'était la reconnaissance d'avoir été victime

La même année 2005, et en vis-à-vis sur l'autre versant de cette vallée des Vosges, fut ouvert à Schirmeck le Mémorial de l'Alsace-Moselle. Centre d'interprétation de l'histoire de la région de 1870 à nos jours, surplombant la commune où fut installé le camp de sûreté, c'est une sentinelle qui veille sur les particularités d'une mémoire et d'une histoire trop souvent méconnues.

d'une ignominie. Au-delà de la matérialité des faits, ce fut la réhabilitation morale qui s'accomplissait. Cette action constituait un préalable pour permettre une évolution favorable des esprits.

Une génération est en train de disparaître, celle qui a enduré la guerre et l'annexion de fait avec toutes ses conséquences douloureuses. Avec les années, le pardon émerge peu à peu ; l'oubli en revanche n'est pas acceptable. Progressivement, la mémoire prend le relais, celle de l'histoire de l'Alsace. Le vécu individuel devient un passé collectif et s'intègre dans notre identité régionale.

Mais, cette mémoire n'est pas partagée avec l'ensemble de la nation. Le sort réservé à l'Alsace et à sa population s'avère méconnu en France. Peu de gens savent ce qui s'est passé sur les bords du Rhin. Il s'agit donc d'une spécificité qui laisse subsister de la tragédie le dernier acte comme inachevé. Les procès d'après-guerre auraient dû apporter cette reconnaissance, malheureusement ce ne fut pas le cas.

Nos parents, nos grands-parents ont subi, durant la Seconde Guerre mondiale, une situation dramatique qui les a marqués à vie. Ils ont réagi selon leur tempérament, leur âme et leur conscience. Nous devons en tirer les leçons qui s'imposent. Rien n'est définitivement acquis ni perdu ; l'espoir multiplie les forces ; le mental domine tout ; la volonté procure une force exceptionnelle. Celles et ceux qui ont survécu ont ainsi un devoir de justice envers celles et ceux qui ont succombé. Ne l'oublions jamais !

Le témoignage, au-delà des générations, devient ainsi essentiel. Il permet de libérer les esprits des contraintes mentales, et de partager les épreuves endurées, s'intégrant de la sorte, à la longue, dans le giron historique national.

Sources archivistiques

Archives Nationales
  BB 18 7222 à 18 725
  BB 301 787 à 301 795

Archives du Haut Commissariat de la République française en Allemagne
(Direction de la Justice)
  AJ 3 618 p. 22 − d 1011
  AJ 3 644 p. 229 − d 8 921
  AJ 3 660 p. 102 − d 5 009
  AJ 4 030 p. 20 − d 18
  AJ 4 082/55 p. 1 − d 18/47

Archives des tribunaux militaires
  Schirmeck : cartons 562, 613 à 618, 1248
  Struthof : cartons 773 à 777, 1855 à 1875

Archives départementales du Bas-Rhin
  150 AL 3 et 150 AL 13
  406 D 3
  1 065 W 1 et 3
  1 610 W 5
  4 AH 364
  7 AH 468 et 472

Bundsarchiv Berlin
  R 83 Els./verb. 1

Bibliographie sélective

Allach: kommando de Dachau, impr. Jouve, Paris 1985.

Alsace 1939-1945: La grande encyclopédie des années de guerre, Saisons d'Alsace, 2009.

Béné (Charles), *Du Struthof à la France Libre*, Raon L'Etape 1968.

Béné (Charles), *L'Alsace dans les griffes nazies*, Raon L'Etape 1971-1989, 8 vol.

Böhm (Udo), Böttcher (Helmut), Reuter (Rainer), Weingardt (Michael), *Sicherungslager Rotenfels: ein Konzentrationslager in Deutschland*, Suddeutschen Pädogogischer Verlag, Ludwigsburg 1989.

Bopp (Marie-Joseph), *L'Alsace sous l'occupation allemande 1940-1944*, Le Puy 1945.

Epp (René), *La terreur nazie en Alsace (1940-1945)*, Ed. du Signe 2002.

Granier (Jacques), *Schirmeck: Histoire d'un camp de concentration*, DNA 1968.

« Il y a cinquante ans: la libération du camp. Le camp d'internement de Schirmeck-Vorbrück − Sicherungslager Vorbrück », numéro spécial de la revue *L'Essor*, n° 165, Schirmeck 1994.

Heitz (Robert), *À mort!*, Ed. de Minuit, Paris 1946.

Kettenacker (Lothar), *National-sozialistische Volkstumspolitik im Elsass*, thèse 1973.

Kirstein (Wolfgang), *Das Konzentrationslager als Institution totalen Terror: das Beispiel des KZ-Natzweiler*, Pfaffenweiler, Centaurus Verlagsgesllschaft, 1992.

Moulin (François), *Lorraine années noires: occupation, annexion, de la collaboration à l'épuration*, La Nuée Bleue 2009.

Nouveau Dictionnaire de biographie alsacienne (NDBA), Strasbourg, Fédération des Sociétés d'histoire et d'archéologie d'Alsace, 1983-2003.

Pendaries (Yveline), *Les procès de Rastatt (1946-1954): le jugement des crimes de guerre en zone française d'occupation en Allemagne*, 1995.

Steegmann (Robert), *Struthof, le KZ-Natzweiler et ses kommandos: une nébuleuse concentrationnaire des deux côtés du Rhin 1941-1945*, La Nué Bleue 2005.

Toledano (Raphaël), *Les expériences médicales du Prof. Eugen Haagen de la Reichsuniversität Strassburg: faits, contexte et procès d'un médecin national-socialiste*, thèse de médecine, Strasbourg, 2010.

Vonau (Jean-Laurent), *Le procès de Bordeaux: l'affaire d'Oradour-sur-Glane*, La Nuée Bleue 2003.

Vonau (Jean-Laurent), *L'épuration en Alsace: la face cachée de la Libération*, La Nuée Bleue 2005.

Vonau (Jean-Laurent, *Le Gauleiter Wagner: le bourreau de l'Alsace*, La Nuée Bleue 2011.

Vonau (Jean-Laurent), « Vorbrück −Schirmeck 1940-1944: un camp spécial pour terroriser et soumettre la population alsacienne et mosellane », dans *Autorité Liberté Contrainte en Alsace: Regards sur l'histoire d'Alsace XIe-XXIe siècles*, Actes du colloque des 90 ans de l'Institut d'histoire d'Alsace, Ed. Place Stanislas 2010.

Notes

1. Cf. l'ouvrage du même auteur, paru en 2011 chez le même éditeur : *Le Gauleiter Wagner, le bourreau de l'Alsace*.
2. Au même titre que Fritz Sauckel, Gauleiter de Thuringe et chargé de la direction de la main d'œuvre réquisitionnée, ou que Arthur Seyss-Inquart, gouverneur adjoint de Pologne et commissaire du Reich en Hollande, qui tous deux se retrouvèrent dans le box des accusés à Nuremberg.
3. Ce ne fut que dans les années 1980-1990, grâce aux travaux des historiens, que l'annexion de fait fut reconnue et par là même, l'idée que la France avait abandonné l'Alsace et la Moselle à leur triste sort fut également accréditée.
4. Les Alsaciens se montrèrent fatalistes, honteux de ce qui leur était arrivés durant la guerre et dont personne ne portait la responsabilité. La France se voilait la face. On attendait des explications que seule la Justice, estimait-on, pouvait fournir.
5. Wagner fut poursuivi pour des faits concernant la répression envers la Résistance et les réfractaires mais, par exemple l'incorporation de force ne constitua pas un chef d'accusation comme tel, mais sous la forme atténuée « d'avoir au cours des années 1942, 1943, 1944 enrôlé des Français dans l'armée allemande, l'Allemagne étant en guerre contre la France ». Cf. Vonau, *Le Gauleiter Wagner, op. cit.* p. 134.
6. L'instruction de ce procès fut très rapide, sans doute même trop rapide (moins d'une année). Wagner fut arrêté en juin 1945 et le procès débuta le 6 avril 1946.
7. Le Sondergericht de Strasbourg avait prononcé durant la guerre 72 condamnations à mort sans offrir aucune garantie aux accusés pour un procès équitable, dont au moins 37 se terminèrent par une exécution capitale. Cf. Vonau, *idem* p. 95.
8. La nécessité d'expliquer un « malheur collectif » s'avère fondamental pour entamer un devoir de mémoire. On ne dira jamais assez que les circonstances d'après guerre n'y était pas favorable. L'opinion publique en France ne s'intéressait alors qu'à la Résistance et à l'action du général de Gaulle. Le rôle joué par la France de Vichy était minimisé. Les conséquences de l'armistice du 25 juin 1940 n'étaient jamais évoquées. Officiellement la France avait été coupée en deux : d'un côté le pays occupé sous la férule des Allemands, de l'autre l'État de Vichy sous la dictature de Pétain. L'annexion des trois départements de l'Est (Moselle, Bas-Rhin, Haut-Rhin) était un sujet tabou que l'on n'évoquait jamais. Quant à l'incorporation de force, officiellement à Paris l'existence de ce crime de guerre était carrément occultée. Dès lors le drame de l'Alsace-Moselle n'existait pas. Cette région était assimilée à toute autre, sans qu'on lui reconnaisse une souffrance spécifique. Pire encore, certains Français pensèrent que ce qui était arrivé à ces départements relevait d'une juste « punition » pour ces germanophones au goût prononcé pour l'ordre, la discipline, la soumission à l'autorité. Dès lors l'Alsace comme la Moselle devaient accuser le coup. Metz, Strasbourg ou Colmar entendaient affirmer leur loyauté envers le pays, revendiquer un patriotisme supérieur à d'autres métropoles régionales voire même supérieur à la capitale Paris... Ainsi Leclerc, de Gaulle et de Lattre de Tassigny furent nommés citoyens d'honneur de Strasbourg dès le 14 mai 1945. Ils devinrent « les trois idoles » des Strasbourgeois selon Bernard Vogler (dans *L'Après-guerre à Strasbourg*, éd. Verger, p. 35 et s.). Ce patriotisme exubérant se manifestait chaque année aux journées anniversaires de la Libération.
9. Cf. Vonau, *L'épuration en Alsace*, La Nuée Bleue, 2005.
10. N'oublions pas que la guerre provoqua une diaspora de la population alsacienne entre septembre 1939 et mai 1945. Cette dispersion a donné naissance à une multitude de catégorie d'habitants. Ainsi on relève ceux qui furent évacués en septembre 1939 ou en mai 1940 (Cf. thèse soutenue sous ma direction à la faculté de droit de Strasbourg en 2011 par Benoît Laurent), ceux qui ne l'étaient pas, ceux qui revinrent en Alsace en été ou à l'automne 1940, ceux qui restèrent à l'intérieur de la France (soit volontairement, soit que les Allemands leur interdisaient le retour), ceux qui collaborèrent avec les Allemands, ceux qui ne collaborèrent pas, ceux qui furent incorporés de force dans l'armée allemande, ceux qui se sauvèrent, ceux qui se portèrent volontaires pour la France Libre, ceux qui résistèrent (sur place ou ailleurs en France), ceux qui portèrent aide et assistance à des prisonniers de guerre évadés des stalags ou des oflags allemands, ceux qui cachèrent des déserteurs ou des réfractaires de l'armée allemande, ceux qui furent internés à Schirmeck, ceux qui furent déportés dans un camp d'extermination, ceux qui furent transplantés avec toute leur famille à l'intérieur du Reich... et il est probable que j'en oublie ! Il fallut attendre les années 1960-1970 pour voir paraître les premiers récits témoignant du vécu des incorporés de force. Le rapprochement franco-allemand de cette époque semble avoir indirectement favorisé cette évolution.
11. On s'aperçut très vite que selon le lieu où siégeait la juridiction et le temps passé depuis la guerre, les jugements étaient plus ou moins sévères. Les chambres civiques prononçaient essentiellement l'indignité nationale, retirant au condamné tous les droits appartenant à un citoyen. Les cours de Justice infligeaient principalement des peines de réclusion criminelle. Enfin, dans des cas graves, les deux juridictions pouvaient prononcer des peines capitales.

12. Quel sens revêtait alors la procédure ? Pourquoi dans ce cas intentait-on une action en justice ? Quel sentiment de justice ressentait-on dans la nation ? Percevait-on la morale et l'équité à travers ces décisions ?
13. N'oublions pas qu'un grand nombre de réfractaires passèrent par le camp de Schirmeck et y subirent différentes tortures.
14. Cf. Vonau, *Le procès de Bordeaux, op. cit.*
15. Bien qu'ils étaient pénalement mineurs au moment des faits, l'ordonnance de 1945 sur le statut pénal des mineurs en France ne leur fut pas appliquée sous prétexte qu'ils s étaient militaires...mais sans tenir compte de l'incorporation de force !
16. Ainsi en était-il de vouloir à l'ouverture du procès mélanger les accusés allemands et les incorporés de force, de refuser l'application du régime des mineurs, de disjoindre les affaires entre les militaires allemands et les Alsaciens contraints eux de vêtir un uniforme étranger.
17. Cf. Vonau, *Le procès de Bordeaux, op. cit.*, p 154. Seul le député communiste Marcel Rosenblatt était d'un avis contraire.
18. *Idem*, p 149 et s.
19. Voir le procès qui oppose l'Association des évadés et incorporés de force à Robert Hebras, dernier survivant du massacre d'Oradour, auteur de propos contestés sur l'incorporation de force dans son livre de souvenirs.
20. Cf. Valentin Schneider, *Un million de prisonniers allemands en France, 1944-1948*, éd. Vendémiaire, 2011.
21. Aucun pays n'accepte d'extrader ses propres ressortissants. De surcroît, le chancelier Adenauer ne considérait pas ces personnes, même condamnées dans les pays où elles avaient commis leurs méfaits, comme des criminels de guerre et réclamait leur libération.
22. Cf. Jacques Granier, *Schirmeck : histoire d'un camp de concentration*, éd. DNA, 1968.
23. Cf. Udo Böhm, Helmut Böttcher, Rainer Reuter, Michael Weingarden, Sicherungslager Rotenfels – Ein konzentrationslager in Deutschland, Ludwigsburg, 1989.
24. *Idem* note 17, p.23 à 31.
25. Cf. *Dernières Nouvelles d'Alsace*.
26. Témoignage de l'abbé Charles Pabst, dans *Sicherungslager Rotenfels, op. cit.*, p.32-33.
27. Au moment précis où les deux corps d'armée, celui venant du débarquement de Normandie et celui remontant le couloir rhodanien, firent leur jonction près de Châtillon-sur-Seine. Sur l'ordre d'évacuation lui-même, cf. Robert Steegmann, *Struthof*, La Nuée Bleue, p. 153.
28. Cf. Steegmann, *idem*, cartes p. 289-291.
29. Allach était un camp dépendant de Dachau situé en bordure de route Dachau-Munich. Cf. *Allach Kommando de Dachau*, 1985, p. 8 et 57.
30. Parmi eux figuraient 10 Alsaciens et 83 Luxembourgeois. Cf. Steegmann, *op. cit.* p. 163

31. Cf. Steegmann, *op. cit.*, p. 164
32. Ainsi les hommes établis à Longwy furent intégrés en septembre au camp de Buchenwald et ceux de Wesserling dans celui de Sachsenhausen, ou encore les femmes détenues à Hayange furent transférées le 29 septembre à Ravensbruck. Cf. Steegmann, *op. cit.*, p. 165.
33. Cf. Steegmann, *op. cit.*, carte p. 289 et 291.
34. Sur la libération de l'Alsace, cf. notamment revue *L'Outre-Forêt*, n° 49 « Janvier-mars 1945, la 2e Libération », I-1985, et F. L'Huillier, *La Libération de l'Alsace*.
35. Cave à pommes de terre.
36. Une de ses spécialités consistait lors d'un travail à l'extérieur du camp à s'emparer du couvre-chef d'un détenu et à le lancer au-delà du cordon des sentinelles. Il ordonnait alors à la victime d'aller le reprendre, dans ce cas le prisonnier franchissait le périmètre autorisé et se faisait abattre pour « tentative d'évasion » ou bien la victime refusait de franchir cette limite et il l'abattait pour « refus d'obéissance à un ordre ». À l'intérieur du camp, il s'occupait de l'aménagement de la rampe d'accès conduisant au four crématoire. Très souvent par simple amusement ou sadisme, il poussait un détenu en contrebas des baraques vers les barbelés et la sentinelle placée sur le mirador lâchait une rafale.
37. Les « rapporteurs en chef ».
38. Les « conducteurs de block ».
39. Il y eut dans l'immédiat après-guerre des tribunaux militaires pour chaque zone d'occupation qui furent compétents pour connaître des crimes de guerre commis par des Allemands. En zone française, ce fut le tribunal général de gouvernement militaire de la zone française d'occupation en Allemagne, siégeant à Rastatt, qui remplit cette fonction.
40. La Reichsuniversität de Strasbourg fut officiellement évacuée sur Tübingen en octobre 1944, mais seulement deux professeurs de la faculté de médecine rejoignirent leur poste, dont Hirt. Si certains furent prisonniers à Strasbourg dès le 23 novembre 1944, d'autres passèrent à la clandestinité. Cf. P. Wechsler, *La faculté de médecine de la Reichsuniversität Strassburg, 1941-1945*, thèse, 1991 p. 238 et s., surtout p. 243.
41. On ne saura que bien plus tard que le soi-disant professeur Hirt s'était suicidé le 2 juin 1945 à Schönenback en Forêt-Noire, actuellement Schlucksee.
42. Sur l'arrestation rocambolesque de Haagen, cf. Raphaël Toledano, *Les expériences médicales du Pr. Eugen Haagen de la Reichsuniversität Strassburg*, thèse de médecin, -Strasbourg 2010, p. 483 et s.
43. Cette situation résulta de l'application de la loi du 5 mars 1946 adoptée par le « Länderrat », reprise par le Conseil de contrôle le 12 octobre 1946, concernant la dénazification.

NOTES

44. En-dehors du procès des médecins à Nuremberg, on peut dire que le corps médical et la magistrature furent, en Allemagne comme en France, les institutions qui subirent la plus faible épuration.
45. En 1949, l'Allemagne divisée certes, retrouvait néanmoins sa souveraineté étatique par la fondation à l'Ouest de la République fédérale allemande et à l'Est par la République démocratique allemande. Désormais la politique européenne passait par l'Allemagne de l'Ouest, qui se rapprochait de plus en plus de la France et, poussée par les Etats-Unis, caressait l'idée d'une armée européenne pour assurer le maintien de l'équilibre des forces face au bloc communiste de l'Europe de l'Est.
46. Trois lieux d'accueil principaux en pays de Bade avaient été choisis : Rastatt, Gaggenau et Haslach.
47. Dossiers personnels d'instruction : archives militaires et journaux de l'époque, comme les *Dernières Nouvelles d'Alsace* du 20 mai 1945 relatant l'arrestation de Karl Buck par la sécurité militaire française à Feldkirch en Autriche.
48. C'est ce que l'on appelle en droit français « la théorie des baïonnettes intelligentes » qui admet l'obéissance sans faute à un ordre revêtant les caractéristiques d'un ordre légal et légitime, mais qui exige la désobéissance à un ordre manifestement illégal ou illégitime.
49. Il s'agit de la convention internationale de 1907 sur les lois de la guerre.
50. Outre la convention de La Haye de 1907, il y eut également celle de Genève de 1929 sur le statut des militaires en temps de guerre, définissant notamment le sort des prisonniers.
51. Le tribunal n'a pas voulu retenir contre lui la complicité du crime.
52. En effet, Karl Buck, ancien commandant du camp de Schirmeck, Erwin Ostertag, Karl Nussberger furent condamnés à la peine de mort et Robert Wunsch à quatre ans de prison. Voir ci-dessus.
53. Archives du tribunal militaire de Rastatt, procès Karl Buck et consorts, page 8.
54. *Idem*, pages 8 et 9.
55. *Idem*, page 9.
56. Cette disjonction concernait Franz Semma qui, au cours de sa détention préventive, avait subi des crises d'épilepsie. Son défenseur, Me Buhrle, demanda donc une expertise médicale afin d'établir la nature du mal dont il était atteint, et rechercher son degré de responsabilité – Archives du tribunal de Rastatt, procès Karl Buck et consorts, page 9.
57. Gustave Levy, président de chambre au tribunal général du Gouvernement militaire de la zone française d'occupation en Allemagne, Marguerite Haller, juge au tribunal général, Jean Moncout de la direction générale de la Justice.
58. Jean Lapeyre, commandant du bureau de garnison de Baden-Baden, Henri Martin, attaché de 1re classe de la direction de l'incorporation à Baden-Baden, Van Tuyll von Secoskerken, procureur fiscal à la cour d'appel spéciale de La Haye, représentant le gouvernement hollandais.
59. Paul Bruhoé.
60. Le major de Répainsel.
61. Le commandant Stanislaw Plawski. Il est à noter que, malgré le grand nombre de victimes russes, il n'a pas été fait appel à un commissaire représentant le gouvernement soviétique, sans doute en raison de la dégradation des relations entre Alliés, et de la Guerre froide qui se mettait lentement en place.
62. Blaise Blayet et Pierre Graatz.
63. Archives du tribunal de Rastatt (procès de Karl Buck et consorts, pages 1 et 2).
64. Archives du tribunal militaire de Rastatt, procès Buck et consorts, pages 12 et 13.
65. *Idem*, pages 12 et 14.
66. Chargée pour le IIIe Reich d'un grand nombre de projets de construction dans les domaines civil et militaire. Elle fut créée par l'ingénieur Fritz Todt puis, à partir de 1942, par le ministre Albert Speer. Elle employa un nombre considérable de travailleurs forcés, de prisonniers de guerre, d'appelés du STO et d'internés des camps de concentration.
67. Archives du tribunal militaire de Rastatt, pages 14 à 16.
68. *Idem*, pages 18 et 19.
69. *Idem*, page 26.
70. Archives du tribunal militaire de Rastatt, page 20.
71. Archives du tribunal militaire de Rastatt, pages 99 à 101.
72. Le 15 février, le camp a été évacué à Dautmergen – *Idem*, pages 39-40.
73. *Idem*, page 42.
74. Notamment le 30 novembre 1944 où, parmi les fusillés, se trouvaient des curés de Raon-l'Étape et celui de Larmant – *Idem*, page 83.
75. Cf. Udo Böhm, Helmut Böttcher, Rainer Reuter, Mickael Weingardt, *Sicherungslager Rotenfels : ein Konzentrationslager in Deutschland*, Ludwisbourg 1989, page 64.
76. *Idem*, page 122.
77. Archives du tribunal militaire de Rastatt, pages 123 à 126.
78. Archives du tribunal militaire de Rastatt, pages 126 à 128.
79. Archives militaires du tribunal de Rastatt, pages 128 à 130.
80. En fait, Buck avait séjourné au Chili, où il s'était occupé d'une mine. Mais, sa blessure de guerre s'étant ravivée, on avait dû l'amputer de la jambe gauche. C'est ce qui, semble-t-il, avait provoqué son retour en Allemagne – Archives du tribunal militaire de Rastatt – dossier d'instruction.
81. *Schutzhaft*, dira-t-il, sans autre précision (détention préventive ou de sûreté) – Archives militaires du tribunal de Rastatt, page 130.

82. Le 9 mars 1933, eut lieu à Stuttgart la razzia contre les permanents des Partis social-démocrate et communiste. Internés provisoirement au manège à chevaux, ils furent ensuite conduits par camions au camp de Heuberg dont le commandant des SA, Karl Buck, prit le commandement à Pâques 1933. Ils furent rejoints par les Badois que l'on considérait comme «indésirables» le 29 mai 1933 – cf. Juliens Schätzle, *Stationen zur Hölle*, Röderberg. verlag, Frankfurt/Main 1974, pages 16 à 23.
83. En fait, c'était bel et bien un camp de concentration, non d'extermination comme le Struthof, mais de sûreté, c'est-à-dire d'emprisonnement administratif ou préventif.
84. Buck ne faisait pas partie du convoi; il avait, dès le 20 novembre, rejoint Gaggenau.
85. Archives du tribunal militaire de Rastatt, page 135.
86. Ceux qui décédaient étaient enterrés en contrebas du bâtiment sans aucun signe extérieur sur leur tombe. On s'interroge encore aujourd'hui pour savoir où se situait exactement ce cimetière et ce que sont devenus ces corps après la Libération.
87. Archives du tribunal militaire de Rastatt, pages 146-148.
88. Les premiers internés de Vorbrück-Schirmeck arrivèrent à Rosenfels le 25 août 1945 pour assurer la continuité de la production des usines Daimler-Benz (cf. Udo Böhn, Helmut Böttcher, Rainer Reuter, Michael Weingardt, *Sicherungslager Rotenfels, ein Konzentrationslager in Deutschland*, p. 21 et suiv.; cf. également la carte des camps en pays de Bade)
89. Archives militaires du tribunal de Rastatt, pages 149-152.
90. Archives du tribunal militaire de Rastatt, pages 156-160.
91. Archives du tribunal militaire de Rastatt, pages 166-167.
92. Ainsi y eut-il une certaine similitude alors entre le Struthof et Schirmeck. Le régime concentrationnaire y était devenu identique. On ne pouvait plus parler d'un camp de sûreté ou de rééducation pour Schirmeck, mais simplement d'un camp d'extermination.
93. Archives du tribunal militaire de Rastatt, page 178.
94. Archives du tribunal militaire de Rastatt, page 176.
95. Notamment à Gaggenau où neuf membres du réseau Alliance «furent fusillés le 30 novembre 1944 sans jugement régulier», peut-on lire dans la sentence – Archives du tribunal militaire de Rastatt, page 178.
96. Archives du tribunal militaire de Rastatt, page 178 bis.
97. Archives du tribunal militaire de Rastatt, page 179.
98. *Ibidem*.
99. Archives du tribunal militaire de Rastatt, pages 180-181.
100. *Ibidem*.
101. *Idem*, pages 181-182.
102. *Idem*, page 182.
103. *Ibidem*.
104. Archives du tribunal militaire de Rastatt, page 183.
105. *Idem*, pages 183-184.
106. *Idem*, page 184.
107. Archives du tribunal militaire de Rastatt, page 184.
108. *Idem*, page 185.
109. *Ibidem*.
110. Archives du tribunal militaire de Rastatt, pages 185-186.
111. Ce qui lui permit d'écarter l'application du code pénal allemand – *Idem*, page 188.
112. Archives du tribunal militaire de Rastatt, page 92.
113. Il bénéficia encore de trois autres faveurs puisque, le 4 janvier 1951, on ramena cette peine à vingt ans de travaux forcés, le 10 avril 1952 à quinze ans de travaux forcés et le 12 avril 1954 à dix ans de travaux forcés – Archives du tribunal militaire de Rastatt, page 92.
113b. *DNA* du 19 décembre 1947, page 5; du 20 décembre 1947, page 4; du 21 décembre 1947, page 2.
114. Ainsi Robert Wunsch avait-il été remis aux Anglais le 9 juillet 1947, et purgeait sa peine dans une prison anglaise en Allemagne. Le directeur du service central de recherche des criminels de guerre le fit savoir le 20 avril 1949: «Wunsch avait été simplement prêté (*sic*) au tribunal de Rastatt pour son jugement et devait être ramené en France dès que son procès serait terminé. À aucun moment ni la justice militaire ni mon service n'ont été consultés sur sa livraison (*sic*) éventuelle aux autorités alliées. Cette livraison paraît avoir été le résultat d'une erreur fâcheuse et je vous serais obligé de vouloir réclamer cet individu aux autorités britanniques et de le faire transférer de toute urgence à Metz» – Archives de l'occupation française en Allemagne et en Autriche AJ 3644 pages 229-cl. 8921.
115. *Idem*, page 60 – 2883bis.
116. *Ibidem*.
117. Archives du tribunal militaire de Rastatt, page 128.
118. Archives du tribunal militaire de Rastatt, page 196 verso.
119. *Idem*, page 60.
120. Archives du tribunal militaire, Schirmeck 3 carton D6-1083.
121. Cf. notamment les *DNA* des 11 au 12 janvier 1953, page 12.
122. Cf. Le *Nouvel Alsacien* du 7 janvier 1953.
123. Archives du tribunal militaire, Schirmeck, 2ᵉ carton, document D6-1083.

NOTES

124. Buck varia au sujet de la profession de son père. Devant le tribunal militaire de Paris, il en fit un directeur des postes! Cf. *DNA* du mercredi 8 juillet 1953.
125. La date exacte fut le 17 juillet 1940.
126. Cf. *DNA* du mardi 12 janvier 1953.
127. Il s'agissait de «faire la pelote», c'est-à-dire de sauter comme un crapaud, les genoux fléchis, en entrant dans le camp.
128. Ceux qui portaient des noms francophones devaient germaniser leur nom patronymique et leur prénom.
129. *DNA* du 17 janvier 1953.
130. Les photos avaient pour légende: «L'accusé Weber fait un petit somme au cours de l'audience. Ce "Monsieur" manque vraiment de respect!» — cf. *DNA* des 18 au 19 janvier 1953.
131. *DNA* des dimanche 18 janvier et lundi 19 janvier 1953.
132. *DNA* du mardi 20 janvier 1953.
133. «*Diese verdamte Pflicht!*», répétait-il souvent: un «maudit devoir» qui, à ses yeux, devait excuser tous les crimes commis.
134. Cette situation se rencontra surtout au début du camp.
135. *DNA* du mercredi 21 janvier 1953.
136. Archives de l'occupation 40 82/55 paquet 1 dossier 21.
137. Allusion au jugement du tribunal britannique de Wuppertal.
138. *DNA* du jeudi 22 janvier 1953.
139. *DNA* du samedi 24 janvier 1953.
140. Archives de l'occupation, 3630 p. 102 – d. 509.
141. Un élément qui ne trompe pas fut la manière dont la presse alsacienne relata le procès. Au lieu d'un compte-rendu journalier des audiences avec des titres sur trois ou cinq colonnes en première page, elle se contenta d'envoyer un journaliste observateur qui ne fit qu'épisodiquement des résumés. C'est le cas pour le *DNA* comme pour le *Nouvel Alsacien*.
142. *DNA* du mercredi 8 juillet 1953.
143. Donc au chef de la Gestapo de Strasbourg.
144. Il s'agissait là des convocations à la Kommandantur du camp, redoutées par les internés parce que Buck piquait souvent des colères lors de ces entretiens et devenait très brutal.
145. *DNA* du mercredi 8 juillet 1953.
146. Par exemple marcher en canard, ou pratiquer un exercice rapide de «couchez-levez-vous», ce qu'on appelait le *drill* chez les militaires allemands.
147. Archives du tribunal militaire.
148. La constitution de partie civile n'était alors pas toujours possible en France devant un tribunal militaire. La lecture de ce texte était donc un moyen pour le président d'associer la fédération de victimes aux débats.
149. *Niemals wurde jemand getötet im Lager!*
150. Ce transfert avait été demandé par le BDS de Strasbourg et avait été exécuté.
151. Archives du tribunal militaire, jugement de 2e instance rendu par le tribunal militaire permanent de Paris en date du 17 avril 1953.
152. Cf. Jacques Granier, *Schirmeck, histoire d'un camp de concentration*, éditions DNA, 1968, pages 259 et suivantes.
153. Archives du tribunal militaire, jugement de 2e instance de Paris en date du 17 avril 1953.
154. Au premier était reprochée une complicité d'assassinat, au second un homicide en 1942 à Schirmeck – Archives du tribunal militaire de Metz, jugement du 3 février 1954.
155. *Idem*, jugement du 3 février 1954, mentions marginales.
156. Archives du tribunal militaire – Struthof, 1er carton-pièce 3.
157. Robert Steegmann, *Struthof*, La Nuée-Bleue, Strasbourg 2005, page 339.
158. Archives des tribunaux militaires – 1er carton-pièce 147.
159. *Idem* – 1er carton-pièce 147.
160. *Idem* – 1er carton-pièce 173.
161. Archives des tribunaux militaires – 1er carton-pièce 187.
162. Tel fut le cas de Lammerding dans le procès d'Oradour – cf. Jean-Laurent Vonau, *Le Procès de Bordeaux*, page 147.
163. Seize étaient détenus et cinq, en liberté provisoire, s'étaient constitués prisonniers. Les autres étaient en fuite (*Dernières Nouvelles d'Alsace* du 16 juin 1954, pages 1 et 13).
164. *Dernières Nouvelles d'Alsace* du 16 juin 1954, page 13.
165. Josef Seuss, surnommé Zack-Zack, fut condamné à mort par le tribunal de Wuppertal et pendu le 28 mai 1946. Wolfgang Seuss, surnommé Créature, s'acharnait tout spécialement sur les déportés français. Il poussa même son fils de sept ans à lancer des pierres sur les détenus. Robert Steegmann explique fort justement qu'il faisait partie de cette catégorie de sous-officiers SS qui tuaient non parce qu'on les forçait à le faire mais simplement parce qu'ils y étaient autorisés.
166. *DNA* du vendredi 18 juin 1954 page 13
167. Il fait allusion aux commandos extérieurs du Struthof et non à d'autres camps de concentration.
168. *Dernières Nouvelles d'Alsace* du 16 juin 1954, page 13.
169. *Dernières Nouvelles d'Alsace* du 22 juin 1954, page 13.
170. *Dernières Nouvelles d'Alsace* du 26 juin 1954, page 13.
171. À «triangle rose», écrira le journaliste des *Dernières Nouvelles d'Alsace* – c'est-à-dire homosexuel.
172. *Dernières Nouvelles d'Alsace* du 29 juin 1954, page 17.

PROFESSION BOURREAU

173. *Dernières Nouvelles d'Alsace* du 30 juin 1954, page 20.
174. *Dernières Nouvelles d'Alsace* du 1ᵉʳ juillet 1954
175. Né en 1907, marié, père de deux enfants, Seuss était originaire de Haute Bavière – Archives du tribunal militaire (jugement du 17 mai 1955).
176. Né en 1910, originaire de la Sarre, célibataire, il était armurier de profession. Il avait été chômeur pendant des années. « Lorsque le mouvement nazi a pris naissance en Sarre », déclara-t-il le 29 août 1955, on lui avait dit que « s'il entrait dans le parti on lui donnerait du travail et [s'il entrait dans les SS] il ne serait plus jamais chômeur » et « travaillerait pour le bien, la paix et la liberté ». Il a cru tout cela, avoua-t-il, « parce qu'[il n'était] pas apte à juger, n'ayant fréquenté que l'école primaire et ayant vu des gens plus instruits que lui inaptes à juger qui adhéraient » – Archives du tribunal militaire, déposition (audience du 28 avril 1955).
177. Né en 1906 en Rhénanie, serrurier, veuf, père de deux enfants. Il entra dans les SS en 1936 – Archives du tribunal militaire (audience du 28 août 1955).
178. Né en 1894 à Kehl, mais originaire de Karlsruhe, marié, père de quatre enfants, employé des douanes – Archives du tribunal militaire (jugement du 17 mai 1955).
179. Originaire du Palatinat, né en 1899 en Tchécoslovaquie, marié, trois enfants, technicien en textile – Archives du tribunal militaire (jugement du 17 mai 1955).
180. Cette composition était conforme à l'article 5 de l'ordonnance du 28 août 1944 modifié par l'article 5 de la loi du 15 septembre 1948, exigeant que les juges militaires aient appartenu en majorité à une organisation de Résistance.
181. Il cite l'exemple du docteur R., mort, dit-il, quelques mois auparavant à 44 ans.
182. *Dernières Nouvelle d'Alsace* du 28 avril 1955, page 2, des 9 et 10 mai 1955, page 4.
183. *Dernières Nouvelle d'Alsace* du 12 mai 1955, page 4.
184. Archives des tribunaux militaires (jugement du 17 novembre 1955).
185. *Dernières Nouvelles d'Alsace* du 18 mai 1955, page 4.
186. Archives des tribunaux militaires (jugement du 28 mai 1968).
187. *Dernières Nouvelles d'Alsace* du 4 janvier 1947, pages 1 et 5. Sa collaboratrice Edith Schmidt, de Strasbourg, fut longuement entendue au procès de Nuremberg. Elle travailla de longs mois dans le laboratoire du Dʳ Hirt.
188. Archives des tribunaux militaires, pièce 418.
189. Ainsi un garçon de laboratoire, dénommé Schaeffer, a-t-il été envoyé dans un autre service dès le 5 août 1943 pour quelques jours, et n'a pu que constater l'existence des quatre-vingt-six cadavres dans les cuves à son retour.
190. Archives des tribunaux militaires (acte d'accusation du 28 octobre 1952).
191. Il s'agissait de deux chambrées de 40 personnes chacune.
192. Pendant l'expérience, les deux groupes étaient enfermés dans deux chambres réduites presque sans vêtements ni couvertures « dans des conditions d'hygiène qui donnent le frisson », dit le témoin, ajoutant : « l'installation rappelait deux cages de singes surpeuplées » (acte d'accusation du 28 octobre 1952).
193. Ce manque de collaboration entre Alliés ainsi qu'entre les forces d'occupation et l'Allemagne est de nouveau à souligner. Il est décevant que, pour des crimes contre l'humanité, la protection nationale a joué pleinement, empêchant l'arrestation et le transfert des accusés.
194. Il faisait ainsi allusion au livre du Dʳ François Bayle, *Croix gammée contre caducée*, Paris 1950.
195. *Nouvel Alsacien* de 12 décembre 1952.
196. Ernst von Weizsäcker (1882-1951), Secrétaire d'État aux affaires étrangères du régime nazi, condamné au procès de Nuremberg, avait publié ses mémoires quelques années plus tôt.
197. *Nouvel Alsacien* du 17 décembre 1952.
198. *Nouvel Alsacien* du 18 décembre 1952.
199. *Nouvel Alsacien* du 19 décembre 1952.
200. *Nouvel Alsacien* du 20 décembre 1952.
201. Le Dʳ Léon Boutbien (1915-2001), député de l'Indre alors, sous l'étiquette SFIO.
202. *Nouvel Alsacien* des 21 au 22 décembre 1952.
203. *Nouvel Alsacien* des 24 au 26 décembre 1952.
204. *Nouvel Alsacien* du 27 décembre 1952.
205. Mᵉ René Floriot (1902-1975) fut l'un des plus célèbres avocats parisiens de l'après-guerre.
206. *Dernières Nouvelles d'Alsace* du 12 mai 1954, page 4.
207. *Dernières Nouvelles d'Alsace* du 14 mai 1954.
208. On reproche à ce dernier d'avoir « volontairement attenté à la vie de 40 personnes non identifiées par l'effet de substances qui pouvaient donner la mort plus ou moins promptement, ladite injection même accomplie à l'occasion et sous le prétexte de l'état de guerre, n'étant pas justifiée par les lois et coutumes de la guerre ». Pour Bickenbach, l'inculpation était nominative. On lui reprochait d'avoir attenté à la vie des quinze personnes suivantes : Wilhelm Laubinger, Gottlieb Kyr, Rudolf Guttenberger, Willy Herberg, Andréas Hodasy, Adalbert Eckstein, Joseph Rinfindt, Alfred Giordon, Philipp Laugrette, Franz Fuchs, Erich Braun, Franz Serfeck, Sisko Rebstock, Albert Reinhardt et F. Schmitt ou Schmidt – Archives des tribunaux militaires, jugement du tribunal de Lyon du 14 mai 1954.
209. *Dernières Nouvelles d'Alsace* du 15 mai 1954.
210. Archives des tribunaux militaires (jugement du tribunal permanent des forces armées de Lyon du 14 mai 1954, mention marginale).
211. *Ibidem*.
212. *Ibid*.

Table

PRÉAMBULE − Justice et vérité historique 9

PREMIÈRE PARTIE − Les tortionnaires du camp de Schirmeck 25
    L'affaire de Gaggenau devant le tribunal de Wuppertal
    (6-10 mai 1946) 27
    Le camp replié en Bade et Wurtemberg, devant le tribunal de Rastatt
    (20 février-17 mars 1947) 35
    La procédure de révision à Rastatt (10 avril 1947) 89
    Devant le tribunal permanent des forces armées de Metz
    (12-21 janvier 1953) 93
    Dernier acte : le tribunal militaire du Cherche-Midi
    (7-10 juillet 1953) 139

DEUXIÈME PARTIE − Les bourreaux du Struthof 151
    Le procès des gardiens à Metz (5 juin-2 juillet 1954) 153
    Le procès de Paris (27 avril-17 mai 1955) 217
    Le procès du kapo Richard Kuhl (27 mai 1958) 223

TROISIÈME PARTIE − Les « médecins de la mort »
des camps du Struthof et de Schirmeck 227
    Le procès de Metz (16 au 22 décembre 1952) 229
    Le procès de Lyon (11-14 mai 1954) 259

CONCLUSION − Mémoire, histoire et justice 271

SOURCES 279
BIBLIOGRAPHIE 280
NOTES 281

Achevé d'imprimer par Corlet, Imprimeur, S.A. - 14110 Condé-sur-Noireau
N° d'Imprimeur : 154696 - Dépôt légal : avril 2013 - *Imprimé en France*